성, 몸, 권력을 둘러싼 사회학적 물음

젠더란 무엇인가

로빈 라일

지음

조애리 · 강문순 · 김진옥
박종성 · 유정화 · 윤교찬
이혜원 · 최인환 · 한애경

옮김

QUESTIONING GENDER
A SOCIOLOGICAL EXPLORATION

한울
아카데미

일러두기

1. 이 책은 2014년 SAGE에서 발행한 *Questioning Gender: A Sociological Exploration*, 2nd Edition을 부분 번역한 것이다.
2. 본문의 각주는 모두 옮긴이가 쓴 것이다.

Questioning Gender

A Sociological Exploration

Second Edition

Robyn Ryle

Hanover College

SAGE Publications, Inc.

Questioning Gender: A Sociological Exploration, Second Edition
by Robyn Ryle

Copyright ⓒ SAGE Publications, Inc., 2015
Korean translation copyright ⓒ HanulMPlus Inc., 2015

차례

3 몸과 건강의 젠더 몸에 대한 생각에 젠더는 어떻게 영향을 주는가?

옮긴이의 말

이즈음 들어 젠더gender는 여성학과 사회학에서 빈번하게 쓰이는 용어다. 제목에 젠더가 들어간 책만 해도 『젠더와 사회』(한국여성연구소, 2014), 『젠더·몸·미술』(정윤희, 2014), 『여성·젠더·사회』(한희선 외, 2014)가 있고, 번역서로도 『젠더 무법자』(케이트 본스타인, 2015), 『젠더, 만들어진 성』(코델리아 파인, 2014), 『젠더와 발전의 정치경제』(시린 M. 라이, 2014)가 나와 있다. 그러나 젠더는 여성학자나 사회학자가 아닌 사람들에게 낯선 용어이기도 하다. 『젠더란 무엇인가Questioning Gender』를 출판하게 된 것은 이 책이 젠더라는 개념을 정리하고 젠더를 둘러싼 이슈를 명확하게 부각시키는 데 도움이 된다고 생각했기 때문이다. 이 책은 젠더 이슈를 매우 평이하게 서술하는 동시에 젠더에 대한 깊은 사유를 촉발시킨다. 다소 딱딱할 수 있는 이론 소개조차 구체적인 사례 분석으로 이어지며, 나아가 독자들이 젠더 프레임을 통해 주변의 일상을 분석하고 사유하도록 격려한다.

이 책은 여성학이나 사회학 교재로 널리 쓰일 수 있도록 기획된 책이지만, 젠더를 둘러싼 다양한 이슈에 관심을 가진 일반 독자에게도 흥미로운 교양서가 될 것이다. 원서는 총 아홉 개의 장으로 구성되어 있으나 그중 현재 한국 사회와 연관성이 크다고 생각되는 젠더의 정의를 다룬 1장과 2장, 젠더와 몸을 다룬 7장, 젠더와 권력 부분을 다룬 11장만을 저자의 허락을 얻어 번역했다. 젠더의 정의 부분에는 페미니즘 운동의 역사가 포함되고, 젠더와 몸에서는 여성의 몸뿐만 아니라 남성의 몸도 다뤄진다. 젠더와 권력 부분에서는 젠더의 작동에 폭력이 어떤 식으로 개입되며 젠더 문제를 해결하려면 권력이 어떻게 사용되어야 하는지를 중점적으로 서술하고 있다.

우선 젠더의 정의를 다룬 1장과 2장을 살펴보자. 생물학적인 차이로서 남성/여성을 뜻하는 성sex과 달리, 젠더는 사회적 차이로서 남성/여성을 뜻하는 개념으로 받아들여지고 있다. 이 책에서는 젠더에 대한 사회학적 이론을 통해 좀 더 다층적인 프레임으로 젠더를 이해하고자 한다. 저자는 세 가지 접근방법을 제시하는데, 성 역할에 중심을 둔 개인주의적 접근법, 상호작용적 접근법, 제도적 접근법이 그것이다. 먼저 성 역할론은 젠더가 어떤 식으로 내면화되는지에 대해 생물학적 설명과 사회화 이론의 설명 모두를 다룬다. 상호작용적 접근법에서는 성 범주화가 단순히 고정된 실체가 아니라 젠더의 수행으로 설명될 수 있다는 점을 강조한다. 마지막으로 제도적 접근은 사회제도와 사회구조 안에서 젠더를 살펴보는데, 이는 흔히 거시 구조적 연구로 불린다. 저자는 이 세 가지 접근법의 교차점에서 젠더를 이해하는 통합적 접근법으로 젠더를 살피고자 한다.

저자의 사회학적 통찰력이 특히 빛나는 부분은 세 번째인 제도적 접근이다. 저자는 젠더가 하향식으로, 즉 조직 하부의 개인이나 개인 간 상호작용의 수준까지 작동하는 것에 주목한다. 조직과 관련된 것은 모두 젠더화되어 있으므로 조직 내에서 젠더 중립적인 일 처리나 기능은 존재하지 않는다고 보는 것이다. 또한 저자는 거시적인 입장에서 젠더를 사회 연결망 이론으로 이해하려고 한다. 연결망 이론은 개인을 사회의 연결망 속에서 교체 가능한 접속점으로 보고 개인과 다른 사람들이 연결된 방식을 밝혀냄으로써 젠더를 연구하는 방식이다. 우리가 남성적 또는 여성적인 것으로 인식하는 행위와 자질들은 실제로 특정 사회의 연결망에서 우리가 어디에 위치하느냐에 따라 결정된다고 보는 것이다.

이 책의 3장에서 다루어진 젠더와 몸은 요즘 들어 가장 논쟁이 뜨거운 부분이다. 여기서는 여성의 몸과 미, 남성의 몸, 의학에서 본 여성의 몸 등 젠더 이슈를 몸의 측면에서 다각도로 다루고 있다. 여성의 몸과 관련된 구체적인 사례로서 죽음에까지 이르게 만드는 거식증, 몸 크기를 제대로 인식할 수 없게 되는 신체 이미지 왜곡 증후군BIDS, 지나치게 외모에 집착하며 거울을 보고 재확인하는 신체 변형 장애BDD를 다루고 있다. 특히 아시아계 미국 여성의 쌍꺼풀 수술을 어떻게 볼 것인지에 대해서는 찬반 양쪽의 입장을 모두 제시한 후 독자의 사고와 판단을 촉발한다.

이러한 사례 분석들은 미에 대한 이론적 프레임 속에서 다루어지고 있는데, 대표적인 프레임으로 나오미 울프Naomi Wolf의 『미의 신화The Beauty Myth』가 소개된다. 울프에 따르면, '미의 신화'란 여성이 미를 구현해야 하는 반면, 남성은 미의 이상을 구현한 여성을 욕망해야 한다는 믿음이다. 울프는 이런 생각들이 모두 신화의 일부이며 실제로는 전혀 사실이 아니라는 점을 강조했다. 이때 문제가 되는 것은 미의 신화가 세워놓은 목표가 실현 불가능한 것임에도 여성이 그 목표에 도달하기 위해 끊임없이 혹독한 심리적 대가를 치른다는 것이다. 또한 미에만 지나친 에너지를 쏟은 결과 오히려 남성 지배가 공고해진다고 본다. 이러한 미의 신화 관점에서 보면 거식증, 신체 이미지 왜곡 증후군, 신체 변형 장애 등에 대해 심층적으로 이해할 수 있으며 우리가 일상에서 마주치는 미와 관련된 다양한 현상에 대해서도 새로운 통찰이 가능해진다.

이어서 여성의 몸 자체가 어떤 식으로 열등하게 간주되어왔는지, 그리고 현대에도 어떻게 그 잔재가 남아 있는지 지적한다. 역사적으로 18세기까지 남성의 몸은 줄곧 미와 완벽함의 이상적인 재현으로 간주된 반면, 여성의 몸은 남성의 몸의 열등한 버전으로 여겨졌다. 물론 현대에 이르러서는 이런 관점이 더 이상 받아들여지지 않지만 현대 의학 담론에서는 여전히 여성의 '열등함'이 부각된다. 예컨대 여성들의 월경과 폐경 같은 생리적 현상은 여성을 통제하고 남성과의 경쟁에서 여성이 능력을 마음껏 발휘하지 못하게 하는 데 이용되었다. 월경이 여성을 감정적으로 불안하게 만들거나 무능하게 만든다는 관념은 아직도 미국 문화에 널리 퍼져 있다. 2008년 미국 민주당 대선 후보 경선 당시 인터넷에 떠돌았던 힐러리 클린턴Hillary Rodham Clinton의 이미지는 월경에 대한 부정적 관념을 통해 여성을 권력의 위치에서 끌어내리려 한 대표적인 사례다.

남성의 몸에 대해 논의한 부분도 흥미롭다. 논란을 일으킨 캘빈 클라인Calvin Klein의 청바지와 속옷 광고에서 나타난 남성 이미지는 최초로 헤게모니적 남성성의 공식에 의문을 던진 것이다. 이 이미지는 1970년대의 게이 남성 예술가들의 예술, 특히 사진의 스타일을 모방했을 뿐 아니라 직접 게이 공동체를 관찰한 것에 기초하고 있다. 클라인은 뉴욕 시에 있는 유명한 동성애 클럽인 플라밍고Flamingo에서 '웃통을 벗은 근육질의 남자들이 모두 청바지를 입었는데 제일 위의 단추는 채우지 않고 배꼽에서 나온 몇 가닥 털은 청바지 안으로 들어간 모습'을 목격하고는 그것을 직접 광고로 재현했던 것이다.

끝으로, 젠더와 권력을 다룬 4장에서는 폭력이 젠더에 어떻게 개입되는지를 밝히고 있다. 여성에 대한 강압적 권력이라는 의미에서 남성다움은 종종 폭력의 형태로 나타나는데, 이는 여성들이 성폭력이 일어날 가능성이 높은 특정 공간에 놓일 때 공포감을 갖게 되는 이른바 '두려움의 지리학'을 발생시킨다. 이처럼 특정 공간이나 가정 내, 즉 사적 공간에서 벌어지는 폭력에 대한 여성들의 두려움은 공적 공간마저 기피하게 만들며, 여성들이 사회적 결정이 내려지는 대중적 공간을 남성들에게 양보하게 되는 결과를 가져온다고 한다. 저자는 여성이 당하는 폭력 문제를 해결하려면 여성이 피해를 입는 문화나 사회 속의 구체적 상황에 주목해야 한다고 주장한다. 또한 남성 폭력에 불가피한 요소란 없으며, 강간은 개인, 문화, 구조의 교차점에서 일어난다고 본다.

미국에서 일어나는 캠퍼스 강간 문제를 다룬 부분은 저자가 개인적·문화적·구조적 측면에서 어떻게 성폭행을 분석하는지 잘 보여준다. 첫째, 캠퍼스 강간의 다수는 '파티 강간'의 형태로 이루어지는데, 파티 참석 동기나 여대생들이 파티를 경험하면서 특정하게 여성화되는 방식은 강간을 개인의 차원에서 이해할 수 있게 하는 중요한 측면이다. 둘째, 문화적 차원에서 본다면 대학 파티의 상호 교류 패턴이 남녀 차별적이라는 사실을 알 수 있다. 파티에서 여자는 몸매가 드러나는 의상을 입도록 기대되며 남성에게 파티 통제권, 교통 편의, 술에 대한 통제권을 양보한다. 마지막으로, 파티 강간에도 제도적 차원이 존재한다는 것이다. 정해진 내부 규율, 즉 주에서 정한 금주법을 얼마나 엄격하게 적용할지, 어떤 상황에 적용할지 등의 문제가 대표적이다. 이처럼 '파티 강간'을 다층적으로 이해하는 사례를 참조함으로써 우리는 한국에서 일어나는 성폭력에 대해서도 다각적인 분석을 할 수 있다.

그렇다면 불평등 시스템으로서의 젠더를 무력화시키고, 젠더와 권력의 연관성을 약화시키는 방안은 무엇일까? 기존의 시스템 밖에서 활동해

오던 여성들이 정치에 개입하고 권력의 자리로 이동해야만 시스템에 변화가 일어날 수 있다는 것이 저자의 생각이다. 공직에 선출된 여성들은 여성의 이득을 대변하고자 하는 책임감을 갖는다. 이 과정에서 남성적인 '정의의 윤리'에 여성적인 '돌봄의 윤리'를 접목시킬 수 있다. 하지만 여성의 선출직 진출이 자연스럽게 이루어지지 않는 현 상황에서는 국가 페미니즘state feminism이 필요하다고 본다. 국가 페미니즘이란 국가에게 여성의 지위와 권력을 촉진시키는 공적 책임이 있음을 강조하는 것으로서, 기존의 젠더 차별적 이데올로기의 틀을 넘어 남녀 불평등을 무력화하고, 남녀 간 권력을 균형 있게 배분하며, 기존의 권력 체계를 변화시키는 것을 목표로 한다.

지금 한국 사회에는 성희롱, 성폭력, 출산과 양육, 여성 고용, 외모지상주의, 여성 혐오 등 젠더와 관련된 이슈가 들끓고 있다고 해도 과언이 아니다. 이 책이 젠더, 몸, 권력의 교차점에 대해 새롭게 통찰하는 이론적 기반을 제공하며, 나아가 우리의 일상에서 일어나는 성차별적 현상을 제대로 인식하고 해결책을 모색하는 계기가 되기를 바란다.

옮긴이를 대표하여

조애리

머리말

『젠더란 무엇인가』에 대하여

『젠더란 무엇인가』는 비非교과서적 교과서다. 일반적으로 교과서는 답을 제시하지만, 이 책은 가능한 한 젠더에 대해 많은 문제를 제기하고자 하며 그런 점에서 비교과서적 교과서다. 우리는 제기된 질문에 대해 몇 가지 가능한 답을 살펴보겠지만, 이 책이 비교과서적 교과서인 이유는 무엇보다 대화의 시작을 주요 목표로 삼기 때문이다. 대화를 통해서 여러분은 젠더에 관해 가지고 있던 지배적인 가정 중 몇 가지에 대해 의문을 품게 될 것이다. 이 책은 그러한 대화의 시작일 뿐이며 교실 안팎에서 토론거리를 제공할 목적으로 고안된 것이다. 『젠더란 무엇인가』의 전제는 젠더에 대한 좋은 대화를 통해 여러분이 젠더에 대한 복잡한 학문적 연구를 서로 연관시킬 수 있을 것이며 나아가 여러분의 삶에서 젠더가 차지하는 역할을 철저하게 조사하게 될 것이라는 점이다. 각 장에는 다양한 '질문 상자Question'가 등장하며, '문화적 사실'이라는 이름의 글상자 말미에 실려 있는 질문들은 일상생활에 널리 퍼져 있는 젠더에 대해 생각해보는 데 도움이 될 것이다. 또 각 장의 끝에 있는 '생각해볼 문제'는 생각의 연결 고리를 만드는 데 도움이 될 것이다. 이 비교과서적 교과서는 사회학 안팎에서 나온 다양한 이론들이 새로운 질문을 시사하거나 이미 가지고 있는 질문에 초점을 맞추는 데 유용할 것이라는 가정 아래 그 이론들을 광범위하게 이용할 것이다. 그리고 젠더와 연관된 주제들, 즉 사회화, 몸, 정치 등을 살펴보기 위해 역사적·범문화적 관점을 바탕으로 우리가 젠더에 관해 안다고 생각하는 것들에 대한 질문을 제기할 것이다. 이 책에서 우리는 젠더와 관련된 사회생활에서 우리가 당연하게 받아들이는 진실 중 여러 가지 실체를 파헤치고, 성sex과 같은 기본적인 개념이 우리 자신이 누구이고 언제 어디서 태어났느냐에 따라 어떤 잠재적 의미를 갖게 되며 그 의미가 어떻게 변하는지 살펴볼 것이다. 우리는 젠더 대화에서 주변적이던 사람들(게이, 레즈비언, 양성애자, 트랜스젠더, 유색인종 여성과 남성, 남반구의 여성과 남성, 빈민과 노동계급의 여성과 남성)의 경험을 우리 대화의 중심에 둘 것이다. 그들의 경험이야말로 젠더에 대해 꼭 제기해야 할 새로운 문제를 가감 없이 드러낼 것이기 때문이다. 젠더 수업을 듣는 학생들에게 필자가 늘 말하는 대로, 이 책을 다 읽고 난 후 읽기 시작했을 때보다 더 많은 질문이 생긴다면 이 책의 목표를 달성한 것이다. 여러분은 젠더가 무엇이고 여러분의 삶에서 젠더가 무엇을 의미하는지에 대한 일생에 걸친 대화 속에 제대로 발을 들였다고 할 수 있다.

이 책이 우선적으로 사용되리라고 생각되는 수업은 젠더의 사회학이다. 이 교재는 학부 1, 2학년용으로 사용해도 무방하지만 3, 4학년 학생들에게 더 적합할 것이다. 이 책은 확고하게 젠더에 대한 사회학적 접근에 뿌리를 두고 있으며, 사회과학 분야 내의 젠더 연구와 관련된 사회학적 이론에 초점을 맞추고 있다. 하지만 현대적 상황에서 젠더를 논의하기 위해서는 페미니즘 이론이나 퀴어 이론 같은 사회학 이외의 이론을 언급하는 것이 불가피하다. 이렇듯 학제 간 연구의 성격을 지녔기 때문에 『젠더란 무엇인가』는 여성학 개론이나 젠더학 개론의 수업 교재로 적합하다. 이 책은 전 지구적·역사적 관점에서 젠더의 사회적 구성을 밝혀 젠더에 대한 학생들의 선입견에 도전하며 시스템으로서 젠더가 어떻게 남녀 불평등을 만들고 강화하는지를 보여주는 수업에 가장 알맞다.

독특한 접근방법

이 책에는 다른 젠더 교재와 달리 몇 가지 독특한 접근방법들이 있다. 우선 『젠더란 무엇인가』는 **전 지구적 접근방법**을 사용한다. 점증하는 세계화 속에서 젠더 이슈를 다룰 때 미국이나 선진국에만 초점을 맞추는 방식은 정당화될 수 없다. 전 지구적 맥락에서 젠더를 검토하면 젠더가 사회적으로 어떻게 구성되며 전 세계적으로 남녀 불평등이 얼마나 끈질기게 나타나는 현상인지 쉽게 알 수 있다. 동일한 이유로 『젠더란 무엇인가』는 **교차적 접근방법**을 사용한다. 처음 유색인종 여성들이 인종·민족·젠더가 어떻게 교차하는지를 주목한 이래, 젠더를 연구하는 학자들은 점점 더 젠더를 인종·계급·성·장애·종교적 배경으로 이루어진 복잡한 정체성의 망 속에 확고히 자리매김해 논의하는 방법에 관심을 갖는다. 젠더는 결코 진공 속에 존재하지 않는다. 교차적 접근방법은 젠더화가 의미하는 바를 알려줄 '정상적인' 경험이 별도로 있지 않다는 사실을 제시해준다. 또한 『젠더란 무엇인가』는 젠더와 관련된 문제에 답을 할 때는 여성과 남성 모두를 고려해야 한다고 가정한다. 그래서 **남성과 남성성 연구**를 포함했다. 이처럼 독특한 접근방법을 통해 『젠더란 무엇인가』는 젠더에 대한 하나의 이해 방식을 표준으로 삼은 채 다른 이해 방식을 주변적으로 여기는 경향에 저항한다. 예컨대 많은 젠더 교재들이 한 장章, 또는 한 장의 어떤 부분에서만 전 지구적 관점에서 젠더를 논한다. 이 책에서는 젠더의 전 지구적 경험이 텍스트 전반에 통합되어 있으며, 남성 또는 여성이 되는 것의 의미에 대해 서구의 지배적인 사고에만 초점을 맞추지 않는다.

마지막으로, 『젠더란 무엇인가』는 **텍스트 전반에 걸쳐 이론적 관점들을 통합**했다는 점에서 독특하다. 대다수 교재가 몇 장 정도는 이론을 다루다가 젠더 주제들로 초점을 옮긴다. 이 책에서는 이론을 먼저 다루고 있지만, 책 전반에 걸쳐 어떤 주제에 이론을 적용할 때마다 다시 이론을 논의한다. 이런 접근을 통해 학생들은 젠더를 이해하는 데 이론이 중요하다는 사실을 상기하게 될 것이다. 학생들은 이러한 접근방법을 모델로 삼아 다른 이론을 다른 주제에 적용하는 방법도 알게 될 것이다. 이어서 다룰 이 책의 특징인 '질문 상자', '문화적 사실', '생각해볼 문제' 등은 모두가 이러한 방식으로 이론을 통합한 것이다. 『젠더란 무엇인가』는 이런 식으로 이론을 논의의 언저리가 아니라 핵심에 배치하려고 한다.

이 책의 주요 특징

질문 상자

각 장에는 토론을 위한 질문 상자가 있다. 여기에 실린 질문들은 학생들이 그 장에서 논의된 이론이나 개념을 더 탐구하고 테스트해보도록 한다. 질문 상자는 그 장에서 서술된 주제와 잘 통합된 질문을 싣고 있으며,

구체적으로 그 주제를 다룬다. 질문 상자는 교수와 학생이 자신들의 삶에 젠더가 어떻게 나타나는지 탐구하고 토론하기 위한 출발점이 된다. 질문 상자는 학생들이 텍스트를 좀 더 잘 이해하는 데 도움이 되고, 교수들의 경우에는 교실에서 토론거리로 쓰거나 자유 에세이, 단답형 숙제 등을 위한 출발점으로 이용할 수 있다.

문화적 사실

각 장에는 문화적 사실 상자도 있다. 이는 필자가 수업 시간에 준 숙제에서 응용한 것이다. 필자는 한 학기 동안 학생들이 젠더와 관련된 문화적 사실들을 찾아와 수업 시간에 공유하도록 했는데, 젠더와 관련된 것이면 무엇이든 된다고 했다. 예컨대 텔레비전 광고, 유튜브 영상, 잡지 기사, 광고 인쇄물, 만화, 바이러스 감염 이메일, 대화, 운동기구(남성용 및 여성용 농구공), 개인 위생용품(남녀 샴푸, 탈취제, 면도날) 등을 가져오면 되는 것이다. 수업 숙제와 마찬가지로 문화적 사실의 목표는 학생들이 일상생활에서 자기 주변의 젠더를 볼 수 있도록 하는 것이다. 문화적 사실은 학생들이 젠더 관련 사회학적 이론과 개념을 자신 주위의 일상생활과 연관시키는 데 도움을 줄 것이다. 문화적 사실을 공부함으로써 학생들은 일상생활에서 젠더가 어떤 식으로 중요한지를 사고할 수 있게 될 것이다.

생각해볼 문제

각 장의 끝에는 생각해볼 문제가 있다. 이 문제의 목적은 세 가지이다. 먼저, 그 장에서 논의된 학자들의 이론이나 개념을 더 큰 이슈나 문제에 적용하기 위해서이다. 이 문제는 '그렇다면 어떨 것인가?'의 형식을 취한다. 학생들에게 그 장에서 제시된 방향으로 스스로의 사고를 확장시키길 부탁하는 것이다. 좀 더 소규모로 보자면, 생각해볼 문제를 통해 그 장에서 논의된 이론과 개념을 통합하기를 바란다. 예를 들어, 두 개의 서로 다른 이론과 개념을 어떻게 통합할지, 나아가 그 장에서 특정 주제에 적용된 이론을 어떻게 다른 주제에 적용할지를 생각해보기 바란다. 마지막으로, 생각해볼 문제는 학생들이 그 장에서 논의된 이론, 개념, 주제 등을 다른 장에서 논의된 것들과 연결해보도록 부추긴다. 이런 종류의 질문들을 통해 학생들이 젠더와 관련된 '더 큰 그림'을 생각해보고 이 책에서 발견한 더 큰 문제들을 계속 공부하고 연구하기 바란다. 또한 학생들과 교수가 상호작용을 통해 서로 다른 장들을 연결하고, 나아가 책에서 논의된 주제를 넘어 더 큰 그림을 보기를 권한다. 이 질문은 긴 비평적 에세이, 에세이 문제, 소집단 토론거리, 논쟁 시험 등에 활용될 수 있을 것이다.

젠더 연습문제

젠더 연습문제가 각 장의 끝에 나온다. 이 문제들은 '생각해볼 문제'보다 더 상호적인 성격을 갖고 있으며, 학생들 스스로 젠더 프로젝트를 수행하도록 자극을 주기 위한 것이다. 젠더 연습문제는 인터뷰, 관찰, 조사, 기초 통계와 같은 사회과학의 개념을 이용해 학생 스스로 젠더 연구를 할 수 있는 방법을 제시해줄 것이다. 또한 학생들이 이론을 자신의 생활이나 대중문화의 특정 상황에 적용할 수 있도록 해줄 것이다. 특히 3장의 젠더와 몸에 관한 연습문제는 학생들이 지역 미술관을 방문하거나 인터넷을 통해 미술품의 이미지를 본 후 그러한 미술품에 남성 이미지나 여성 이미지가 어떻게 묘사되어 있는지 생각해보도록 권한다. 학생과 교수 모두 젠더 연습문제를 연구 프로젝트나 시범용 연구로 이용할 수 있다. 이 연습은 학생들이 적극적으로 사회과학 연구 기법에 참여하고 자기 주도적 학습을 하는 데 도움이 될 것이다.

주요 용어와 읽을거리

이 책의 각 장에는 주요 용어와 개념이 강조되어 있으며, 각 장의 끝에 용어 목록을 두었다. 이를 통해 그 장에서 나온 정보를 잘 조직할 수 있을 뿐만 아니라 그 장에서 배운 용어와 개념을 다른 젠더 이슈나 상황에 적용할 수 있을 것이다. 이것이 바로 이 책의 궁극적인 목적이기도 하다. 또한 각 장에는 그 장에서 다룬 다양한 주제에 맞춰 읽을거리 목록이 포함되어 있다. 이것은 그 장에서 논의된 이슈 중 몇몇에 대해 더 알고 싶어 하는 학생들에게 정보를 제공할 것이다. 또 학생들이 연구 논문을 쓸 수 있도록 도와주는 좋은 출발점이 될 것이다.

이 책의 구성

1~2장: 젠더에 대해 가져야 할 중요한 질문은 무엇인가?

1장과 2장은 젠더를 살펴보기 위한 기초적 토대를 정립한다. 여기서는 젠더를 배우는 주요 목적, 젠더를 이해하는 데 도움이 되는 기초 이론, 책 전반에 걸쳐 이 이론을 이용하는 방식을 소개한다. 1장은 젠더를 살펴보는 데 필요한 기초 개념을 소개하고 정의한다. 그리고 젠더 연구가 왜 가치 있는지를 논의한다. 2장은 젠더 이론의 페미니스트적 배경을 점검하고 젠더에 대한 사회학적 이론을 대략적으로 살펴본다.

3장: 우리는 일상생활에서 어떻게 젠더를 경험하는가?

3장에서는 좀 더 교차적·미시적 접근을 통해 젠더의 일상적 측면을 집중적으로 다룬다. 일상생활에서 젠더가 어떻게 중요하며 전 지구적·역사적 관점에서 젠더 효과가 사회적으로 어떻게 구성되는지 살펴볼 것이다. 특히 몸 이미지와 건강 이슈를 포함해 몸의 젠더를 다룬다.

4장: 젠더는 어떤 식으로 우리 사회의 작동에 중요한 일부가 되는가?

4장에서는 젠더가 사회의 여러 제도 속에 어떻게 스며드는지 살펴본다. 제도적·거시적 수준의 연구를 통해 젠더가 어떻게 권력 체제로 작동하고 불평등을 강화하는지에 더욱 관심을 갖는다. 특히 젠더의 정치학을 통해 국가와 정부의 영역 속에서 젠더를 살펴본다.

1
젠더와 마주하기

젠더란 무엇이며,
왜 관심을 가져야 하는가?

'젠더와 사회학' 수업 첫날, 강의실에 앉아 있는 학생들이 이 수업에 기대하는 것은 무엇일까? 젠더란 무엇이며 그것이 어떻게 문제가 되는지에 대해 학생들은 얼마나 알고 있을까? 그들은 자신의 삶에서 젠더가 얼마나 중요한지 알고 있을까? 그들은 젠더에 대해 어떤 이야기를 할 수 있을까? 이런 질문들은 젠더에 대해 종종 나 자신에게 물어보는 것들이다. 처음부터 밝히자면, 나는 이 질문에 확실하게 답할 수가 없다. 젠더를 공부하는 것은 필연적으로 우리 자신과 삶에 대해 공부하는 것과 관련이 있다. 젠더와 사회학을 결합하는 것 또한 젠더와 관련된 사회적 힘의 중요성을 배우는 것을 의미한다. 우리의 삶과 이 세상에 젠더가 어떤 영향을 미치는지 진지하게 생각하기 시작한다면, 고개를 돌리는 곳마다 젠더를 보게 될 것이다. 물론 그것이 좋은지 나쁜지는 스스로 판단해야겠지만, 젠더가 우리 삶에 침투하는 방식을 알게 되면 세상을 제대로 볼 수 있는 소중한 통찰력을 얻을 수 있다고 믿는다.

물고기와 헤엄치기: 젠더를 알아보는 법 배우기

이 책의 목적 중 하나는 우리를 둘러싼 세계에서 젠더를 보는 법을 배우는 것이다. 처음에는 정말 어리석어 보일지도 모른다. 우리는 대부분 젠더를 알 수 있다고 믿는다. 도시의 복잡한 거리에 서 있는 자신을 상상해보자. 우리는 지나치는 사람들의 성별을 대부분 확실하게 식별할 수 있다고 생각한다. 때로는 잠깐 머뭇거리게 하는 사람들도 있지만, 대개는 젠더를 잘 알아볼 수 있다고 믿는다. 주위 사람이 남자인지 여자인지 잘 구분한다는 의미에서 말이다. 이 장은 거리에서 마주치는 사람들에게서 보는 젠더가 진짜인지 의심하는 것에서 시작한다. 즉, 우리 생각처럼 진짜 젠더를 볼 수 있는가라는 질문부터 시작해보자. 그러나 우리는 **젠더를 알아본다는 것**이 정확히 무엇을 의미하는지에도 생각을 확대해볼 것이다. 이제부터 우리가 젠더에 대해 이야기하며 젠더를 알아본다고 할 때는 주위 사람들이 남자인지 여자인지 구분하는 것 이상을 의미한다. 젠더는 삶의 표면에 뚜렷이 나타나지 않고 잘 보이지 않게 작용하는데, 젠더를 알아본다는 것은 이런 보이지 않는 방식을 드러내기 시작한다는 의미다. 그런 의미에서 주디스 로버Judith Lorber는 젠더를 물고기가 사는 물에 비유했다(Lober, 1994). 연구자들은 젠더가 어디에나 있는 실체인데도 대수롭지 않게 여겨진다고 지적한다. 젠더를 보는 법에 대한 공부는 특별한 시각을 발전시키는 것을 의미한다.

젠더, 그리고 현실의 사회적 구성

이른바 **현실의 사회적 구성**이라는 젠더 시각을 발전시키는 것은 사회학자들이 할 일이다. 사회학 수업을 들은 적이 있다면, 현실의 사회적 구성에 대해, 얼마나 광범위한 현상들이 사회적으로 구성된 것인지에 대해 들어볼 기회가 있었을 것이다. 현실의 사회적 구성이란 세계에 대한 우리의 경험이 범주화되어 실제의 것으로 간주되는 역사적 과정을 말한다(Roy, 2001). 젠더와 관련해 이것이 의미하는 바는 무엇일까? 젠더와 관련된 현실의 사회적 구성을 이해하는 최고의 방법은 아마도 도로시 토머스Dorothy S. Thomas와 윌리엄 토머스William I. Thomas의 토머스 원칙Thomas Principle을 이용하는 것이다. 이 원칙은 "사람들이 상황을 현실이라고 규정한다면 결과적으로 현실이 된다"고 주장한다(Thomas and Thomas, 1928: 572). 인종을 예로 들어보자. 인류학자들과 생물학자들은 우리가 인종적 범주로 생각해온 것들에 어떤 생물학적 근거도 없음을 결정적으로 보여주었다. 전지구인들의 DNA를 사용한 광범위한 연구는 종으로서 인간이 지닌 소량의 유전적 변이의 대부분이 인종이라는 집단에 내재함을 증명한다.

이것의 의미는 다음과 같다. 같은 인종적 범주 안에 있는 두 사람(예를 들어 백인 또는 코카서스인)도, 유전적으로 다른 인종적 범주(예를 들어 히스패닉 또는 라틴아메리카인)라고 생각되는 사람들만큼이나 차이가 난다는 것이다. 자신을 라틴아메리카인이라고 여기는 사람이 자신을 아시아인이라고 여기는 사람보다 자신을 라틴아메리카인이라고 여기는 사람과 유전적으로 더 유사한 것은 아니다. 인간의 유전적 다양성은 단순히 인종계통에 따라 분포하지 않는다. (흔히 인종과 연관되는 특성으로 간주되는) 피부색, 머리카락 형태, 생김새에 영향을 주는 유전자는 지능, 운동 능력, 음악적 능력 같은 특성들보다 훨씬 나중에 진화했다(Adelman, 2003).

이는 현실의 사회적 구성을 이해하는 데 어떤 도움을 주는가? 사람들은 점점 피부색, 머리카락 형태, 생김새 같은 것들이 실제보다 더 많은 것을 의미한다고 믿기 시작했다. 백인과 흑인의 범주는 역사적으로 오랜 시간을 거쳐 생겨났으며 착취와 억압의 체계를 정당화하는 데 이용되었다. 오늘날 많은 사람들이 이런 범주를 생물학적 현실에 기반을 둔 실제적인 것으로 믿는다. 그러나 역사적으로 백인, 흑인, 라틴아메리카인, 아시아인, 아메리카 원주민에 대한 정의는 계속 변화되어왔다. 미국에서 인구조사를 실시한 첫해인 1790년 이후로 인종을 규정하는 방법은 매년 바뀌었다. 인종이란 역사의 과정에서 다른 피부색들을 보는 사람들의 경험이 어떻게 흑인, 백인, 아시아인, 라틴아메리카인, 아메리카 원주민 등으로 범주화되고 실제적인 것인 양 다뤄져왔는지에 대한 하나의 사례일 뿐이다.

사회적으로 말하면 토머스 원칙은 이 방정식의 중요한 부분을 지적한다. 과학자들은 인종 개념의 기저에 생물학적 실체가 없다는 것을 증명할 수 있다. 그렇다고 인종이 전 세계 사람들의 삶에 실제로 아무런 영향이 없다는 뜻은 아니다. 앞으로 살펴보겠지만, 인종에 따라 엄청난 불평등이 존재한다. 이런 불평등은 생물학적 설명의 결과가 아니다. 우리가 인종적 범주를 사실로 받아들이는 가운데 그것이 현실적 결과를 가져오는 방식에서 불평등이 생긴다. 미국인들이 아시아인, 흑인 등의 범주를 사실로 믿기 때문에 이런 범주들이 삶에 실제로 영향을 미치는 것이다. 아시아인들이 수학을 잘한다는 고정관념으로 누군가가 아시아계 미국인 학생에게 수학 숙제를 도와달라고 할 때, '아시아계 미국인'이라는 범주가 사회적 구성이라는 사실은 알고 있어도 별 도움이 되지 않는다. 사회에서 우리가 믿고 실제라고 간주하는 것들은 그 의도와 목적으로 인해 실제가 된다.

일단 우리를 둘러싼 세계가 사회적으로 구성되는 방식을 이해하게 되면, 그러한 세계를 이해하는 복잡한 방식을 풀어낼 수 있다. 젠더의 사회적 구성에 대한 이해는 우리가 헤엄치는 물을 볼 수 있게 만든다. 그뿐만 아니라 어째서 처음에 그것을 알아채지 못했는지도 알려준다. 이 책에서는 우리를 둘러싼 사회적 구성을 파악할 수 있도록 두 가지 특별한 방법을 사용할 것이다. 첫째는 인종에 대한 논의에서 고려했던 역사적 접근이다. 어떤 것이 사실처럼 보이는 것은 늘 그래 왔고 앞으로도 그럴 것이라고 느끼기 때문이다. 역사적으로 접근하면 이는 대개 사실이 아님을 알수 있다. 인종 범주라고 부르는 '실체'는 미국에서 1790년에(자유로운 백인, 다른 자유인, 노예), 1890년에(백인, 흑인, 물라토 또는 1/2 흑인, 백인과 반백인의 혼혈아, 1/4 흑인, 1/8 혼혈인 또는 1/8 흑인, 일본인, 인도인), 1990년에(백인, 흑인 또는 아프리카계 미국인, 아메리카 원주민과 알래스카 원주민, 아시아인, 하와이 원주민과 그 밖의 태평양 섬사람, 기타 인종), 각각 매우 다르게 구성되었다. 1890년에 물라토(반은 백인이고 반은 흑인)를 실제 인종 범주라고 생각한 사람이 현재의 인종 범주에 대해서는 뭐라고 하겠는가?

사회적 구성을 파악하는 두 번째 방법은 문화를 가로지르는 접근법이다. 만약 특정 문화에서 실제라고 굳게 믿어지는 것이 다른 문화에서는 전혀 불가능한 것으로 여겨진다면, 어떤 것이 실제라고 할 수 있을까? 문화를 가로질러 보면, 인종 범주는 더욱 복잡해진다. 영국에서 흑인은 아프리카인뿐 아니라 인도나 파키스탄 이민자를 뜻할 수도 있다. 미국에서 이들은 (인구조사에 따르면) 공식적으로 아시아인으로 간주된다. 남아프리카에서 흑인은 아프리카 원주민인데도, 아프리카인 조상의 피가 섞인 유색인들은 아파르트헤이트(인종차별을 합법화하고 소수집단의 권리를 감소시킨 정책) 체제하에서 흑인, 아시아인, 인디언으로 불린다. 많은 라틴아메리카 국가들에서는 같은 가족 구성원들도 피부색에 따라 다른 인종 집단으로 범주화될 수 있다. 형제 중 한 사람은 흑인으로, 다른 사람은 백인으로 간주될 수 있다는 뜻이다. 사람들은 이곳에서 저곳, 한 나라에서 다른 나라로 옮겨가면 자신의 인종 범주가 변하는 것을 알게 된다. 이는 이러한 범주들의 현실에 관해 무엇을 말하는가? 이 책에서는 젠더가 사회적으로 구성된 방식을 보기 위해 역사적 접근과 문화를 가로지르는 접근을 둘 다 이용할 것이다.

성 또는 젠더: 차이점은 무엇인가?

지금까지 생물학과 현실 인식 사이의 중요한 관계에 대해 알아보았다.

인종은 많은 사람들이 생물학적 진실로 믿기 때문에 실제라고 여겨진 것이다. 이는 과학이 지배적인 사유방식으로 작동하는 세계의 많은 곳에서 진실이다. 생물학에 뿌리를 둔 것은 경험적·객관적으로 관찰될 수 있고, 그렇기 때문에 틀림없는 실제다. 뒤에서는 과학에 대한 믿음조차 어떻게 젠더화되며, 또 젠더적 의미를 갖게 되는지 알아볼 것이다.

젠더 차이에 대한 생물학적 설명은 대개 그들의 현실을 확고히 하기 위해 호명되고, 이는 우리가 성sex과 젠더gender라는 단어의 차이에 주안점을 두도록 만든다. 학기 초에 학생들에게 성과 젠더의 차이를 물으면, 대부분이 성은 남자와 여자의 생물학적 차이를 뜻하며 젠더는 사회적 차이와 관련된다는 데 동의한다. 모두가 이런 일반적 용법을 따르는 것은 아니지만, 사회과학자들이 이러한 용어들을 사용하는 방법은 상당히 정확하다. 성은 남성 또는 여성이라 부르는 사람들 사이의 생물학적 차이를 설명하며, 젠더는 그런 차이들 위에 겹쳐진 사회적 의미이다. 이런 명확한 구분 때문에 성은 생물학과 관련한 것이 되고 젠더는 사회적 세계에 관심이 있는 것이 된다. 영미-유럽의 대다수 젠더 연구 역사 가운데 이는 성과 젠더를 이해하는 기본적인 방법으로서 종종 생물사회학적 접근이라고 불린다.

생물사회학적 접근

젠더 연구의 **생물사회학적 접근**은 젠더에 관한 우리의 경험 중 많은 부분이 사회적으로 구성된다는 것을 인정한다. 사회적 범주로서 젠더는 역사적 시기와 장소에 따라 그 구성 방법에 차이가 있다. 그러나 생물사회학적 관점에서는 남성과 여성의 몸이라는 생물학적 사실 때문에 그러한 사회적 구성에 현실적 한계가 있다고 본다. 이런 관점을 이해할 수 있는 한 가지 방법은 생물사회학자들이 남녀 이분법을 믿는다는 사실에 주목하는 것이다. 남녀 이분법은 성이 인간을 신체적으로나 유전적으로나 두 개의 범주로 나누는 표시라는 주장이다. 만약 남녀 이분법을 받아들인다면, 당신은 사람을 객관적으로 분류하는 특성으로서 남성 또는 여성이라고 부르는 두 개의 범주를 사용할 수 있다고 믿게 된다. 이는 하나 또는 다른 것(남성 또는 여성)이 될 수 있을 뿐이며 동시에 둘이 될 수는 없음을 의미한다. 생물사회학자들이 성을 세상과의 상호작용을 결정하는 유일한 방법이라고 믿는 것은 아니다. 그들은 젠더가 성이라고 부르는 것의 차이에 의해 구성되며 이 세상에 남성과 여성이라는 두 종류의 사람들이 있다고 믿는다.

이 시점에서 여러분은 다음과 같이 생각할지 모른다. 이 세상에 남성과 여성이라는 두 가지 유형의 사람들이 있다는 것을 믿지 않을 사람이 있을까? 아이들조차 여자와 남자라는 성이 있다는 것을 알지 않는가? 복잡한 거리에서 지나가는 사람들을 바라볼 때 그들의 범주를 성으로 정하는가, 아니면 젠더로 정하는가? 성기는 성 범주sex category로 사람들을 구분하기 위해 사용하는 신체 기준 중 하나이다. 그런데 거리를 걷는 사람들의 성기를 볼 수는 없다. 사람들이 벌거벗은 채 성기를 노출하고 다니는 거리들이 있긴 하지만 일반적이지는 않다.

일상생활에서는 성을 어떻게 확인할 수 있을까? 사람들의 몸과 얼굴은 볼 수 있다. 가슴이 있다면 그 사람이 여자라는 뜻일까? 그게 우리가 사용할 수 있는 기준일까? 그렇다. 가슴이 나온 일부 남자들(그렇지 않았다면 유명한 시트콤 〈사인펠드Seinfeld〉의 등장인물인 크레이머가 남성을 위한 브래지어인 '브로'를 고안해낼 필요가 없었을 것이다)이나 가슴이 없는 여성을 제외한다면 말이다. 얼굴에 난 털은 어떤가? 얼굴에 난 털은 육안으로 확인할 수 있다. 그런데 또 어떤 남자들은 얼굴에 털이 없고, 어떤 여자들은 (수염 난 여자를 생각해보면) 있다. 울대는? 이것 또한 남자라고 다 있는 것이 아니고 여자라고 다 없는 것도 아니다. 평균적으로 여성은 남성보다 키가 작다. 그러나 아주 작은 남자나 아주 큰 여자를 만날 수 있다. 거리에서 여러분이 정말로 보고 있는 것은 무엇인가?

젠더의 신화: 남자는 여자보다 키가 크다

강력한 사회구성주의 입장을 생각하는 한 가지 방법은 생물학적 차이가 어떻게 사회적 현실의 영향을 받는지 고려하는 것이다. 이는 사회적인 것이 생물학적인 것에 어떤 영향을 미칠 수 있는지 아는 데 도움이 된다. 사람들이 흔히 여성과 남성의 생물학적 차이로 인식하는 것은 남성의 키가 여성보다 평균적으로 더 크다는 점이다. 키가 비슷한 경우도 많다는 사실을 무시해서는 안 되겠지만, 이는 인간 문화 전반에서 사실이다. 기네스북에 따르면, 세상에서 키가 제일 큰 남성은 271.78cm이고, 제일 큰 여성은 248.285cm여서 23.495cm가 차이 난다. 강력한 사회구성주의 관점에서 키의 성차가 특별히 흥미로운 것은 그것이 시간에 따라 변화한다는 점이다. 여성과 남성의 평균 키 차이는 최근 100년간 계속 줄어들었다. 이런 변화를 생물학적으로 어떻게 설명할 수 있을까? 문화적 신념의 변화로 인한 영양 상태의 변화 때문이라고 답하는 것이 최선일 것이다. 어린 시절의 영양 상태는 어른이 되었을 때의 키에 많은 영향을 준다. 세계 각 지역 사람들의 평균 키가 서로 다른 것은 부분적으로 이 때문이다.

어릴 때 영양 상태가 좋으면 잠재된 최고 키에 도달할 수 있다. 키의 성차 변화는 어떻게 설명할 수 있을까? 하나의 이론은 남아 선호가 분명했던 많은 사회에서 문화적 표준이 변해왔다는 것이다. 과거에 남아 선호를 표현하는 방법 중 하나는 남아에게 가족의 자원을 더 많이 주는 것이었는데, 그중 하나가 음식이었다. 남자아이들은 여자 형제들보다 많은 영양을 섭취했기 때문에 키가 더 컸다. 문화적 표준이 변하면서 여자아이들과 남자아이들의 영양 상태가 균등해졌고, 성인 남녀의 키 차이도 시간이 갈수록 줄어들었다. 남성과 여성의 평균 키 차이는 여전히 존재하지만, 이런 역사적 이야기는 생물학적 구성이 문화적 신념에 의해 어떻게 조절되는지 보여준다.

만일 거리에서 사람들이 알몸으로 서 있다면 모든 사람을 남성이나 여성의 범주로 분류할 수 있을 것이다. 어떤 사람들은 남성 성기를 지니고 있고 어떤 사람들은 여성 성기를 지니고 있다. 둘 다 지닌 사람은 없다. 사실 두 가지 성기를 모두 가진 사람들도 있긴 하다. 선천성 부신 과형성 先天性副腎過形成, Congenital Adrenal Hyperplasia: CAH[1] 증세를 지니고 태어나는 사람들은 XX 염색체를 지니지만 남성의 성기를 갖게 된다. 이런 아기들에게는 여성 성기뿐 아니라 남성 성기도 나타난다. 안드로겐 무감성 증후군Androgen Insensitivity Syndrome: AIS[2]인 사람들은 XY 염색체를 지니지만 질인 동시에 고환이기도 한 여성 성기를 가지고 태어난다(Fausto-Sterling, 2000). 이러한 유아들이 이도 저도 아닌 생식기를 지닌 채로 성인이 될 가

---

1 부신피질에서 나오는 호르몬의 생합성에 관여하는 효소가 선천적으로 결핍되어 나타나는 유전 질환이다.
2 남성호르몬 수용체에 이상이 생겨 외형 및 외부 생식기가 여성화되는 유전 질환이다.

능성은 별로 없다. 미국에서는 대개 수술을 통해 간성의 유아들을 분명한 성 범주에 넣어주기 때문이다. 선천성 부신 과형성의 유아들은 남성 성기를 제거할 것이고, 안드로겐 무감성 증후군이 있는 유아들은 고환이 있고 사춘기에 남성의 2차 성징이 발달하겠지만, 여자아이로 자랄 것이다.

젠더 학자들은 성적 범주에 넣기에 애매한 조건을 가진 사람들에게 간성적intersexual이라는 정체성을 부여했다. 간성은 출생률의 1.7% 정도로 발생한다고 알려져 있다. 간성성intersexuality은 선천성 색소 결핍증 또는 멜라닌 색소 부족으로 태어나는 백색증보다도 많이 발생한다. 30만 명이 사는 도시라면 5100명이 간성적 변화 단계를 갖는다. 이는 도시의 거리를 걷는 사람들 중에 남녀 성기를 모두 가진 사람이 있을 수 있다는 뜻이다. 자, 그렇다면 그들의 성을 어떻게 결정할 수 있을까?

여러분은 육안으로 성을 구별하지 못할 수도 있다고 말할 것이다. 그러나 지금은 21세기이기 때문에 성을 결정하는 다른 방법이 있다. 내부 성 기관이다. 오늘날 의사들은 남성 성기의 유무로 처음 유아의 성을 결정한다. 과거에는 내부 성 기관을 보고 자궁의 유무를 강조했다. 자궁이 없으면 출산을 할 수 없었기 때문이다. 그러나 간성성의 상태는 내·외부 생식기 모두와 관련이 있다. 어떤 간성적 사람들은 몸 한쪽에 난소와 고환을 하나씩 모두 가진다. 또 어떤 사람들은 난소와 고환이 함께 자란다. 내부 성 기관의 존재 여부도 성 범주를 결정하는 완벽한 방법은 아니다.

호르몬은 어떨까? 성호르몬은 사춘기 이전 아이들에게서는 구별이 안 되며, 사춘기 이후에도 성호르몬 유무의 차이는 상당히 다양하다. 안드로겐 무감성 증후군이 있는 사람은 몸에 테스토스테론[3]이 있지만, 대사 작

---

3 대표적인 남성호르몬이다.

용을 할 수 없어서 사춘기에 가슴이 발달한다. 그렇다면 테스토스테론의 존재가 남녀를 구분하는 좋은 기준인가? 유전학은 어떨까? 고등학교 생물학 시간에 배웠듯이, 남성은 XY 성염색체를 갖고 여성은 XX 성염색체를 갖는다. 현대의 유전자 검사는 성 범주에 대한 확실한 답변을 제공하는가? 아니다. 터너 증후군Turner Syndrome[4]을 가지고 태어나는 사람들은 두 번째 성염색체가 결핍되어서 XO가 되며, 클라인펠터 증후군Klinefelter's Syndrome[5]을 가진 사람들은 두 개의 X 염색체와 한 개의 Y 염색체를 갖는다(XXY). XXY나 XO를 가진 사람들의 성을 어떻게 이해해야 할까?

간성화intersexed 조건이 성 범주에 대한 생각을 복잡하게 만들지만, 트랜스젠더 집단을 생각하면 성 범주의 문제는 더욱 복잡해진다. 트랜스젠더는 문화적으로 한정된 젠더 범주를 넘어서 변화·교차·초월을 추구하는 사람들의 다양성을 포함하는 광범위한 분류다(Ferber, Holcomb and Wentling, 2008). 트랜스젠더라는 범주에는 외과 수술로 해부학적 변화를 추구하는 사람들뿐 아니라 자신의 생물학적 성 범주가 아닌 다른 젠더로 살기 바라는 사람들까지 포함된다. 네다섯 살의 아이들이 표현하는 생물학적 성 범주는 스스로가 누구인지를 내적으로 느끼는 것, 즉 자신들의 정체성이 어떤 것이냐에 대한 내적 감각과 일치하지 않는다. 트랜스젠더는 인류 역사 내내 매우 다양한 문화에 걸쳐 존재했다. 성 범주가 젠더가 표현되는 방식을 실제로 제한한다면 이를 어떻게 생물사회학적 틀에 맞출 것인가?

4　성염색체인 X 염색체가 부족해서 난소 형성 부전과 저신장증을 포함한 다양한 신체 변화가 함께 나타나는 유전 질환이다.

5　남성에게 나타나는 성염색체 이상으로 X 염색체를 더 가지고 있어 발생하는 유전 질환이다.

우리는 생물사회학적 관점에서 이러한 다양성이 존재한다고 말할 수도 있다. 그러나 대부분 사람들은 합의된 기준에 근거한 두 범주로 나뉜다. 남녀 이분법은 주장이 아니라 실제 현실이다. 세상에는 남성과 여성이라는 두 유형이 있다. 간성화도 약간 조정하면 이런 범주들 중 하나에 속하게 할 수 있다.

강력한 사회구성주의자 관점

강력한 사회구성주의라고 부를 두 번째 관점에서 생물학적 변경은 불가능하다. 간성성은 우리에게 성 자체가 사회적으로 구성된 개념이라고 가르친다. 현대사회에서 우리는 더욱 복잡해지는 생물학적 현실을 지켜보았고, (실제로는 더 복잡하겠지만) 두 가지 유형의 사람들이 있는 것으로 정했다. 사람들을 남성과 여성이라는 범주로 일관되게 구분할 기준은 없다. 행동뿐 아니라 신체적 특성에서도 마찬가지다. 강력한 사회구성주의자들에게 이는 범주 그 자체가 작동하지 않음을 의미한다.

> **Question**
> 성과 관련된 행동 특성(울음, 싸움, 예쁘게 보이기, 육아)을 생각해보자. 일반적으로 남성과 관련된 행동을 하는 여성이나, 일반적으로 여성과 관련된 행동을 하는 남성의 예를 생각할 수 있는가?

강력한 사회구성주의자들은 남녀 이분법이 주장일 뿐 사실이 아니라고 믿는 반면, 생물사회학자들은 남녀 이분법이 사실이지 주장이 아니라고 믿는다. 이 두 관점의 차이를 이해하는 데 도움이 되는 또 다른 방법은 그들이 성과 젠더의 차이를 어떻게 이해하는지 따져보는 것이다. 생물사회학적 관점에서 논리적으로 성은 젠더보다 먼저 있고 젠더의 원인이 된다. 아기들은 출생 시 하나의 성 범주로 배정되며, 그 배정에 근거해 적당한 젠더로 들어간다. 생물사회학자들은 문화와 시대에 따라 (젠더가 사회적으로 구성되므로) 젠더에 특정한 다양성이 있다는 것을 안다. 또한 젠더가 사회적으로 구성되는 정도에 한계가 있다는 것도 지적한다. 이러한 한계는 성이라 불리는 생물학적 현실에서 발생한다.

예를 들어 생물사회학자들은 시대나 문화에 따라 다양한 양육 관행이 있었음을 인정하면서도 양육에 주로 참여해온 성이 여성임을 지적한다. 생물사회학자들은 이것이 아이를 낳고 기르는 여성들의 생물학적 현실에서 비롯된 결과라고 주장한다. 구체적 요인은 변할 수 있지만, 임신하고 돌보는 여성의 생물학적 현실은 그러한 가능성의 현실적 한계라는 것이다. 이때 성은 젠더가 표현되는 방식을 지시하는 요인이다.

강력한 사회구성주의자 관점에서 인과의 화살표는 반전된다. 성 범주에 덧붙이는 사회적 의미로서의 젠더는, '여성'과 '남성'이라 불리는 실제 범주가 있다고 믿도록 만든다는 것이다. 성 자체는 사회적으로 구성되므로 성을 어떻게 이해하는지 지시하는 것은 문화다. 이는 남녀 이분법을 진리로 여기는 문화에서 자란 우리 대다수가 쉽게 이해하기 어려운 관점이다. 그러나 강력한 사회구성주의자들은 앞서 설명한 두 가지 접근법을 통해 성 범주가 실제 시·공간에 따라 변해온 방식을 지적한다. 오늘날 영미-유럽 사회의 사람들은 두 개의 성이 있다고 믿지만 고대 그리스인들은 단성을 믿었다(Roy, 2001). 여성은 남성과 성이 완전히 다르진 않았지만, 신들과 기타 종류의 사람들(노예, 난쟁이, 환관 등)을 포함하는 계층구조 속에서 남성의 열등한 형태였다. 이 특별한 젠더 체계(일련의 문화적 신념)는 그리스인들이 생물학적 현실을 보는 방법을 구성했다. 고대 그리스에서 시체 부검이 행해졌다고 하니, 아마도 그리스인들은 남성과 여성의 기관이 다르다는 것을 알았을 것이다. 단성을 믿었던 그들이 이런 차이를 어떻게 설명했을까? 그리스인들은 여성 성기와 남성 성기를 같은 기관으로 보았다. 여성에게는 이 기관이 안에 숨어 있는 반면, 남성의 경우 겉으로 드러난다는 것이다. 마찬가지로 그리스인들은 난소와 고환도 같은 기관으로 보았다. 동일한 생물학적 현실은 전혀 다른 성 이해를 정당화하는 데 이용되었다.

또한 강력한 사회구성주의자들은 제3의 성 범주를 갖는 광범위한 문화, 또는 남성도 여성도 아니라고 간주되는 사람들을 위한 특별한 개념화 공간을 지적한다. 여기에는 인도의 히즈라hijra,[6] 미국 원주민 중 베르다시 berdache,[7] 태국의 카토이kathoey,[8] 발칸의 서약 처녀sworn virgins[9]가 포함된다(Nanda, 2000). 서로 다른 사회가 서로 다른 유형의 성 범주를 구성함으로써 (남성과 여성만이 있는) 남녀 이분법 체계에만 기반을 두지 않는다면, 성 자체는 확실히 사회적으로 구성된다. 그렇기에 문화적 의미에서 젠더가 성 관념을 생산해내는 것이지 성이 젠더 개념을 만드는 것은 아니다.

생물사회학적 관점에서는 성인지 젠더인지 명확히 언급하는 것이 중

---

6 트랜스젠더나 여장 남자인 크로스드레서, 거세한 남성 등 다양한 성적 정체성을 가진 성적 소수자들을 지칭한다. 사회 주변부에서 따로 공동체를 이루고, 지역 사회의 결혼식이나 아기 탄생 행사에 축복의 춤과 노래를 제공하거나 성매매, 구걸 등을 하며 먹고산다.

7 두 개의 영혼을 가진 사람들이라는 뜻으로, 성이 혼합된 사람들을 가리킨다.

8 태국에서 여성으로 성을 전환한 자, 여성적인 게이, 여장 남자 등을 일컫는다.

9 생물학적으로는 여자지만 평생 남자로 살아가겠다고 서약하고 독신으로 살아가는 여성이다. 알바니아 북부 지역에 남아 있는 관습으로, 남녀의 사회적 역할이 엄격하게 구분되고 남자에게만 상속이 이루어지는 전통과 관련된다.

요하다. 학자들은 두 관점에서 용어들을 사용하지만, 관점에 따라 다른 의미가 될 수 있음을 유의해야 한다. 강력한 사회구성주의자 관점에서 성이라는 용어는 남성과 여성이라는 두 종류의 사람에 대한 **믿음**을 암시한다. 생물사회학적 관점에서 성은 남성과 여성이라는 두 유형의 **존재**를 표시한다. 젠더를 논의하는 방법들을 설명하는 두 가지 관점을 이 책 곳곳에서 다시 참조할 것이다. 특정 관점과 관계없이 이 책은 젠더의 사회학 교재이므로 성과 관련된 질문보다 젠더와 관련된 질문에 더 관심이 있다.

> **Question**
>
> 이 두 관점 중에 여러분에게 더 의미가 큰 것은 무엇인가? 어느 쪽이 더 이해하기 쉬운가? 어느 것이 더 일반적인 관점이라고 생각하는가?

생물학에 대한 논쟁과 강력한 사회구성주의

성 범주가 사회적으로 구성된다는 생각(세상에 남성과 여성이라는 두 유형의 몸이 뚜렷하게 존재하지는 않는다는 것)은 어떤 사람들에게는 받아들이기 힘든 것이다. 학생들은 종종 생물학이 강력한 사회구성주의 관점 속에 존재하는지 전혀 그렇지 않은지를 궁금해한다. 이런 이론가들은 남성 성기, 여성 성기, 고환, 호르몬, 염색체 같은 것이 없다고 주장하는가? 그들은 우리가 신체적·생물학적 몸을 전혀 가지고 있지 않다고 말하는가?

강력한 사회구성주의 관점을 가진 대다수 이론가들도 우리가 신체적인 몸을 가지고 있다고 말한다. 문제는 그런 신체적 몸을 설명하기 위해 이용되는 특별한 범주가 현실을 충분히 묘사하지 못한다는 점이다. 많은 사람들은 신체적 몸의 다양성이 믿음의 범주보다 크다고 주장한다. 몸이 어떠해야 한다는 믿음 때문에 실제로 몸이 존재하는 현실을 제대로 볼 수 없게 된다고 주장할 정도다. 우리는 모든 사람이 남성 성기나 여성 성기 중 하나를 가졌다고 믿기 때문에 둘 다 가진 사람들이 지속적으로 나타나도 이를 무시하려는 경향이 있다. 또한 생물학적 성 범주가 우리가 표현하는 젠더와 일치해야 한다고 여기는 탓에, 이런 용어들을 위반하는 트랜스젠더들에게 낙인을 찍기도 한다.

달리 말하면, 강력한 사회구성주의자들은 성 범주가 어떤 모습이어야 하는지에 대한 사회적 사고가 실제 생물학적 현실에 대한 인식을 방해한다고 믿는다. 문화적 신념이 우리에게 준 특별한 눈가리개에서 벗어나 생물학적 현실을 인식할 수 있을까? 어렵겠지만 최소한 그런 문화적 신념이 정확히 무엇인지에 대한 생각을 시작할 수는 있다.

본질주의와 구성주의

생물사회학적 관점과 강력한 사회구성주의 관점의 차이 외에도 젠더 학자들은 본질주의 관점과 구성주의 관점을 구별한다. 이 두 관점의 차이는 야구에 대한 비유로 이해할 수 있다. 취향에 따라 다른 종목을 떠올려도 상관없다(Fish, 1996).

야구에서 심판은 공이 스트라이크인지 볼인지 판별할 책임이 있다. 만약 투수가 본질주의자라면 이렇게 말할 것이다. 원래 스트라이크와 볼이 있는 것이고 그he(심판)는 날아오는 공이 스트라이크로 보이면 스트라이크로, 볼로 보이면 볼이라고 외칠 것이다(여기서 심판을 '그'라고 말한 것은 미국 메이저리그에서 거의 모든 심판이 남자이기 때문이다). 이 관점에 따르면 세상에서 스트라이크와 볼이라고 불리는 것들은 실제적·객관적으로 식별할 수 있는 것이고, 심판의 일은 단지 그것을 확인하는 것이다. 심판이 아무리 많더라도 적절한 기준을 적용하면 같은 공에 대해서는 다 같이 스트라이크나 볼이라고 할 것이다. 스트라이크나 볼이 **실제로** 존재하기 때문이다. 그들은 '본질'을 가지고 있으며, 따라서 본질주의란 명칭이 나온 것이다.

반대로 만약 심판이 구성주의자였다면 "투수가 던진 공 중에 어떤 공은 스트라이크이고 어떤 공은 볼이지만, 내가 부르기 전까지는 아무것도 아니다"라고 말했을 것이다. 이 관점에서 심판은 무엇이 스트라이크이고 무엇이 볼인지를 **결정**하며, 그의 결정이 공을 그렇게 만든다. 스트라이크나 볼을 만드는 본질은 없다. 단지 유일무이하게 주관적인 인간의 관점만이 있을 뿐이다. 우리는 자신이 구성한 세계를 통해서만 현실을 본다. 따라서 어떤 심판이 볼이라고 한 것을 다른 심판은 스트라이크라고 할 수 있다. 야구를 해본 적이 있다면 대다수 심판들이 구성주의자인지 본질주의자인지에 대한 자신의 견해가 있을 것이다.

이는 성과 젠더에 어떻게 적용될 수 있을까? 성과 젠더에 대한 본질주의 관점은, 사람을 남성이나 여성으로 만드는 식별 가능한 본질이 있다고 믿는다는 점에서 생물사회학적 관점과 유사하다. 그러나 본질주의는 생물학에 필연적으로 기반을 두어야 하는 것은 아니라는 점에서 약간 다르다. 신이 창조했기 때문에 세상에는 남성이나 여성으로 불리는 사람들이 실제로 있다고 믿는 사람들이 본질주의자이다. 어떤 이들은 정신분석학적 접근을 따르는 사람들이 본질주의자라고 주장하는데, 젠더는 인격에 깊숙이 배어들어 변하기 힘들기 때문이다. 본질주의자들은 성과 젠더가 시대를 초월하고 불변하는, 인간 존재의 매우 본질적인 부분이라고 보는 경향이 있다. 구성주의자들은 전반적으로 성과 젠더가 사회에 의해 만들어진 것으로 본다. 이는 성과 젠더가 시대에 따라 변해왔고 미래에도 변할 수 있음을 의미한다.

어휘에 대한 몇 가지 주의사항

언어는 현실의 사회적 구성을 형성하는 데 중요한 요소이며, 따라서 젠더에 대한 논의와 상관이 있다. 역사적으로 '남자'가 보편적 범주로 간주된 탓에 남성 대명사는 많은 글에서 사용되어왔다. 그래서 적어도 이론상 '인류mankind'란 남자와 여자 모두를 일컫는다. 이 책에서는 남성 대명사와 여성 대명사를 교대로 사용할 것이다.

영어에서 성sex은 성행위에 참여하는 것뿐 아니라 남성과 여성의 생물학적 범주까지 모두 뜻한다. 이런 혼동 때문에 이 말의 두 가지 뜻을 구분하기 위해 성 범주sex category라는 용어를 사용하는 게 편할 때도 있다. 이 책에서는 처음부터 끝까지 두 용어가 교대로 쓰일 것이다.

왜 젠더를 공부하는가?

'왜 젠더를 공부하는가'라는 질문은 이 장을 시작할 때 던졌던 몇 가지 질문으로 돌아가게 한다. 여러분이 이 책에 이끌린 나름의 이유가 있겠지만, 일반적인 답변은 젠더 문제가 중요하기 때문이라는 것이다. 아마 여러분은 자신의 삶에서 젠더가 어떻게 문제시되는지 이미 알아차렸을 것이다. 이 책에서는 젠더가 무엇이며 어떻게 작동되는지 질문을 던짐으로써 젠더를 한층 더 이해할 수 있도록 독려할 것이다. 우리의 여행은 중요한 세 가지 목적으로 요약된다. 먼저 젠더가 범지구적·역사적 맥락 안에서 사회적으로 구성되는 방식을 이해하는 것이다. 젠더가 사회적으로 구성되는 방식을 가장 명백하게 보여주는 이러한 두 가지 접근법은 젠더가 시간과 장소에 따라 어떻게 변했는지를 검토하는 것임을 기억하자. 이 책에서는 이러한 차원들을 모두 살펴볼 것이다. 젠더에 대한 지구적 측면의 검토는 이 세상의 모든 사건들이 인터넷 같은 기술에 의해 점점 더 가까워지는 오늘날의 사회에서 특히 중요하다. 특정 지역(보통 서구라는 일부 지역) 사람들의 젠더 경험에만 초점을 맞추면, 그러한 경험들을 표준화하면서 그 지역 밖에서 젠더화된 것을 이상하거나 기괴하거나 잘못된 것으로 보게 만드는 경향이 있다. 젠더 연구자들이 도달한 한 가지 근본적 진실은 여러분이 언제 어디에 있으며 누구인가에 따라 젠더가 다양하게 변한다는 것이다. 범지구적 관점에서 본다면 진짜로 정상적인 것은 다양한 젠더의 개념이지 한 가지 특별한 젠더화가 아님을 알게 된다.

이는 이 책의 두 번째 목적을 잘 요약해주는데, 그것은 젠더와 관련해 정상이니 비정상이니 하는 생각들을 폭로하는 것이다. 젠더를 범지구적으로 바라보며 유색인·게이·레즈비언·트랜스젠더·노동자 계층의 사람들을 연구의 중심에 놓음으로써 말이다. 게이나 중동 여자가 된다는 것의 의미를 살피는 것은 그들이 암묵적 표준(이성애자, 백인 남녀)과 다르다는 게 무엇을 뜻하는지 가르치려 함이 아니다. 각자의 경험 속에서 젠더에 관한 특별한 교훈을 드러내도록 돕는 것이다. 이 때문에 세계의 서로 다른 경험과 장소에 대해 이야기하는 데 사용하는 특별한 언어가 중요하다. 서구라는 어휘는 실제 지리뿐 아니라 경제적·사회적 중심을 가정한다. 이는 유럽을 세계의 중심으로 보는 사회로서, 그 어휘가 식민지 시대 철학에서 파생된 것이다. 우리는 문화 현상을 언급할 때 일반적으로 '서구'나 '영미-유럽'이라는 말을 사용할 것이다. 개발도상국, 선진국, 북반구, 남반구 같은 용어도 사용할 텐데, 이러한 용어들은 세계의 구분을 이해하는 다양한 방식을 반영한다.

우리는 젠더의 사회적 구성을 강조할 것이다. 그러나 토머스 원칙에서 보듯이, 사회적으로 구성되었다고 해서 사람들의 삶에 실제로 영향을 미치지 않는 것은 아님을 기억하자. 젠더는 사회적으로 구성되지만, 불평등한 체계이기도 하다. 이런 견지에서 젠더를 이해하는 것이 우리가 추구할 세 번째 목표이다. 젠더에 대한 우리의 믿음은 전 세계 여성과 남성의 삶에 실제적 결과를 가져올 수 있다. 젠더는 사람들에게 권력을 분배한다. 앞으로 탐구하겠지만, 그것은 많은 남성들의 삶을 가로막을지도 모르며, 어떤 여성들에게는 육체적 공격에 대한 두려움을 안고 살아가게 만드는 원인이 될 수 있다. 또 그것은 성생활에서 얼마나 즐거움을 얻을지, 얼마나 돈을 벌지, 얼마나 여가를 가질지에도 영향을 미칠 수 있다. 주변의 젠더를 보기 시작하면, 젠더가 때로는 누군가를 돕고 때로는 누군가에게 상처 입히는 방식들을 볼 것이다. 그러나 특권을 분배하는 체계로서 젠더는 결국 모두의 삶 속 어떤 지점에서 부정적 영향을 끼칠 것이다. 왜 젠더를 공부하는가라는 질문에 대해 연구자들은 젠더를 먼저 이해해야 무엇이 변해야 하는지를 결정할 수 있다고 말한다. 행동을 취하는 것은 그다음이다. 사회 체계로서 젠더의 어떤 측면들이 변화될 필요가 있는지, 그리고 그런 변화들에 어떻게 도달할 것인지를 알아내는 것은 이 책에서 탐구할 내용의 일부이다.

젠더에 대한 질문은 엄청나게 많고, 찾아야 할 답도 다양하다. 많은 답변들은 서로 모순된다. 젠더의 사회학이라는 강좌가 진행되는 동안, 어떤 학생은 필자의 수업이 끝나고 머리가 아프다며 불평했다. 숙취나 고함 때문이 아니라, 너무 많은 것을 생각하게 만들기 때문이란다. 여러분도 젠더에 대해 그렇게 많이 생각할 수 있을까? 아마도 그럴 것이다. 때때로 학생들은 젠더에 관해 알고 있는 지식이 부족해서 좌절하기도 하지만, 질문이야말로 진짜 의미 있는 무언가를 찾아내는 첫걸음이며, 이 책에서 찾으려는 것이다.

2
사회학과 젠더 이해하기

젠더의 사회학에서
'사회학'은 무엇인가?

젠더를 이해하기 위해 이론이 왜 필요한가?

젠더처럼 흥미로운 주제라도 **이론**이라는 말을 들을 때면 학생들이 보이는 몇 가지 반응들이 있다. 우선 그들은 이해할 수 없고 복잡한 개념을 파악하려 애써야 한다는 생각에 불안해하고 초조해한다. "이론이 나하고 무슨 상관이야?"라고 꿍얼대면서 한숨을 크게 쉬고 눈을 굴리기도 한다. 몇몇 학생은 이론을 이해하고 적용하는 법을 배우는 데 수반되는 지적 노력에 대해 열정적인 기대를 품을 수도 있다. 하지만 이런 학생들은 매우 드물며, 다른 학생들은 이들 때문에 더 크게 한숨을 쉬고 눈도 더 많이 굴릴 것이다. 그들에게 이론을 배우는 일은 어렵고 걱정거리가 되기까지 한다. 그런데도 젠더 이론을 이해하는 것이 중요한 이유는 무엇일까?

모든 사람들이 이미 젠더에 대해 나름의 가설을 지녔으며 젠더가 작동하는 방식을 알고 있다는 사실을 깨달으면 젠더 이론을 배우고 이해하는 일이 덜 무서워진다. 당신이 어렸을 때 누군가에게 "그건 계집애나 하는 짓이지, 사내아이가 할 짓은 아니야"라고 처음 들었던 순간부터 당신은 그 주장에 대해 나름대로 이유를 만들기 시작했을 것이다. 나이가 들면서 젠더의 작동 방식을 설명하는 우리 자신의 이론은 점점 더 복잡해진다. 그 이론들은 생물학적 이유나 주변 사람들의 기대 때문에 우리가 젠더화된 양식대로 행동한다는 생각에 근거할지도 모른다. 우리가 가족이나 친밀한 관계 안에서 설명하는 젠더와, 직장과 학교 등 사회생활의 맥락에서 설명하는 젠더는 다를 수 있다.

각양각색의 사람들이 발전시켜온 젠더 이론을 배울 때, 어떤 것은 약간 친숙하고 또 어떤 것은 거의 이해가 될 수도 있다. 이는 젠더의 작동 방식에 대해서 당신이 이미 발전시킨 가설과 이 이론들이 다소 밀접하게 맞아

떨어지기 때문이다. 당신이 세운 젠더 이론의 구체적 내용과 무관하게 우리는 모두 젠더가 무엇이며 어떻게 작동하는지 전반적으로 알고 있다. 기본적으로는 이것이 바로 이론이다. 즉, 이론이란 사회생활의 특정 부분을 설명하고 예측하려는 일련의 진술과 명제다(Newman, 2004).

젠더 이론을 배워야 하는 세 가지 이유

우리 나름의 젠더 이론이 있음에도 다른 사람들이 발전시킨 이론을 배우는 것은 왜 여전히 중요할까? 각 개인의 이론들은 어째서 만족스럽지 못할까? 이 질문에는 세 가지 답이 있다. 첫째, 각자 나름의 젠더 이론이 있다 해도 우리는 이를 의미 있고 엄밀한 방식으로 시험해볼 기회나 의향이 없다. 당신의 이론을 당신 자신의 경험에 비춰 검증할 수는 있다. 그러나 1장에서 논의했듯이 당신의 경험은 다른 지역에 살며 다른 정체성을 지닌 사람의 경험과 매우 다를 수 있다. 예를 들어, 당신의 이론은 직장이 있는 기혼 여성이(당신의 어머니를 포함해서) 왜 아직도 가사노동의 대부분을 감당하는지 잘 설명해줄 수 있다. 그러나 그것이 동성애자 가정에서 가사노동이 어떻게 분담되는지도 설명할 수 있을까? 당신의 이론은 자신의 생활상을 설명하는 데 효과가 있을지 몰라도 다른 이의 삶은 설명하지 못한다.

대부분의 이론들은 사회조사를 비롯한 다양한 방식을 통해 그것들을 검토·발전시킬 시간과 기회, 그리고 의향이 더 많은 사람들에 의해 개발되었다. 사회조사를 통해 다양한 배경과 상황에서 이론들을 검증함으로써 이론의 설명 능력을 배가하는 것은 바람직하다. 이 책에서는 이런 이론들을 구체적 상황에 적용해 매우 다양한 행위들을 설명할 것이다.

둘째, 이론은 젠더를 이해하는 우리 나름의 방식이라 할 수 있는 설명의 '날개'를 시험해보도록 돕는다. 우리는 아마 자신만의 이론을 강하게 신뢰할 것이다. 그 신뢰는 왜 내가 믿는 바가 옳고 다른 사람의 생각은 잘못되었는지 증명할 수 있을 때 지켜질 수 있다. 이론을 배우다 보면 억지로라도 자기 사고방식의 장단점을 진지하게 생각하게 된다. 이는 다른 이론들의 작동 방식을 철저히 이해할 때 가능하다. 왜 그럴까? 어떤 이론의 잘못을 보여주려면 그 이론이 말하는 바와 작동 방식을 잘 알아야 하기 때문이다. 이번 장에서 당신은 급진적 페미니즘radical feminism에 대해 읽고 급진적 페미니즘의 젠더 이해 방식을 전적으로 반대할 수도 있다. 당신이 젠더를 이해하는 방식과 전적으로 다를 수 있기 때문이다. 그러나 급진적 페미니즘이 왜 틀렸는지 설명하려면 그들의 생각에 대응해, 자신의 젠더 이해 방식을 더 발전시켜야 한다. 젠더 불평등에 대한 다른 사람의 설명이 그저 틀렸다고 말하는 것으로는 충분하지 않다는 이야기다. 그들이 어떻게 틀렸는지 입증하고 당신의 설명이 왜 더 나은지 설명할 수 있어야 한다. 당신의 젠더 이해 방식이 삶을 헤쳐나가기 위해 스스로 만든 한 쌍의 날개라면, 다른 젠더 이론을 배우는 것은 날개가 제대로 움직이는지 보려고 시험비행을 거치는 것이다.

셋째, 세상을 정확히 보고 이해하는 능력과 관련된다. 계속 이야기하겠지만, 이 주제는 사회를 이해하는 데 특히 중요하다. 즉, 세상에 대한 자신의 시각을 신뢰할 수 있는가? 우리가 보는 것은 참 또는 실제일까? 무언가를 실제라고 말하는 것은 어떤 의미인가? 우리 안의 젠더에 대한 생각들은 우리가 보고 느끼는 것에 영향을 미칠까? 심리학자들은 기존의 생각을 확인해주는 정보만 찾고 그것과 위배되는 정보를 무시하는 경향을 **확증편향**confirmation bias이라고 규정한다. 예를 들어, 당신이 게이 남성은 여성스럽다고 믿는다면 확증편향에 의해 당신은 알고 있는 모든 여성스러운 게이에게 특별한 주의를 기울일 것이다. 하지만 여성스럽게 행동하지 않는 게이나 여성스러운 행동을 하는 게이가 아닌 남자는 무시할 것이다. 확증편향에 따르면, 우리 자신의 젠더 이론들은 삶 속의 젠더화된 현상들을 보거나 숙고하지 못하도록 눈가리개 기능을 한다.

다른 이론을 학습하는 것은 미처 인지하지 못한 젠더 양상에 주의를 집중시킴으로써 눈가리개를 제거한다. 사회학자들도 이론의 활용이 세상을 바라보는 하나의 렌즈 기능을 한다고 말한다. 쌍안경, 확대경, 현미경, 망원경, 3D 안경처럼 각기 다른 렌즈는 세상을 보는 다른 시각을 제공한다. 이 때문에 젠더 이론을 배우는 것이 중요하다. 이론은 전반적으로 더 나은 생각을 하도록 돕는데, 특히 젠더와 관련된 주제에서 더욱 그렇기 때문이다. 그러니 젠더에 관한 사회학적 사고방식에 끼친 페미니즘과 페미니즘의 영향을 살펴봄으로써 젠더 이론 탐구를 시작해보자.

페미니즘 이전의 사회학 속 젠더

많은 전통적 학제와 마찬가지로 사회학은 주로 백인, 상류층, 유럽인, 이성애 남성이 발전시켜온 학제다. 오귀스트 콩트Auguste Comte, 에밀 뒤르켐Émile Durkheim, 카를 마르크스Karl Marx, 막스 베버Max Weber 같은 초기 사회학자들은 그들이 경험한 산업화, 도시화, 자본주의 확산 등과 같은 문제를 다루려는 목적으로 사회학 이론의 기초를 다졌다. 그러나 이후 페미니스트들이 지적했듯이, 그들의 세계관은 불가피하게 백인, 상류층, 이성애자(우리가 알고 있는 한, 또는 역사적으로 알 수 있는 한), 유럽인이라는 그들의 위치에 의해 형성되었다. 그들은 자신들이 젠더, 인종, 계층, 섹슈얼리티에 관계없이 모두에게 적용되는 경험과 개념을 기술한다고 생각했다. 그러나 어떤 종류든 보편적 경험을 가정하는 것에는 문제가 있다. 메리 울스턴크래프트Mary Wollstonecraft, 해리엇 마티노Harriet Martineau, 그 후 제인 애덤스Jane Addams와 제시 버나드Jessie Bernard 같은 여성들이 젠더에 대한 사회학적 연구와 사회학에 지대한 영향을 끼쳤음에도 사회학에서 젠더를 깊게 들여다보는 데는 한계가 있었다.

초기 사회학이 젠더 문제를 다루는 방식에는 두 가지 주요 한계가 있었다. 첫째, **모든 인류의 대변인으로서의 남성**men as a proxy을 상정하는 접근법이다. 이런 접근법 속에서 중요한 사회학적 연구들은 오직 남성을 연구 대상으로 삼았다. 남성의 경험과 여성의 경험이 동일하다고 전제하거나, 초기 사회학자들의 관심사였던 거시적 질문에서 여성의 경험은 중요하지 않다고 전제했던 것이다. 어떤 관점에서든 그들의 연구에 여성을 포함시킬 필요가 없었다. 남성이 가장 중요하고 보편적인 인간 경험을 대표했기 때문에 남성을 연구하면 사회학자가 알아야 했던 사회에 관한 모든 것을 알 수 있었다. 예를 들어, 도덕성에 관한 초기 연구는 여성을 연구 대상에서 제외한 채 실시한 조사 결과를 바탕으로 여성이 남성보다 도덕적 발달이 미숙하다는 결론을 내렸다(Gilligan, 1982).

이 접근법의 한계를 지금은 어렵지 않게 알 수 있다. 여성이 보편적 경험을 대변한다고 전제하는 것이 잘못이듯, 남성이 보편적 경험을 대변한다고 전제하는 것도 옳지 않다. 게다가 여성은 여러 사회 분야에서 자유로운 참여를 금지당했다. 그렇다고 여성의 삶과 경험이 세상이 움직이는 방식을 이해하는 데 중요하지 않다는 뜻은 아니다. 이런 접근법은 남성과 여성이 근본적으로 동일하다고 전제하거나 여성이 중요하지 않다고 전제함으로써 젠더를 무시했다.

Question

당신이 속한 사회에서 여전히 남성의 경험이 보편적인 것으로 여겨지는 분야가 있는가? 이런 경향을 보여줄 구체적인 예를 생각해낼 수 있는가? 여성의 경험이 보편적인 것이라고 가정할 때 우리의 사고는 어떻게 달라질 수 있을까? 예를 들어 출산을 근본적이고 보편적인 경험으로 여긴다면 어떻게 될까?

둘째, 여성을 완전히 무시하지는 않았지만 여성을 가정이라는 사적 영역에 국한시키는 젠더의 현 상태를 무비판적으로 전제하고 강화한다. 페미니즘의 영향이 있기 전에 그나마 젠더에 대한 진지한 논의가 있었던 분야는 주로 가족사회학이었다(Hamilton, 2007). 여기서 젠더를 다루는 방식에 대해 알 수 있는 것이 있다. 가족을 통한 젠더 연구는 다른 사회 분야에서의 여성의 역할을 간과한 채 가족제도 내 여성의 역할만을 강조한다는 점이다. 이런 젠더 논의는 사회적 개념으로서의 젠더에 대해 이론적으로 분석하기보다는 현상만을 설명함으로써 지배적인 젠더 관념에 대한 비판적 검토를 막는다. 페미니즘이 도입되기도 전에 이런 현상에 도전했던 미라 코마로프스키Mirra Komarovsky 같은 사회학자도 있었지만, 1970년대까지 주류 사회학은 젠더에 대해 매우 무비판적이었다(Hamilton, 2007).

이 시점에서, 학제로서의 사회학이 위대하다면(당신이 사회학을 그렇게 생각한다고 추정하며), 어째서 사회학자들은 젠더의 중요성에 그토록 무지했는지 묻게 된다. 한 가지 가능한 답은, 페미니즘이 나타나기 전 많은 학제가 그랬듯이 사회학도 대부분 남성 학자들로 구성되었고, 그들은 젠더를 별로 중요하게 생각하지 않았다는 것이다. 이 답을 섣불리 수용하기 전에 그 의미를 잠시만 깊이 생각해보자. 남성은 젠더에 대한 관심이 덜할 거라고 예상할 만한 특별한 이유라도 있는가? 서양의 남녀 이분법적 젠더 체계의 작동 방식에 따르면 남성이 있으려면 여성도 있어야 한다.

이는 남성과 여성 모두 젠더를 지녔다는 뜻이다. 이처럼 젠더화된 남성으로 가득한 사회학에서 왜 남성은 젠더를 중요하게 생각하지 않았을까?

이 질문에 답하려면 권력과 특권이 사회 속에서 작동하는 방식을 생각해봐야 한다. 사회학자인 남성들은 남성이라는 지위의 결과로 특권을 누리는 신분에 있다. **특권** privilege이란 노력 없이 주어진 지위·신분에 따른 보상과 혜택을 말한다. 특권은 실질적 보상의 형태를 띨 수도 있다. 미국에서 이성애 부부가 법이 인정하고 인가하는 친밀한 관계를 누릴 수 있는 특권처럼 말이다. 네덜란드, 벨기에, 남아프리카, 스페인, 캐나다에서는 동성애 부부도 이를 누릴 수 있으나 미국 대부분 지역에서는 그렇지 못하다. 이 특권에는 결혼 제도를 통해 합법성을 누리고 인정을 받는 사회적 혜택뿐 아니라 세금 공제와 의료보험 같은 경제적 혜택도 포함된다.[1]

비특권층이 마주하는 장벽이 특권층에게는 없다고 했을 때, 특권을 규정하는 일은 더 까다로워진다. 상류층 백인 여성이 영수증 없이 물건을 환불하러 간다면 진짜 이 상점에서 샀는지, 왜 환불하려는지를 점원이 꼬치꼬치 캐묻지 않을 것이다. 비특권층은 초면인 사람을 설득해 신뢰를 얻어야 한다. 특권층은 그럴 필요가 거의 없다. 이러한 특권은 자전거를 탈 때 등 뒤에서 불어오는 바람과 같다(Wimsatt, 2001). 그 바람처럼 특권은 세상을 더 쉽게 돌아다니도록 만든다. 당신은 페달을 밟는 노력 때문에 빨라졌다고 생각할 것이다. 맞바람을 맞으며 페달을 밟아야 하는 상황이 될 때까지는 등 뒤에서 불어오는 바람이 얼마나 도움이 되는지 깨닫지 못할 것이다. 직접 바람과 마주해 자전거를 타보거나 그런 경험을 가진 사

---

1   미국 연방대법원은 2013년 '결혼보호법'에 위헌 결정을 내린 후 2015년에 동성결혼의 합헌 결정도 내렸다. 이제 동성 결혼도 이성 결혼과 똑같은 혜택과 '특권'을 누리게 되었다.

람과 이야기를 나누기 전까지는 그 사실을 깨닫기가 쉽지 않다.

앞의 내용을 바탕으로 사회학 분야에 있는 남성들과 그들이 젠더에 대한 관심을 결여한 문제에 대해 어떤 사실을 알 수 있을까? 백인이자 상류층 남성이라는 지위 덕에 사회학자들은 바람을 등에 지고 자전거를 탔다. 그래서 다른 사람들도 모두 그런 줄 알았다. 젠더가 그들에게 그다지 중요해 보이지 않았던 부분적 이유는, 젠더가 그들 삶에 중요한 영향을 끼쳤다고 해도 그렇게 가시적이지는 않았기 때문이다. 사실 이는 또 다른 형태의 특권이다. 특권의 혜택에는 그것을 생각하느라 많은 시간을 쓸 필요가 없다는 사실도 포함된다. 전기와 깨끗한 물을 마음껏 쓸 수 있는 것을 당연하게 여기는 지역의 사람들이 그런 곳에서 사는 것이 얼마나 행운인지 생각하겠는가? 미국 사람들은 평범한 미국인이 다른 문화에 대해 알고 있는 것보다 전 세계 사람들이 미국 문화를 훨씬 많이 안다는 것이 얼마나 편한 일인지 생각해봤을까? 그럴 리 없을 것이다. 미국인이라는 것 또는 전기와 깨끗한 물이 당연시되는 지역 출신이라는 것은 특권이다. 자기가 지닌 특권을 생각하면서 많은 시간을 보내는 사람은 거의 없다.

남성 사회학자들은 젠더에서 특권층이다. 즉, 젠더를 생각하느라 많은 시간을 보낼 필요가 없다는 뜻이다. 이는 그들이 특권의 눈가림 속성과 젠더를 진지하게 고려하지 않았던 작은 이유다. 젠더에 대한 우리 견해가 사실적·객관적이라고 믿을 때 극도로 신중해야 하는 이유는 바로 특권의 이러한 속성 때문이다. 따라서 젠더 이론 학습은 더욱 유용하다.

> **Question**
> 특권이 따르는 또 다른 신분에는 어떤 것이 있을까? 이들에게 없는 장벽들을 구체적으로 생각할 수 있는가? 특권은 세상을 바라보고 이해하는 방식에 어떤 영향을 미칠까?

페미니즘 이론과 그것이 젠더에 대한 사회학적 사고에 끼친 영향

'페미니즘은 욕이다F-Word': 페미니즘에 대한 짧은 소개, 그리고 꽤 오래된 페미니즘

인류의 전 역사와 문화, 문명 속에서 여성이 힘을 주장하고 평등권을 요구하는 일은 언제나 위험한 것으로 인식되었다. (앞으로 논의할) 다양한 페미니즘은 젠더의 현 상태에 질문을 던지고 여성 권리를 옹호한 오랜 역사 중 한 가지 표명에 불과하다는 것을 기억하자. 1948년에 케냐 여성들은 그들의 생계를 지배하는 식민 정부에 대항하기 위해 조직을 결성했다. 인도 여성들은 인도가 독립을 쟁취한 1947년 이전부터 이미 국가의 독립과 더불어 자신의 권리를 위해 애써왔다(Basu, 1995). 그럼에도 이들은 스스로를 페미니스트라고 지칭하지는 않았던 것 같다. 다양한 형태의 페미니즘은 여성이라는 사실이 무엇을 의미하는지, 그들의 신분과 관련해 여성의 목표는 무엇이어야 하는지, 그리고 이 목표를 성취하기 위해 어떻게 해야 하는지에 관한 특정한 본보기를 전제한다. 이런 본보기는 부단히 확장되면서 전 세계 여성과 남성의 다양한 필요를 위해 재조정되고 있지만, 사회학과 마찬가지로 여전히 영미-유럽인의 사고에서 나온 산물이다.

전 세계 여성들이 스스로 규정하는 관심과 목표는 매우 다르다. 때때로 페미니즘은 세계의 나머지 지역을 자신들의 지역과 비슷하게 만들려는 북반구 사람들의 또 다른 시도로 인식된다(Basu, 1995). 이런 역사를 고려할 때 우리가 기억할 점은, 페미니즘이라는 특정 이데올로기가 여성이 자신의 이익을 위해 생각하고 조직하는 방식을 총체적으로 설명하지는 않는다는 사실이다. 우리는 페미니즘과 사회학적 사고의 관계에 초점을 맞추고 있으므로, 여기서는 주로 영미-유럽 세계에서 발전되어온 페미니즘과 여성운동을 이야기할 것이다.

21세기에 자신을 페미니스트라고 부르는 것은 1800년대에 그랬듯 대중성이 없다. 페미니즘은 때때로 가톨릭교회에서 부도덕하다는 낙인을 받았고, 일부 이슬람교와 힌두교 전통도 페미니즘을 못마땅하게 여겼다(Basu, 1995). 미국에서는 평등주의 가치를 옹호하는 젊은 여성들이 자신을 페미니스트라고 밝히는 수가 줄었는데, 이는 페미니즘이 쇠락 중이라는 논의를 강화하는 데 이용되었다(Peltola, Milkie and Presser, 2004). 미국의 한 조사에 따르면, 1996년에 29%의 여성만이 자신을 페미니스트라고 밝혔다(McCabe, 2005). 그러나 이전보다 젊은 세대 '페미니스트'가 적음을 증명하는 증거들은 엇갈린다(Burn, Aboud and Moyles, 2000; Cowan, Mestlin and Masek, 1992; Houvaras and Carter, 2008; Huddy, Neely and LaFay, 2000; Williams and Wittig, 1997). 이 단어의 대중성은 쇠락 중이지만 페미니즘은 젠더 논의, 특히 젠더에 대한 사회학적 탐구에 필수적이다. 그렇다면 페미니즘이란 정확히 무엇이며 어째서 전 세계적으로 위험하게 여겨질까?

제1 페미니즘 운동

페미니스트들은 사회운동으로서 페미니즘에 대한 논의를 일반적으로 세 시기로 나눈다. 각각의 시기를 이해하는 것은 나중에 논의하게 될 서로 다른 페미니즘 접근법의 맥락을 파악하는 데 중요하다. 제1 페미니즘 운동은 유럽과 미국의 참정권 운동과 동시에 진행되었다(Taylor, Whittier and Pelak, 2004). 이 시기는 개발도상국 대부분의 여성운동 역사와는 다르다. 개발도상국의 여성과 남성은 투표권이나 자치권을 식민 세력에게 박탈당했기 때문이다. 그래서 여성의 참정권은 일반적으로 자국민의 참정권과 연결되어 있었다. 영미-유럽 내 여성운동의 이 첫 번째 시기는 이미 오래전에 남성(미국에서는 '백인' 남성) 시민들이 투표권을 성취한 기존 민주주의의 역사적 맥락에 한정된 것이다.

초기 여성 참정권 운동가 집단의 배경과 목표는 다양했다. 그러나 그들의 노력은 상당 부분 참정권 부여나 여성의 선거권 쟁취에 집중되었다. 이 운동에 참가한 일부 여성은 알콜 규제같이 젠더와 덜 관련된 사회 개혁을 목표로 했는데, 그들에게 선거권 획득은 이런 큰 기획을 성취해가는 첫 번째 단계였다. 다른 여성들은 좀 더 급진적인 목표를 가졌다. 성적 자유 및 중산층 여성의 직장 내 역할 확대 등이 이에 속했다. 직장에서 여성의 역할이 확대되는 것은 가정 외에서 유급 노동을 거의 하지 않았던 백인 중산층 여성에게 중요한 목표였다. 노예 출신으로서 '지하철도Underground Railroad'[2]에서 활동했던 소저너 트루스Sojourner Truth 같은 여성 참정권 운동가들은 제1 페미니즘 운동에 가담한 여성들의 경험적 다양성에 주목하게 한다. 노예 출신인 그녀는 단 한 번도 노동을 하지 않는 호사를 누린 적이 없고 노동의 대가로 임금을 받아본 적도 없었지만, 백인 여성 참정권 운동가들은 그녀의 노동을 '남성의 일'로 여겼다. 페미니즘 운동의 전 역사에서 그랬듯, 여성이 사회 안에 자리매김되는 방식들은 사회에서 여성이 당면하는 주요 문제와 그 해결 방식을 규정하는 데 서로 다른 시각을 갖도록 만든다. 어쨌든 제1 페미니즘 운동은 1920년에 미국에서 여

---

2 19세기 도망 노예들이 미국 북부나 캐나다로 안전하게 도주하도록 도운 광범위한 비밀 운동 조직이다. 그 과정을 철도 용어에서 따온 은어(비밀스러운 경로 '노선'을 따라 안전한 가옥인 '역'들을 거쳐 '목적지'까지 등)로 부른 데서 유래되었다.

성의 선거권을 얻는 데 성공한다(영국에서는 1928년, 프랑스에서는 1944년).

제1 페미니즘 운동과 1960년대에 발전한 제2 페미니즘 운동 사이에 중요한 연결점이 있다 할지라도, 어떤 사회운동 학자들은 이 중간에 끼인 시기를 사회운동 중지기로 특징짓는다. **사회운동 중지**social movement abeyance 는 활동이 감소된 시기에 운동의 기본 사상을 유지하는 방법이다. 사회운동은 그에 대한 저항·적대의 증가로 인해, 또는 운동을 어느 정도 성공시켰던 환경들이 변하면서 활동이 둔화되는 경우가 있기 때문이다. 중지 기간에 사회운동들은 지배적 제도에 맞서기보다는 살아남을 수 있는 대안적 문화를 창출하는 데 집중할 수도 있다(Taylor et al., 2004). 이때 사회운동은 외부보다는 내부로 방향을 돌린다. 정부 대상 로비 활동이나 대규모 저항운동에 대한 참여보다는 소그룹 미팅이나 의식화 활동으로 전환한다. 요컨대 사회운동 중지는 운동의 핵심 사상을 살리면서 다음 국면을 향해 나아갈 소그룹 행동주의자들을 유지하는 것이다.

Question
페미니즘 운동의 현 상태, 또는 더 일반적으로 여성 인권운동에 대한 자신의 지식과 이해를 바탕으로 봤을 때, 현재 여성운동이 중지 상태에 있다고 생각하는가? 그런 결론을 지지할 증거는 무엇인가? 페미니즘이나 젠더 이슈에 더 집중하는 사회운동이 재기하려면 어떻게 해야 할까?

제2 페미니즘 운동

대부분의 21세기 사람들이 페미니즘을 생각할 때 그들의 참조 틀은 1960년대에 북반구에서 시작된 제2 페미니즘 운동이다. 이 운동은 미국에서의 시민권 운동뿐 아니라 개발도상국의 독립운동까지 포함하는 광범위하고 세계적인 사회운동 주기social movement cycle에 속한다. **사회운동 주기**는 전 세계적으로 다양한 부분에 걸쳐 사회운동의 범위, 빈도, 강도가 증가하는 기간을 말한다(Snow and Benford, 1992). 사회운동 주기에는 지리적으로 멀고 성격도 매우 다른 사회운동들이 직간접적 영향을 주고받으며 서로 연결되는 일이 많아진다. 예컨대 시민권 운동이 미국에서 첫 사회운동 경험이었던 여성들은 여성운동 쪽으로 나아갔다. 개발도상국 여성들은 식민 지배를 벗어나 민주주의를 이루기 위해 민족주의 운동 안에서 활동했다. 흔히 여성의 권리를 이러한 '더 큰' 의제에 포함시켰지만, 탈식민지 세계라는 역사적 배경 때문에 민족주의 운동과 여성운동은 필연적으로 다른 것이었다.

제2 페미니즘 운동도 제1 페미니즘 운동과 마찬가지로 운동에 참가한 여성의 유형과 목표가 다양하다는 특징이 있다. 제2 페미니즘 운동을 이해한다는 것은, 다른 모든 사회운동이 그렇듯이 하나의 운동이나 그룹, 만장일치로 합의된 단일한 의제 같은 것은 없다는 사실을 이해하는 것이다. (나중에 논의하게 되겠지만) 전미여성기구National Organization for Women: NOW 같은 조직들은 남녀평등헌법수정안Equal Rights Amendment: ERA처럼 미국 헌법에서 성차별 금지를 제도화할 입법 활동에 집중했다. 페미니스트들이 그들의 사적인 생활과 젠더 정치학 사이의 연결을 찾는 데 집중하면서 의식화 역시 페미니즘 운동의 중요한 부분이 되었다. 많은 페미니스트가 자신의 젠더 이론을 발전시키기 위해 자신의 사적인 삶을 검토해야 했다. 정부 같은 기관을 변화시키는 것 못지않게, 아니 그 이상으로 이런 작업도 중요했다. 샬럿 번치Charlotte Bunch가 1968년에 "사적인 영역 중 정치적이지 않은 영역은 없으며 궁극적으로는 사적이지 않은 정치적 논점도 없다. 낡은 장벽들은 무너졌다"(Bordo, 2003)라고 쓴 것이 이를 전형적으로 보여주었다. 사적 영역과 정치적 영역 사이의 관계를 검토하는 가운데 직장 내 여성의 권리(성희롱에서 자유로울 수 있는 권리를 포함), 가정 폭력, 재생산권, 성폭력과 같은 논점이 관심 대상이 되었다.

이전의 제1 페미니즘 운동과 마찬가지로 제2 페미니즘 운동은 이데올로기와 정체성 문제에서 상당한 다양성을 보였다. 좌파적 성향이 강한 조직에서 파생된 운동들은 급진적 페미니즘과 사회주의 페미니즘의 기반이 되었다. 페미니즘 운동의 점진적 발전 속에서 더 많은 페미니스트들이 여성으로서 겪는 다양한 경험 중 한 가지에 집중해 논리적으로 설명하거나 체계화하는 데 관심을 기울였다. 레즈비언 페미니스트들은 대개 더 큰 운동 안에서 그들이 목소리를 낼 수 없다는 사실을 감지했다. 유색인종 여성들은 이 운동의 목표 중 상당수가 중산계층 백인 여성의 경험을 기반으로 한다는 느낌을 갖기 시작했다. 모든 사회운동과 마찬가지로 제2 페미니즘 운동도 경험과 정체성 간 갈등에 직면해 공동의 목적을 유지하려고 분투했다.

제3 페미니즘 운동

제3 페미니즘 운동은 많은 면에서 제2 페미니즘 운동의 모순에 대한 대응이었다. 1980~1990년대에 등장한 제3 페미니즘 운동은 학자와 운동가 사이의 광범위한 이론과 방향을 아울렀다. 제1 페미니즘 운동부터 제3 페미니즘 운동에까지 강력한 영향력을 행사해온 유색인종 여성들의 목소리는 제3 페미니즘 운동에서 훨씬 더 커졌다. 오드리 로드Audre Lorde, 벨 훅스bell hooks, 레베카 워커Rebecca Walker 같은 여성들은 페미니즘의 본질주의적 성향 또는 여성의 보편적 경험을 전제하는 경향에 문제를 제기했다. 그들은 젠더뿐만 아니라 인종과 성적 성향 문제를 체계화하기 위해 투쟁했다.

제3 페미니즘 운동에 관한 글을 모은 『실제가 되기: 진실을 말하고 페미니즘의 얼굴을 바꾸기To be Real: Telling the Truth and Changing the Face of Feminism』에서 레베카 워커는 남성과 여성, 백인과 유색인, 레즈비언과 게이와 이성애자, 베로니카 웨브Veronica Webb 같은 슈퍼모델과 글로리아 스타이넘Gloria Steinem 같은 제2 페미니즘 운동가들까지 모두 포함하는 포괄적인 페미니스트가 될 수 있는 방법을 규정하려 했다(Walker, 1995). 제3 페미니즘 운동은 포스트모더니즘, 탈식민주의, 미셸 푸코Michel Foucault의 저작, 마침내는 퀴어 이론에 의해서도 영향을 받았다. 제3 페미니즘 운동은 페미니즘의 발전 과정 이면에 내재된 모순들을 솔직하고 다양한 방식으로 수용한다. 예를 들어, 탈식민주의는 영미-유럽 세계 외부에 있는 여성의 경험을 간과해온 방식에 주목함으로써 제3 페미니즘 운동에 영향을 미쳤다. 이런 과정은 과연 여성들이 단일한 전 세계적 운동을 주장할 수 있는지, 아니면 남반구와 북반구 여성의 관심과 목적이 상반된 탓에 어떤 포괄적 운동도 불가능한지에 관한 질문을 던졌다. 제3 페미니즘 운동은 이런 질문들을 간과하거나 억누르기보다는 다음 단계에서 젠더 평등을 성취하기 위한 매우 중요한 요소들로 여겼다.

자유주의 페미니즘

많은 젠더 이론과 마찬가지로, 페미니스트들은 젠더 불평등이 있다는 가정 아래 매우 다양한 방식으로 그 불평등을 설명한다. **자유주의 페미니**

즘liberal feminism은 정부 같은 기존 제도가 남성과 여성을 다루는 방식 속에 남녀 불평등이 뿌리박고 있음을 전제한다. 경제와 정치 분야의 제도가 여성이 남성과 경쟁할 기회를 제한할 때 불평등이 생긴다. 어째서 여성과 남성에게 평등한 권리가 주어져야 할까? 자유주의 페미니즘은 모든 인간이 누리는 기본권 개념을 근거로 이러한 주장을 편다. 따라서 자유주의 페미니즘은 초기 시민권 운동 및 현대 여성운동 일부와 동성애자 권리 운동 일부를 포함하는 더 큰 사회운동으로서 **평등권이라는 주요 해석 틀**master frame of equal rights에 속한다(Snow and Benford, 1992). 주요 해석 틀은 세계를 해석하는 하나의 체계다. 이 체계는 특정 문제를 규정한 뒤 특정 원인과 해결 방법을 제안한다. 평등권이라는 주요 해석 틀은 미국 흑인, 여성, 게이와 레즈비언처럼 사회 내 다양한 집단을 이루는 개인들이 다른 사람들과 동일한 권리를 누릴 자격이 있다고 전제한다. 인간은 근본적으로 동일하기 때문이다. 그래서 자유주의 페미니스트들의 평등권 논쟁은 남성과 여성의 유사성을 기반으로 한다. 인간은 근본적으로 동일하므로 모두 동일한 기본권을 누릴 자격이 있다는 것이다.

권리에 기반을 둔 다른 운동과 마찬가지로, 평등권을 성취하기 위한 자유주의 페미니즘의 처방은 남성과 동일한 경기장에서 경쟁할 기회를 보장하는 기본권을 반드시 얻어내는 것이었다. 그래서 제1 페미니즘 운동과 제2 페미니즘 운동 기간에 자유주의 페미니스트들은 교육권, 재산권, 투표권, 직업을 가질 권리, 직장에서 차별받지 않을 권리를 얻기 위해 애썼다. 자유주의 페미니즘 근저에 깔려 있는 가설은 경쟁을 막는 장벽들이 제거되면, 남성과 여성의 경험·견해·태도는 서로 수렴되거나 점차 유사하게 된다는 것이다.

자유주의 페미니스트들은 종종 1972년의 교육개정안Title IX처럼 법 제정의 변화를 추구한다. 이 교육개정안은 연방 정부의 재정 지원을 받는 모든 교육기관에서 젠더 차별을 불법화했다. 보편적 권리라는 개념에 근거해서 이루어진 정책의 변화는, 인도에서 이혼하는 이슬람 여성의 권리를 증진시키는 것부터 미국에서 스포츠 분야의 여성 참여 증가를 설명하기까지 전 세계 남성과 여성의 삶에 광범위하면서도 실질적인 영향을 주었다. 이 두 가지 예시 모두 평등권의 틀 안에 들어온다는 사실을 주목하자. 인도 여성들은 왜 이혼 후 남성들과 동일한 재산권과 보상권을 보장받지 못할까? 미국 여성들은 어째서 남성들이 하는 스포츠에 온전하게 참여할 수 있는 동일한 권리를 박탈당할까? 자유주의 페미니즘은 제1 페미니즘 운동과 제2 페미니즘 운동에 더욱 밀접하게 관련되지만, 여전히 젠더를 이해하는 중요한 방법론으로서 젠더 문제 중심의 운동을 조직할 때 견고한 근거가 되어준다.

급진적 페미니즘

자유주의 페미니즘이 제1 페미니즘 운동과 제2 페미니즘 운동에 걸쳐 있는 반면, 급진적 페미니즘은 주로 제2 페미니즘 운동과 제3 페미니즘 운동에 관련된다. 다양한 형태의 급진적 페미니즘은 여성과 남성이 근본적으로 다르다는 전제에서 출발한다(Taylor et al., 2004). **급진적 페미니즘** radical feminism은 성을 '성 계급'(Beauvoir, 1952)으로 보는 논의에서 시작해 육아에서 여성의 지배적 역할에 근거를 둔 초기 사회화 패턴(Chodorow, 1978)에 이르기까지 다양한 근거를 통해 이러한 차이를 찾아낸다. 급진적 페미니스트들의 시각에 따르면, 젠더란 사회 기능 방식의 근본적 양상이며 사람과 집단에 권력·자원을 배분하는 통합적인 도구 역할을 한다. 불평등은 여성이 경쟁 기회를 갖지 못한 결과일 뿐 아니라 이미 모든 사회적 양상 안에 구축되어 있다. 젠더는 정치적·경제적 제도뿐 아니라 사회적·개인적 삶에도 영향을 미친다. 급진적 페미니스트들의 시각에서 보면 남성은 여성이 예속되는 것으로부터 직접적인 혜택을 받는다. 많은 사회에서 남성 우월성의 전제 조건은 여성의 열등성을 확보하는 것이다.

불평등의 뿌리에 대한 기본적인 이해가 급진적 페미니스트들이 젠더 불평등을 감소시키기 위해 추구하는 해법과 행동에 어떤 영향을 미칠까? 급진적 페미니스트들은 젠더 평등을 이루기 위해 사회구조의 근본적 변화가 필요하다고 본다. 여성이 더 이상 남성에게 종속되지 않기 위해서는 법적으로 여성의 기회 증가를 보장하는 것을 넘어 현 사회질서의 혁명적 변화가 요구된다는 것이다. 급진적 페미니스트들의 급진적 사회 재구조화에는 의식화consciousness-raising 활동이 중요하다. 의식화 활동은 '개인적인 것이 정치적이다The personal is political'라는 널리 알려진 페미니즘 구호의 핵심을 이룬다. **의식화**는 그들의 개인적 경험이 젠더 착취, 더 큰 의미의 정치, 사회구조와 연결된다는 사실을 여성들이 알도록 도와준다. 예컨대 성희롱 대상이 되었던 여성의 경험은 개인적 사건이 아니라 사회구조를 이루는 가부장적 방식의 산물이라는 사실을 깨닫도록 돕는다. 그러한 사건은 일탈이 아니라 남성들이 두려움과 위협을 수단으로 삼아 사회의 통제권을 유지하는 방식의 일부라는 것이다. 의식화는 급진적 페미니스트들이 사회의 작동 방식을 비판할 수 있도록 돕는다. 이는 사회 속 젠더화 영향을 밝히는 데 필수적이다.

이 두 가지 페미니즘 접근법은 페미니즘 사고의 표면만 건드렸을 뿐이다. 자유주의 페미니즘과 급진적 페미니즘에 대한 개관에서 시사했듯, 페미니스트가 되는 데 오직 한 가지 방식만 있다고 가정하는 것은 잘못이다. 이는 남성 또는 여성이 되는 방식이 오직 하나라고 생각하는 것과 같다. 이 특별한 지향을 가진 두 가지 페미니즘은 사회학적 사고의 발전에 더 중요하지만, 다른 광범위한 페미니즘도 젠더를 둘러싼 세계의 매우 다양한 경험과 시각을 논의한다. 몇 가지 예만 들어보더라도 사회주의 페미니즘, 마르크스주의 페미니즘, 레즈비언 페미니즘, 탈식민주의 페미니즘, 생태 페미니즘, 포스트모던 페미니즘 등을 쉽게 떠올릴 수 있다. 일반적으로 페미니즘을 젠더 불평등과 싸우는 이데올로기로 정의한다면, 젠더 불평등 문제를 해결하기 위해 발전시켜온 구체적 방법들은 상상할 수 없을 만큼 다양하다. 따라서 하나의 올바른 페미니즘이나 페미니스트의 형태보다는 다양한 페미니즘에 대해 이야기하는 것이 더 타당할 것이다.

남성과 페미니즘

이쯤에서 당신은 스스로에게 질문할 것이다. '이런 일들이 벌어지고 있을 때 남성은 어디에 있었을까?' 페미니즘에 대한 논의가 남성에 대한 논의와 양립할 수 있는지, 만약 그렇다면 어떤 식으로 가능한지도 질문할 것이다. 페미니즘, 그리고 페미니즘에 대한 사람들의 전제들을 논의하며 보낸 시간이 상당했다는 사실을 고려하면 이 책이 온통 남성은 얼마나 형편없는 존재인지를 말하려는 게 아닌가 하고 불안해질지도 모른다.

첫 번째 질문부터 시작해보자. 이렇게 다양한 페미니즘 운동이 파도치는 동안 남성은 어디에 있었을까? 답은 복잡하다. 일부 남성들은 여성운동이 일어났던 다양한 장소와 시간에 관여했다. 미국에서 제1 페미니즘 운동이 있을 때 프레더릭 더글러스Frederick Douglass와 헨리 워드 비처Henry Ward Beecher(『톰 아저씨의 오두막Uncle Tom's Cabin』의 저자인 해리엇 비처 스토

Harriet Beecher Stowe의 아버지) 같은 노예해방론자 남성들은 노예제 폐지와 더불어 여성의 참정권 운동에도 관여했다. 이 두 문제는 페미니즘 운동 내부에서 분리되기도 했지만, 19세기의 여러 운동가들은 이 둘이 깊이 연관된 것으로 보았다. 전 세계적으로 남성과 여성은 민족 해방과 민주주의 수립을 위한 운동을 함께해왔다. 케냐에서는 식민 통치로부터 독립을 쟁취하기 위한 1952년의 마우마우Mau Mau 전투에서 여성이 남성과 나란히 전투에 참여했다. 사회운동에 관여하는 여성들은 그들의 목표 달성이 남성과 여성 모두에게 유익할 것이라고 주장한다. 사실이긴 하지만 여성운동 참여자 대부분은 여전히 여성이다.

페미니즘에 대한 논의가 남성에 대한 논의와 양립할 수 있을까? 이 두 번째 질문에 대한 답은 분명히 '그렇다'이다. 언급했다시피 페미니스트들은 다양한 젠더 평등권이 많이 확보된 사회가 여성과 남성 모두에게 좋은 사회라고 주장한다. 미국에서는 제2 페미니즘 운동을 흔히 **여성해방운동**으로 부르지만, 여성들은 이 운동이 남성도 해방시킬 것이라고 믿었다. 남성은 무엇으로부터 해방될 필요가 있을까? 사회 체계로서 젠더는 대개 남성에게 특권을 주지만 항상 그런 것은 아니다. 그리고 남성들이 특권을 받을 때는 흔히 대가가 따른다. 우리 문화는 남성과 여성 모두에게 젠더와 성 규범을 따를 것을 요구한다. 이런 규범에 순응하는 조건에서만 남성은 권력과 특권을 얻을 수 있다. 페미니스트들의 목표에는 모든 사람들에게 채워진 이러한 족쇄를 느슨하게 만드는 것도 포함된다.

논의했다시피 페미니즘은 젊은 세대에게 호감 가지 않는 단어가 되어왔고, 페미니스트들은 늘 남성을 혐오한다는 비난을 받아왔다. 그러나 곧 알게 되겠지만 페미니즘은 우주 통치와 권력 쟁취의 서사적 전투에서 남성과 여성을 대치시키는 게 아니다. 재미있는 비디오 게임에서는 그런 구도가 먹히겠지만 말이다. 시간이 지나 페미니즘이 발전하면서 페미니즘 운동에 남성을 어떻게 관여시킬 것인지, 또 페미니즘이 남성에게 어떤 의미를 갖는지에 대한 질문들이 점점 중요해졌다. 사회학자들은 남성과 여성에게 적용되는 젠더 연구에 점점 특별한 관심을 갖게 되었고, 남성성은 젠더 연구의 중심 주제가 되었다. 젠더는 항상 상대적인 체계('남성'이라는 범주가 없으면 '여성'이라는 범주도 없다)이기 때문에 종합적으로 젠더를 이해하려면 남성과 여성 모두를 검토해야 한다. 그래서 이 책은 결코 남성이 얼마나 형편없는 존재인가를 다루는 책이 아니라 어떤 방식으로 남성과 여성이 모두 젠더라는 사회 체계의 일부가 되는지를 다루는 책이다.

젠더에 관한 사회학 이론

페미니즘이 학제로서의 사회학에 가장 중요하게 공헌한 점은 젠더와 섹슈얼리티 같은 주제를 사회학자들의 의제에 포함시키고, 사회학이라는 더 큰 학제 안에서 젠더의 위치에 대한 비평적 고찰을 하도록 장려한 것이다. 사회학 학회지들이 젠더를 집중적으로 다룬 논문을 출판하거나 페미니스트 학자들의 글을 특집으로 싣기 시작한 1970년대에 이런 변화의 조짐이 보이기 시작했다(Hamilton, 2007). 이는 사회학적 관점에서 젠더를 구체적으로 설명하려는 이론들을 발전시킨 첫 단계였다.

젠더와 사회학적 상상력

젠더에 대한 사회학적 접근은 정확히 무엇일까? 이 질문에 답하려면 학제로서의 사회학이 무엇인지에 대한 기본적인 이해가 필요하다. 사회학적 상상력sociological imagination에 관한 글에서 C. 라이트 밀스C. Wright Mills는 사회학이 역사history와 전기biography의 교차점에 있다는 유명한 말을 했다(Mills, 1959/2000). 사회학적 상상력은 사회학적 관점을 간단히 개관할 수 있는 좋은 시작점이다.

전기와 역사의 교차점이 의미하는 바는 무엇일까? 전기에 대해서는 어느 정도 논의가 있었다. 당신은 젠더화된 전기를 가지고 젠더라는 주제를 다룬다. 지구라는 행성에서 다른 사람들과 살고 있다면 당신은 이미 젠더와 깊게 관련되어 있다. 젠더는 전기의 일부분이다. 그리고 사회학의 첫 공헌은 젠더의 영향을 발굴하기 위해 당신 자신의 삶이라는 풍요롭고 매혹적인 재료를 고고학자처럼 다루도록 도와준 것이다. 여기서 고고학은 좋은 은유가 된다. 고고학은 신중한 방법과 정확성을 요구하기 때문이다. 굴착기로는 이 작업을 해낼 수 없다. 고고학 현장에서 잔해들을 체로 걸러내고 작은 조각들을 일일이 세심하게 목록으로 만드는 고고학자의 전형적인 연구방법을 생각해보자. 사회학은 이런 세밀한 검토 방식이 당신 삶에 적용될 수 있도록 분석적·이론적 도구를 제공함으로써 상호작용, 신념, 관계, 젠더 영향력을 발견하기 위한 결정들을 주의 깊게 살피도록 한다. 자신에 대해 생각하고 이야기하는 것은 재미있는 일이지만 불안한 일일 수도 있다. 고고학에서처럼 무엇이 발견될지 모르기 때문이다.

밀스에게 개인의 전기를 이해한다는 것이 항상 쉬운 건 아니었지만 그래도 두 번째 부분인 역사보다는 확실히 더 쉽게 접근할 수 있는 부분이었다. 사회학적 상상력을 다룬 글에서 밀스는 개인에게 역사적 영향력들을 온전히 이해할 능력이 있을지 우려했다(Mills, 1959/2000). 그는 이런 염려를 사적 문제와 공적 이슈로 나누어 설명했다. **사적 문제**private troubles

는 자신과 주변 환경, 또는 밀스가 '환경milieux'(Mills, 1959/2000: 11)이라고 부른 것과 관련해 우리가 직면하는 문제들이다. 사적 문제는 내면에서, 또는 주변 사람들이라는 제한적 범위 안에서 해결할 수 있는 것들이다. 물론 사적 문제도 다루기 힘들 수 있다. 그러나 문제를 바로잡을 수 있는 힘이 근본적으로 우리의 통제 안에 있다는 것이 핵심이다. 공적 이슈는 이와 다른 문제다.

공적 이슈public issues는 개인이나 인접 환경을 넘어 사회제도 같은 더 큰 구조 안에 위치한다. 공적 이슈는 전기와 역사가 교차하는 곳에서 역사 부분에 해당한다. 공적 이슈를 이해하기 위해서는, 힘들겠지만 한발 뒤로 물러서서 사회라는 큰 그림을 본 후, 자신의 통제권 너머에서 작용하는 사회적 영향력이 무엇인지 스스로에게 질문해야 한다. 앞서 설명했던 고고학처럼, 우리가 때로는 우리 통제 밖의 사회적 영향력 아래에 있다는 사실을 알고 나면 힘들 수도 있다. 자유의지도 어느 정도는 제한적이라는 사실을 쉽게 받아들이지 못하는 사람들이 많다. 선택은 자신만이 할 수 있는 것이라는 생각을 약화시키기 때문이다.

Question

공적 이슈에 대해 생각해보는 한 방법은, 당신이 역사적으로 다른 시기에 살았다면 젠더를 어떻게 다르게 생각하고 경험했을까를 질문하는 것이다. 당신이 50년 전에 살았다면 젠더에 대한 당신의 경험은 어떻게 다를까? 또는 100년 전에 살았다면 어땠을까?

젠더와 관련된 사회학적 상상력을 발전시키는 데 이런 개념들이 어떤 도움을 주는가? 필자의 학생이 마이너리그에 속한 야구팀에서 인턴사원으로 근무했을 때 경험했던 일을 들려준 적이 있다. 이 이야기는 사적 문제와 공적 이슈의 차이를 여실히 보여준다. 어린이 리그 수준에 여자아이들이 몇 명 들어가 있는 경우를 제외하면 미국에서 야구란 주로 남성의 스포츠다. 고등학교쯤 되면 여학생들은 대부분 소프트볼을 하고 남학생들은 야구를 한다. 야구는 남성 운동이라고 말하는 게 나을 정도다. 그 학생이 근무했던 마이너리그 야구팀에는 남자 감독과 여자 감독이 한 명씩 있었는데, 그들이 하는 일은 거의 같았다. 필자의 학생은 남자 감독과 여자 감독이 직원들에게 시키는 일과 그들의 대인 방식을 관찰했는데 거의 동일했다고 한다. 그럼에도 직원들은 여성이나 남성이나 할 것 없이 여자 감독에 대해서는 불평을 하고 **나쁜 년** 같은 경멸적인 호칭을 사용했다. 그런데 남자 감독에 대해서는 불평을 하지 않았다. 이 상황을 우리는 어떻게 이해해야 할까?

직원들이 남자 감독과 여자 감독을 인식하는 방식의 차이를 사적 문제로 본다면 두 감독의 인성과 관리 방식에 뭔가 차이가 있다고 가정해야 한다. 아마도 여자 감독이 특정 조직이나 직원들과 잘 맞지 않았을 수도 있다. 누군가의 비위를 건드리는 행동을 했을 수도 있다. 구체적인 설명이야 어쨌든 이것이 사적 문제라면 문제의 원인은 여자 감독의 특정한 인성과 성향에 주로 기인한다. 그러나 공적 이슈로 그 차이가 더 잘 설명된다면? 그렇다면 우리는 이 상황을 어떻게 설명해야 할까? 아마 직원들은 여자가 스포츠계에서, 그것도 야구계에서 권위 있는 자리에 있는 것이 불편했기 때문에 불만을 가졌을 것이다. 마이너리그 팀에서 성공적으로 업무를 수행할 만큼 여자가 야구를 잘 안다는 사실을 받아들이는 것이 힘들었을 수도 있다. 여성에게 명령과 지시를 받는 것이 어려울 수도 있다. 차별 철폐 정책 덕분에 그녀가 이런 지위까지 올랐고 그러니 남자 감독만큼 자격을 갖추지 못했다고 생각했을지도 모른다. 여자 감독이 사적 문제에 직면한 것이라면, 관리 스타일을 조정하거나 자기 때문에 일어나는 문제들을 직원들과 상의해야 할 것이다. 지금 소속된 팀과 비슷한 다른 팀으로 직장을 옮길 수도 있을 것이다.

그러나 공적 이슈에 맞닥뜨린 것이라면 어떻게 해야 할까? 야구처럼 압도적인 남성 스포츠와 관련된 직업에서는 남성이 더 낫다고 말하는 사회의 문화적 규범을 그녀가 어떻게 감당할 수 있을까? 여성이나 소수집단이 백인 남성보다 특권을 얻는 것은 차별 철폐 정책 같은 프로그램 덕분이므로 그들의 경쟁력이 사실은 열등하다는 인식을 어떻게 해야 할까? 권위 있는 지위의 여자에게 명령을 받을 때 느껴지는 그 어려움을 어떻게 해야 할까? 그녀가 유사한 다른 조직으로 직장을 옮긴다고 문제가 해결될 리 없다. 이 문제들은 사적 문제가 아니라 조직의 구조에 관한 것이기 때문이다. 이런 문제들을 혼자 해결한다는 것은 훨씬 어려운 일이다. 그것이 공적 이슈의 속성이다.

이것이 바로 밀스가 사회학적 상상력을 논의하면서 지적했던 핵심이다. 세계를 이해하기 위해서는 사적 문제가 끝나고 공적 이슈가 시작되는 지점을 이해해야 한다. 개인주의를 강하게 강조하는 미국과 같은 사회는 문제의 원인을 사적인 것으로 돌리는 경향이 있는데, 이런 관점은 별 도움이 안 된다. 사회구조와 맥락(공적 이슈)의 역할을 간과한 채 개인적 성향만을 들먹이면서 행위를 설명하려는 경향을 **근본적 귀인 오류**fundamental attribution error라고 부른다(Aries, 1996). 밀스는 사회학적 상상력의 윤곽을 제시하면서 이런 경향을 교정하고자 했다. 페미니즘에서는 다른 단어를 사용했지만, 사회학적 상상력은 페미니즘 의제에도 포함되어 있다. 여성들이 당면한 많은 문제들은 지나치게 오랜 세월 사적 문제로만 인식되어왔다. 페미니스트들은 이런 문제들이 공적 이슈 또는 더 큰 사회적 영향력과 관련된 것, 즉 개인의 통제를 벗어난 것으로 다뤄지길 요구했다. 사회학적 관점에서 젠더를 조사하기 위한 **사회학적 상상력**은 전기에 대해 세밀한 고고학적 검토를 시행하는 것이자 우리 삶 속의 젠더 문제를 둘러싼 더 큰 구조적 영향력을 규정하는 방법을 배우는 것을 의미한다.

모든 이론들은 사회학적 상상력의 구축 또는 당신의 삶과 사회구조 사이의 관련성을 인식하는 방법을 배우는 데 도움을 주는 도구가 될 것이다. 스스로 묻고 생각해봐야 할 다음의 여러 질문은 이론을 살펴볼 때 도움이 될 것이다. 첫 번째 질문은 이러한 이론들이 젠더를 어떻게 규정하는가이다. 1장에서 논의했듯이, 젠더나 성을 정의하는 정확한 방식이나 둘이 어떻게 관계되는지에 대한 완전한 합의 같은 것은 없다. 어떤 이론들은 남성과 여성이라는 두 가지 유형의 신체가 있다는 남녀 이분법을 고수한다. 다른 이론들은 남녀 이분법 문제를 대체로 무시하거나 생물학적 성은 젠더 문제를 고려하는 데 중요하지 않다고 말한다. 이론가들이 젠더를 정확하게 정의하고 있지는 않지만, 그들의 이론은 대개 젠더가 무엇인지 알 수 있는 방법을 암시한다. 이러한 이론들이 각각 의미하는 젠더의 정의가 무엇인지 생각해보자.

두 번째 질문은 첫 번째 질문과 관련된다. 바로 **이론은 젠더를 어디에 위치시키는가**이다. 젠더란 개인의 내면에 있을까, 아니면 상호작용을 통해 생성될까? 젠더란 인간의 머릿속에 있을까, 아니면 사회의 주요 제도 안에 깊이 뿌리박혀 있을까? 이론들이 개인적·상호작용적·제도적 영역으로 나뉘므로 젠더에 대한 사회학적 연구에서 젠더의 위치에 대한 질문은 더 중요해졌다. 개인적 접근법은 이런저런 형태로 젠더를 개인의 내부에 위치시킨다. 일부 개인적 이론들은 내적인 특성을 성과 관련된 것, 즉 생물학과 관련된 것으로 보기도 한다. 다른 사회화 이론들은 젠더를 배우면서 젠더가 내면화된다고 강조한다. 생물학적 성과 관련된 것으로 보든 사회화를 통해 내면화된 것으로 보든, 개인적 이론은 모두 젠더를 개인 내부에 위치한 것으로 이해하고 젠더의 영향력이 개인의 행동action과 행위behavior를 통해 내부에서 외부로 실현된다고 본다. 성 역할 이론은 개인적 접근법이다. 심리학적·생물학적 접근법도 개인적 접근법이다.

상호작용적 접근법은 젠더를 사람들 사이의 공간에 위치시키는 것과 같다. 젠더는 한 개인의 내부보다는 주로 사람들 간 상호작용을 통해 만들어진다는 것이다. 많은 상호작용 이론에서 젠더는 내적 특성이나 성향으로 존재하는 것이 아니라 다른 사람들과의 상호작용에서 이루어지는 현상이다. 지위 특성 이론과 젠더 행하기는 모두 상호주의 접근법의 예다. 마지막으로, 제도적 접근법은 사회의 대규모 조직과 제도가 젠더를 생성·강화하는 방법에 주목한다. 급진적 페미니즘처럼 젠더가 사회의 모든 구조 안에 짜여 들어가는 방식을 강조한다. 우리가 그러한 제도와 구조에 들어갔을 때 그곳은 이미 젠더화되어 있다. 젠더는 이런 사회구조의 작용을 통해 생성된다. 젠더화된 조직과 사회 연결망 이론은 제도적 젠더 이론의 예들이다.

세 번째 질문은 다음과 같다. 젠더 이론은 젠더와 불평등의 관계를 어떻게 설명할까? 젠더 이론은 불평등의 문제를 다룰까? 불평등의 원인에 대한 젠더 이론의 설명은 무엇일까? 불평등에 대한 설명은 젠더 이론이 젠더를 정의하고 위치시키는 방식에 어떻게 뿌리내리고 있을까?

이제 마지막 질문이다. 이론이 의미하는 바는 무엇일까? 젠더 이론은 관념으로 시작한다. 그러나 이론이 유용한 것이 되려면 실용적 가치도 있어야 한다. 이론의 의미를 철저하게 탐구한 후에도 그 이론은 여전히 일리가 있고 적용이 가능한가? 상상력을 발휘해 그 이론을 확대할 때 이러한 마지막 질문은 비판적 사고를 요구한다. 예컨대 이론의 의미를 탐색하는 작업은 젠더화된 상호작용이나 상황의 예들을 수집하고 그 이론이 모든 상호작용과 상황들을 설명해주는지 생각하는 것이다. 그 이론이 맞지 않을 것 같은 상황을 생각해낼 수 있는가? 왜 그러한 경우에 이 이론이 맞지 않는 것인가? 젠더 이론의 의미를 탐색한다는 것은 이론의 실용적 적용을 통해 사고하는 것을 의미하기도 한다.

이는 젠더 이론이 젠더 불평등을 설명하고 다루는 방식과 관련된다. 이론이 가정하는 바를 따라간다면, 젠더 불평등을 줄이는 데 가장 중요한 단계는 무엇일까? 예를 들어 급진적 페미니즘은 젠더를 사회의 작동 안에 깊이 뿌리박힌 것으로 정의했다. 젠더에 대한 이런 식의 사고를 고려하면, 급진주의 페미니즘이 암시하는 실용적 행위란 젠더 불평등을 감소시키기 위해 사회를 급진적으로 변형하는 것이다. 이 이론들을 읽어가면서 그들이 암시하는 실질적인 행위가 어떤 것인지 생각해보자.

성 역할

젠더에 대한 개인주의적 접근individual approach to gender의 첫 번째 예는 성 역할sex role 이론이다. **젠더에 대한 개인주의적 접근**은 젠더가 내부에서 외부로 작동한다고 전제한다. 젠더가 개인의 내면에 존재하면서 외부 세계에 참여하고 행동하는 것에 영향을 준다는 의미다. 젠더에 대한 개인주의적 이론들은 젠더가 정확하게 어떤 식으로 내면화되는지에 대해 서로 다른 설명을 내놓는다. 어떤 이론들은 부분적으로 생물학에 근거한 설명을, 다른 이론들은 사회화 이론을 더 강조하기도 한다.

1장에서 논의했듯이, 젠더를 논할 때 사용하는 언어는 중요하다. 젠더와 젠더의 작동 방식에 대해 전제되는 많은 것들을 밝혀주기 때문이다. 젠더와 성의 중요한 차이점은 이미 논의했다. 사회학에서 젠더의 역할을 연구한 초기 저작들이 매우 흔하게 성 역할이라는 용어를 사용했다는 사실은 놀랍지 않다. 성 역할이라는 개념은 사회적 역할social role이라는 더 일반적인 개념과 더불어 시작되었다. **사회적 역할**은 사회 내 특정 지위나 신분에 따라오는 일련의 기대 같은 것이다. 신분은 남성이나 여성, 백인이나 흑인, 동성애자나 이성애자처럼 매우 일반적인 것일 수 있다. 또는 사회학 교수, 대학에서 생물학을 전공하는 2학년 학생, 공상과학소설 동호회장, 세 아이의 아버지처럼 좀 더 구체적일 수도 있다. 서로 다른 신분에는 서로 다른 기대가 따른다. 예를 들어, 생물학을 전공하는 2학년 학생은 숙취 상태로 수업에 들어올 수 있지만 사회학 교수는 절대 그럴 수 없다. 공상과학소설 동호회장이 일주일에 10시간을 〈월드 오브 워크래프트World of Warcraft〉라는 게임을 하면서 보낸다는 사실은 놀랍지 않을 것이다. 그러나 세 아이의 아버지에게는 (세 아이와 게임을 하면서 놀아주는 경우가 아니라면) 이런 기대를 하지 않는다.

성 역할은 당신이 속한 특정 성 범주에 수반되는 일련의 기대다. 남성 또는 여성으로서 당신의 신분에 근거해 사람들이 당신에게 갖는 기대는 무엇일까? 당신이 속한 사회에서 남성 또는 여성으로서 어떤 행동을 하면 문제가 되고 어떤 생각을 하면 이상하게 여겨지는지를 생각해보면 쉽게 알 수 있다. 예를 들어, 성인 남자가 눈물을 흘리면 이상하게 여긴다. 그러나 인도에서 제작되는 대중적인 볼리우드Bollywood 영화에서는 남자 주인공이 울기를 기대한다. 최고의 남자 배우는 눈물을 가장 잘 흘리는 배우다. 사회적 역할은 사회에 따라 다르다. 대부분 문화는 성 범주 내에서의 개인의 위치에 따라 어떤 기대를 부과한다. 역할을 위반하는 것은 특정 역할에 따라오는 기대가 정확히 무엇인지 알아보는 좋은 방법이다.

Question

당신이 속한 사회에서 남성이나 여성에게 따라오는 기대가 무엇인지 목록을 만들어보자. 당신은 모든 기대에 부합하는가? 기대를 따르지 않을 때의 결과는 무엇일까?

성 역할은 젠더에 대한 매우 유용한 사회학적 사고방식처럼 보인다. 젠더화된 행위는 우리가 서로에게 갖는 사회적 기대의 산물로 인식되기 때문이다. 이런 사고방식이 발전하면서 성 역할을 설명하는 방식에 문제가 생긴다. 이러한 관점을 지닌 사회학자들은 성 역할이 부분적으로는 사회화의 결과지만, 근본적인 생물학적 차이에 의해 형성·강화된 것이라고 가정한다. 한 시대의 특정한 이론적 접근에서 성 역할은 현 상태를 정당화하는 방식으로 정의되었다. 기존의 성 역할이 사회에서 통용되는 것처럼 보인다고 해서 그 성 역할이 사회 기능에 최적화되었다고 확신하는 것은 잘못된 논리다. 성 역할은 사회적 기능과 연결되어 있다. 그래서 여성은 아이들을 돌보는 역할에, 남성은 직장인 역할에 가장 적합하다는 당시 미국 사회의 보편적 신념은 성 역할의 중요한 구성 요소가 되었다.

탤컷 파슨스Talcott Parsons 같은 기능주의 사회학자들은 도구적instrumental 역할 대 표현적expressive 역할이라는 개념으로 이런 차이를 설명하기도 했다(Parsons and Bales, 1955). 남자는 일생에 **도구적**이거나 목표와 일을 중시하도록 가르침을 받는 반면, 여성은 **표현적**이거나 다른 사람들과의 상호작용을 중시하도록 가르침을 받는다. 노동을 도구적 활동과 표현적 활동으로 나누는 것은 사회를 위해 실용적인 것으로 여겨졌다. 그래서 가정을 벗어난 곳에서 일하는 여성이나 집에서 아이들을 돌보길 원하는 남성은 기존의 사회체제를 위협하는 것처럼 보였다. 성 역할 개념은 당대의 지배적 젠더 이데올로기에 이의를 제기하기보다는 실제로 그것을 강화시켰다. 이 시점에서 당신은 '객관적인' 사회과학 방법론에 기반을 둔 사회학적 이론에도 규범적 요소가 있다는 사실에 주목해야 한다. 기능적 이론은 단순히 사회의 존재 방식을 설명하는 데 그치지 않고 사회가 더 효과적으로 기능하기 위해 취해야 하는 방식을 주장한다.

이런 접근법이 페미니즘의 영향을 받은 사회학자들에게 어떻게 문제로 비췄을지 상상할 수 있다. 성 역할 개념이 페미니즘의 주요 목표인 젠더 불평등에 맞서는 데 어떻게 쓰일지를 상상하는 것은 힘든 일이기 때문이다. 사회학자들이 성 역할 개념을 다루던 시기에 베티 프리단Betty Friedan은 『여성의 신비The Feminine Mystique』라는 유명한 책에서 그녀가 '이름 없는 문제'라고 명명했던 문제들을 규명했다(Friedan, 1963). 그 문제는 집 밖에서 일해보지 못했던 많은(전부는 아니고) 여성들이 경험한 성취 결핍이었다. 1950년대에 미국에서는 여성들에게 가정주부가 되기를 권장했다. 3장에서 논의되겠지만 이는 젠더의 오랜 역사상 새롭고도 드문 현상이었다. 성 역할 이론은 직장 여성이라는 페미니스트들의 목표를 정당화하는 데 어떤 도움을 줄 수 있을까? 사회 전체를 위한 성 역할을 지지하는 이론은 그러한 목적에 도움이 될 것 같지 않다.

이런 비판 외에도, 성 역할 개념은 이론적으로 충분히 발전되지 않았다. 성 역할 개념은, 사회화 또는 특정 그룹의 방식을 배우는 과정에서 성 역할이 발전한다는 가설을 기반으로 한다. 우리는 사회화를 좀 더 깊이 있게 논의할 것이지만 그러한 설명이 각기 다른 사회의 특정한 성 역할을 해명해주지는 못한다. 이미 살펴본 성 역할의 다양성을 어떻게 설명할 것인가? 왜 어떤 남자는 울어도 되고 어떤 남자는 울면 안 되는가? 이 이론은 상호작용 속에서 성 역할이 작동하는 방식을 충분히 다루지 않는다. 사회학자들은 젠더가 무엇이며 그것의 작동 방식이 어떤지에 관심이 있다는 것을 기억하자. 성 역할 개념은 이 질문에 대한 답변을 어떻게 도와주었을까? 성 역할은 기능주의의 영향 아래 발전하면서 성향이나 특성으로 이해되었다. 성 역할은 내면화되어 남성과 여성의 머릿속에 항상 함께하며, 이러한 성향들은 다양한 상황 속에서 사고하고 행동하는 방식에 영향을 준다는 것이다.

성 역할을 성향으로 여긴다면 아직 답하지 못한 몇 가지 질문이 남는다. 성 역할은 모든 상황에서 똑같이 작용하는가? 이론가들의 말처럼 성 역할이 상황적인 정체성이라면, 이는 상호작용 속에서 필요한 대로 입고 벗을 수 있다는 의미다. 교실 안에서는 학생의 역할을 수행하더라도 친구와 돌아다닐 때는 그렇지 않을 것이다. 반면, 주요 지위master status는 마음대로 입었다 벗었다 할 수 없는 것이다. **주요 지위**는 모든 정체성과 상황에 개입한다. 우리에 대한 사람들의 반응을 좌우하는 가장 중요한 지위다. 젠더는 입었다 벗었다 할 수 있는 것인가, 아니면 언제나 함께하는 주요 지위에 가까운가? 우리가 늘 젠더를 행한다면 젠더는 사회적 역할로 작용하지 않는다. 이는 젠더를 하나의 역할로 인식할 때 생기는 또 다른 문제다. 성 역할 개념은 가족 연구를 통해 발전되었다. 그러나 성 역할은 가족의 범주 밖, 예컨대 교실, 직장, 정부 기관 안에서도 중요한가?

초기의 성 역할 개념은 이런 많은 질문들에 답변하지 못했다. 그러나 사회적 역할을 통해 젠더의 작동 방식을 탐색하는 것은 사회의 이러한 양상을 이해하는 공통된 방식이다. 예를 들어, 사랑에 관한 젠더 연구에서는 친밀함이라는 도구적·표현적 개념을 사용한다. 오늘날 젠더 연구에서 성 역할이라는 용어는 인기가 덜하지만, 사회적 역할로서의 젠더 개념은 이후 이론가들의 중요한 공헌이었다.

상호작용주의 이론

다음 두 이론은 젠더 연구의 중요한 현장을 상호작용의 차원으로 옮겨 놓았다. 이는 지위 특성 이론과 젠더 행하기 이론 모두 젠더 이해에 상호 작용이 중요하다고 주장한다는 뜻이자, 젠더를 개인의 내면에 자리한 것보다는 집단 내에서 생산된 것으로 간주한다는 의미다.

지위 특성 이론

기대 상황 이론expectation states이라고 불리기도 하는 지위 특성status characteristics 이론은 상호작용의 영역에 젠더를 확고하게 위치시킨다. 이런 관점에서는 내적 성향으로서의 젠더가 다른 사람들과 상호작용을 할 때의 구체적 행위보다 핵심이 될 수 없다. 지위 특성 이론은 내적 특성이나 정체성이 전혀 중요하지 않다는 게 아니라 상호작용이 특히 중요하다고 말하는 것이다. 젠더 연구의 중요한 현장으로서 상호작용을 강조하는 이유는 무엇일까? 지위 특성 이론은 이에 대한 답으로 우리가 세상을 남성과 여성으로 나누는 방식 또는 사람들을 성 범주화하는 특정 방식을 강조한다. 영미-유럽식의 성 범주화 체계에서 인구의 반은 여성, 나머지 반은 남성으로 구분된다(물론 이 두 범주가 보편적인 것은 아니다). 이는 서로 상반된 젠더로 구성된 사람들이 많다는 뜻이고, 상대 젠더 사람들과 상호작용할 수 있는 기회가 구조적으로 늘어난다는 이야기다.

지위 특성 이론가들은 젠더가 인종이나 나이 같은 지위와 다르다고 주장한다. 인종이나 나이에서는 인구통계가 상호작용을 좌우하는 것은 아니기 때문이다. 예를 들어, 미국은 인구 중 약 15%가 히스패닉이고 12% 정도가 65세 이상이다. 당신이 히스패닉도, 65세 이상도 아니라면 구조적으로 당신은 이 두 집단과의 상호작용을 피할 기회가 많다는 뜻이다. 히스패닉과 65세 이상은 소수이기 때문이다. 그러나 미국에서 상대 젠더와의 상호작용을 피할 수 있는 확률은 매우 낮다.

지위 특성 이론가들은 젠더가 다른 많은 사회 구별에 개입하는 사회적 범주이므로 상호작용은 젠더 연구의 중요한 현장이라고도 주장한다. 같이 사는 대가족 이외의 사람들과 상호작용할 기회가 매우 적은 사회에서조차 가족은 남성과 여성으로 구성될 가능성이 매우 크다는 말이다. 예컨대, 푸르다purdah는 무슬림 사회뿐 아니라 인도와 다른 아프리카 나라들의 힌두교 사회도 공유하는 전통이다. 이들 나라의 여성은 집 안에 고립되어 은둔 상태로 살거나 거의 나가지 못한다. 그러나 푸르다에 있는 여성도 매일 남성과 상호작용을 한다. 가족에는 남성들(아버지, 남편, 아들, 남자 형제 등)이 있을 가능성이 높기 때문이다. 즉, 상대 젠더와의 상호작용이 많으므로 젠더를 이해하는 데 부분적으로는 상호작용이 중요하다.

젠더에 그토록 중요한 상호작용에서는 정확히 무슨 일이 일어날까? 당신이 누군가와 상호작용을 할 때 젠더에 관해 어떤 일이 일어날까? 지위 특성 이론은 성 범주화sex categorization의 중요성과 더불어 시작된다. **성 범주화**는 문화적으로 당연시되는 외모와 행동의 단서를 이용해 우리가 일반적으로 알 수 없는 신체적인 성 차이를 제시하는 방식이다(Ridgeway and Smith-Lovin, 1999). 다른 종들과 비교해 인간의 성 차이는 그다지 극

누군가의 성을 잘못 범주화하는 것은 범주화를 하는 사람이나 범주화를 당하는 사람 모두에게 당혹스러운 일이다. 유아들에게는 어른들을 성 범주화할 때 사용하는 신체적 단서가 없다. 그래서 어떤 부모들은 아기들의 젠더가 분명하게 드러나는 물건들로 아이를 꾸민다. 머리카락도 없는 머리에 핑크빛 리본을 단 여아를 우리는 많이 보아오지 않았는가? 갓난아기에게 누가 봐도 분명한 여아복이나 남아복을 입히면 딸인 줄 알고 물어봤다가 남자아이라는 것을 알게 되는 어색한 순간은 모면하게 된다. 그러나 아이의 성을 밝히는 것을 거부함으로써 아이들의 성 범주화를 의도적으로 방해하는 부모들도 있다. 스웨덴, 영국, 캐나다의 부부들은 가족 이외의 사람들, 심지어는 아이의 형제자매들에게도 아이들의 성을 비밀로 해서 논쟁을 불러일으킨 적이 있다. 한 부부는 아들인 사샤(Sasha)가 다섯 살이 될 때까지 비밀로 하다가 아이가 초등학교에 입학할 때 비로소 아이의 성을 밝혔다(Wilkes, 2012). 이런 결심을 한 다른 부모들처럼 사샤의 부모도 젠더가 수반하는 전형화로부터 아이를 보호하려고 했다. 그러나 언론은 젠더 중립적인 아이로 키우겠다는 부모들의 결심에 잠재적 위험 요소가 있다고 호되게 비난했다. 자기 아이인 스톰(Storm)의 젠더를 공개하지 않은 캐시 위터릭(Kathy Witterick)은 이렇게 설명한다. "(젠더 중립적으로 아이를 양육하는 문제에 대해) 일어나고 있는 논의는 (성급히 판단하려다가 지배적인 견해를 보여준) 사람들의 '관점을 드러낼' 뿐 아니라, 사람들로 하여금 현 상태 유지가 우리의 최선인지를 검토하도록 도와주는 효과를 가진다. 건강하고 행복하며 친절하고 적응력이 좋은 아이를 키우는 최선의 방법이 성 범주화인가?"(Gillies, 2011) 젠더 중립적인 아이를 키우는 일은 상대적으로 새로운 현상이기 때문에 장기적으로는 어떨지 아직 알 수 없다. 성 범주를 아이들에게 강요하는 것이 그들에게 정말로 좋은 일인가?

명하지 않다. 새들은 많은 종에서 암수의 색깔이 다르고, 암수의 몸집 크기가 상당히 차이 나는 종들도 있다. 예컨대 수컷 개똥지빠귀와 암컷 개똥지빠귀의 차이는 쉽게 알 수 있다.

인간은 의복과 머리 길이, 동작, 몸짓, 대화 등을 단서로 남성과 여성을 구분한다. 대부분은 발가벗은 채로 또는 신체적으로 차이 나는 부분을 드러내면서 다니지 않기 때문이다. 우리는 나이, 인종, 계급, 성적 성향 등 모든 종류의 신분을 범주화하는 데 관여한다. 그러나 우리가 성 범주화에 자동적·무의식적으로 관여한다는 연구 결과가 있다(Brewer and Lui, 1989; Stangor, Lynch, Duan and Glass, 1992). 우리가 하던 일을 멈추고 성 범주화에 대해 생각해보는 유일한 시간은 상호작용을 하는 상대의 성 범주가 확실치 않을 때다. 대부분은 생각해볼 필요도 없이 사람들을 성 범주화해버리기 때문에 성 중립적인 사람과 상호작용을 하는 일은 결코 없다. 항상 '여자 의사가 남자 환자에게 말한다'이지, '의사가 환자에게 말한다'처럼 단순한 경우는 없다. 곧 보겠지만, 성 범주화는 우리가 논의할 두 상호작용 이론에 중요하다. 성이나 젠더가 상호작용에 중요하다고 하기 전에 사람들의 성을 알 수 있어야(또는 최소한 그렇다고 믿어야) 하기 때문이다.

우리가 성 범주화에 관여한다는 사실은 그 자체로 흥미롭다. 그러나 성 범주화가 젠더 이해에 어떻게 그리고 왜 중요한가? 범주 자체의 의미가 중요하지 않는 한 우리가 사람들을 자동적으로 성 범주에 집어넣는다는 사실은 그다지 의미가 없다. 우리가 성 범주화에 관여한다는 사실이 어째서 중요할까? 기대와 지위 특성 개념이 이를 설명해준다. 기대와 지위 특성이 이론의 이름을 이룬다는 점을 생각하면 이해가 된다. 지위 특성 이론은 목표 지향적 상호작용을 다루므로 직장 같은 환경을 설명할 때 특히 잘 어울린다. 그러나 이보다 덜 형식적인 다른 유형의 상호작용도 역시 목표 지향적이다. 예를 들어, 차를 타고 어느 장소를 찾아가는 부부, 자동차 타이어 교체 방법을 딸에게 가르쳐주는 아버지, 사고파는 물건을 확인하는 식료품점 직원과 손님은 모두 목표 지향적인 상호작용의 예다. 지위 특성 이론가들은 목표 지향적인 상호작용 속에서 우리가 대상에 대해 수행 기대performance expectation를 한다고 주장한다.

수행 기대는 상호작용이라는 목표를 성취하는 데 집단의 사람들뿐 아니라 자신의 공헌이 얼마나 유용할지 추측하는 것이다(Ridgeway, 1993). 달리 말하자면, 수행 기대는 어떤 업무를 수행할 때 누가 얼마나 유용할지 최상의 추측을 하는 것이다. 수행 기대는 의식적·이성적 계산보다는 주어진 상호작용 안에서 감으로 한다. 따라서 어떤 상황에 대한 수행 기대를 의식적으로 인지할 수는 없을 것이다. 어쨌든 이런 기대가 중요한 것은, 우리가 상호작용에 관여하는 방법과 사람들이 우리에게 반응하는 방식, 그리고 사람들과 우리가 상호작용하는 방법에 영향을 미치기 때문이다. 이런 점들은 다음 예시에서 살펴볼 것이다.

만약 사람들이 어떤 수행 기대를 가지고 목표 지향적 상호작용을 시작한다면 젠더에 관해 어떤 기대를 갖기 쉬울까? 여기서 바로 두 번째로 중요한 개념인 지위 특성이 개입한다. **지위 특성**은 사회 구성원들 간에 존재하는 차이로서, 어느 정도 가치와 존중이 부여된다(Ridgeway, 1993). 그저 어떤 점에서 차이 난다는 뜻이 아니라, 특정 방식으로 차이 나는 사람들이 더 낮거나 가치 있게 여겨진다는 것이다. 이는 젠더에 중요하다. 여러 연구들에서 젠더는 지위 특성적이며 전반적으로 남성이 여성보다 낮고 경쟁력 있는 것으로 여겨진다고 나타나기 때문이다(Ridgeway, 1997).

남성의 우월성에 대한 이러한 신념은 구체적인 **젠더 지위 신념**gender status belief을 형성한다. 젠더가 지위 특성적이고 지위 신념이 있기 때문에 상호작용 속 여성에 관한 수행 기대는 일반적으로 남성보다 여성을 불리한 입장에 놓는다. 상호작용 속에서 우리가 목표를 성취하는 데 누군가가 얼마나 도와줄 수 있는지를 추측하기 위해 수행 기대를 사용하고, 사회에서 여성의 경쟁력이 더 낮다고 믿는다면, 지위 특성 이론은 이것이 남성과 여성의 상호작용 방식에 중요한 영향을 미친다고 예측할 것이다.

이론 통합을 돕기 위해 이 모든 것이 어떻게 작동하는지 구체적인 예를 들어보자. 필자의 젠더 수업을 들었던 한 여학생이 가족의 생계를 위해 공사 현장에서 여름 내내 노동을 하고 그 경험을 수업에서 나눈 적이 있다. 그 학생이 전해준 이야기는 지위 특성 이론을 보여주는 좋은 예다. 상호작용에서 젠더가 어떻게 중요해지는지 보여주는 첫 단계는 동료 인부들이 그녀를 여성으로 성 범주화하려 들었다는 사실이다. 그들은 즉시, 그리고 생각 없이 그랬을 것이라는 점을 기억하자. 아무리 최선을 다해도 그녀는 단순한 공사장 인부보다는 여성 인부로 인식될 것이다. 공사 현장에서의 노동은 목적 지향적인 일의 좋은 예다. 이런 상황에서 그녀와 동료 인부들이 수행 기대를 인식하는지에 상관없이 우리는 모두 그들이 수행 기대를 형성하리라는 기대를 하게 된다. 수행 기대는 상호작용 대상뿐 아니라 자신의 수행에 대한 것이기도 하다는 점을 기억하자.

지위 특성으로서 젠더 개념은 여성은 열등하고 남성은 우수하다는 사회 통념과 관련된다. 따라서 필자의 수업을 듣는 학생들의 젠더는 수행 기대에 부정적 영향을 줄 것이다. 자기 완결적 예언self-fulfilling prophecy 때문에 이런 기대는 더 중요해진다. 만일 필자의 수업을 듣는 한 여학생이 건설공사 일을 하게 되었을 때 스스로 잘할 수 있을지 걱정한다면 이는 수행 기대를 설명하는 좋은 예가 된다. 이는 그 여학생과 다른 인부들의 상호작용에 영향을 줄 것이다. 만약 그녀가 자신의 능력을 확신한다면 사람들의 도움이나 의견을 덜 필요로 할 것이고 의견을 큰 소리로 제시하며 사람들의 동의 없이도 자신의 의견을 내세울 것이다(Ridgeway, 1993).

즉, 건설공사에 관한 자신의 능력을 믿는다면 그 여학생은 더 많이 유능한 인부처럼 행동할 것이고 더 자주 유능한 인부처럼 보일 것이다. 동료들 역시 그녀가 유능한 인부라고 생각하며 더 많이 상호작용할 것이다. 그러나 젠더 지위 신념 때문에 건설공사 현장에서 여자들이 별 쓸모가 없다고 생각하게 되면 동료들은 물론이고 그녀 스스로도 자신의 능력을 의심할 가능성이 크다. 따라서 자신의 능력을 확신하지 못하고 동료들에게 도움을 더 많이 요청할 것이다. 결국 그녀는 무능한 인부로 보일 것이다. 이것이 **자기 완결적 예언**의 속성이다. 오로지 예언의 결과로 진실이 되는 진술을 자기 완결적 예언이라 부른다. 젠더 지위 신념이 여자는 건설 현장에서 무능하다고 말하고 있기 때문에 우리는 그러한 신념에 부여하는 힘을 실제 사실로 만들어주는 것이다.

여기서 우리는 그 여학생이 자신의 능력을 믿는 자신감만 있으면 되는 것 아닌가라고 생각할 수 있다. 그러나 만일 동료들이 여전히 젠더 지위 신념을 유지하고, 조사 결과도 이를 유지할 가능성이 매우 높다고 나오면 자기 완결적 예언이 여전히 적용된다고 할 수 있다. 동료들이 그녀를 능력이 떨어지는 팀원이라고 믿고 그런 식으로 대우하면 그녀는 결과적으로 능력 없는 팀원이 되어버린다. 왜 그럴까? 동료들은 그녀와 같이 일하려 하거나 그녀의 일을 도와주지도 않을 것이다. 우리가 하는 모든 상호작용에는 협력적 지원이 요구된다. 직무 수행 시 같은 팀 동료들 중 누구의 도움도 받을 수 없다면 무척 힘들 것이다. 중요한 것은, 수행 기대와 젠더 지위 신념의 결과로서 젠더가 진행 중인 상호작용에 중요한 영향을 끼친다는 점이다. 실제로 그 여학생은 건설 현장에서 남자 인부들과 협업하지 못했을뿐더러 급기야 노골적인 적대감까지 경험했다.

이 여학생의 사례가 모든 유형의 상호작용에도 똑같이 적용될 수 있을까? 현실성이 좀 떨어지지만, 혹시 그 현장에 여자 인부들만 있다면 어떤 일이 벌어질까? 지위 특성 이론은 젠더 지위 신념이 두 가지 조건하에서 가장 효과적이라고 예측한다. 첫째, 상호작용에 남자와 여자 둘 다 관여된다는 조건이다. 지위 특성 이론가들은 젠더가 동성 집단에서의 지위 특성처럼 유의미한 것은 아니라고 주장한다. 둘째, 젠더를 집단의 목표나 임무에 중요한 것으로 믿는 조건이다. 이미 논의했듯이 첫 번째 조건은 상당히 자주 일어난다. 하루 동안 우리가 행하는 전체 상호작용에서 동성과의 상호작용 횟수와 이성과의 상호작용 횟수를 비교해보자. 총합은 다르겠지만 그래도 이성과의 상호작용 횟수가 더 많을 공산이 크다.

두 번째 조건은 어떨까? 젠더가 상호작용의 목표나 과업에 중요하게 작동하는 빈도는 얼마나 될까? 앞서 언급한 사례에서 확인했듯이, 차에서 길 안내를 하는 일, 딸에게 타이어를 교체하는 방법을 가르치는 아버지의 일, 점원한테서 식품을 구입하는 고객의 일과 같은 상호작용이 이성과 행해지고 있다고 가정한다면, 여기에서 젠더가 작동된다는 주장은 적합한가? 딸에게 타이어를 교체하는 방법을 가르치는 아버지의 행동 속에서 젠더가 작동한다고 추측하는 것은 상대적으로 쉽다. 그리고 길 안내를 받을 때와 길 안내를 직접 할 때 남자와 여자 사이의 다른 점을 전제한 연기를 선보이는 코미디언들이 있다. 남자와 여자의 길 찾는 능력에 관한 젠더 지위 신념은 분명히 존재한다. 따라서 우리는 차를 타고 갈 때와 같은 가상의 상황에서 젠더 지위 신념이 상호작용에 영향을 준다고 생각할 수 있다. 그렇다면 식품 가게 점원과 손님의 상호작용에서도 마찬가지일까?

Question
여러분의 일상을 돌아보며 지위 특성 이론의 두 가지 상황, 즉 남자들만의 지위 특성 상황과 여자들만의 지위 특성 상황에 들어맞는 상호작용 목록을 만들 수 있을까? 또는 혼성과의 상호작용과 젠더가 목표나 과업에 적절하게 작용하는 상호작용이 둘 다 포함된 상호작용 목록을 만들어볼 수 있을까? 혼성과의 상호작용이지만 젠더가 목표나 과업에 적절하게 작용하지 않는 상호작용이 있는가? 여러분이 행하는 상호작용 중 얼마나 많은 경우가 여기에 해당되며, 이는 지위 특성 이론과 어떤 관련이 있는가?

지위 특성 이론가들의 대답은 '그렇다'일 것이다. 여자 손님과 남자 점원과 같이 젠더 중립적 상호작용처럼 보이는 상황에서도 젠더는 여전히 작동한다. 왜 그럴까? 우선 이미 언급했듯이 성 범주화는 상호작용 중에 일어난다. 식료품점 점원과 손님은 이미 서로를 남자와 여자로 구별해 버렸다. 무엇보다도, 젠더 고정관념과 젠더 지위 신념이 사회에 너무 만연해 있어서 모든 상황과 맥락에서 작동한다는 것이 지위 특성 이론가들의 주장이다(Ridgeway, 1977). 이는 젠더에 관한 신념이 광범위하게 확산되어 있음을 의미한다. 즉, 우리 신념은 우리가 젠더화된 것으로 생각하는 천편일률적 상황을 넘어 더 광범위한 상황을 포괄하는 것이다. 따라서 지위 특성 이론은 우리가 행하는 수많은 상호작용에 젠더가 밀접하게 관련되어 있다고 주장한다. 우리는 젠더가 많은 것들과 관련되었다고 여기는 사회에 살고 있기 때문이다.

　　지위 특성 이론으로 인해 젠더는 대체로 성 범주화와 젠더 지위 신념의 상호작용 효과로 이해되며, 이론가들은 이를 젠더를 이해하는 데 특히 유용한 방법이라고 믿는다. 특히 직장 같은 장소에서 젠더 불평등이 좀처럼 사라지지 않는 이유를 설명하는 데 도움이 되기 때문이다. 젠더 불평등은 어떻게 작동하는가? 연구에 따르면 상호작용을 시작할 때 사람들은 대개 소유한 자원의 차이에 따라 서열을 매긴다고 한다. 즉, 누군가가 돈이든 권력이든 좀 더 중요한 자원을 가진 것처럼 보이면 우리는 더 많은 존경심을 표하며 유능하고 권력이 센 사람으로 간주한다(Ridgeway, 1977). 또한 그들이 젠더 같은 독특한 특징을 갖고 있다면 우리는 그러한 범주 속에 있는 사람들을 세상의 좋은 것들과 연관 짓는다. 즉, 상호작용 중인 남자들이 자원을 많이 갖고 있으면 우리는 남자들이 더 유능하고 권력이 세며 존경할 가치가 있다고 믿는 경향이 있다. 이는 자원 이점을 갖고 있는 한 남자들은 계속해서 더 유능한 존재로 여겨진다는 것으로서, 결국 현재 작동하는 젠더 지위 신념대로 되는 것을 의미한다. 또한 젠더 지위 신념이 상호작용에서 남자들에게 유리하게 작용할수록 남자들은 계속 여성들보다 많은 자원 이점을 갖게 될 가능성이 커진다. 지위 특성 이론은 이런 방식으로 젠더 불평등을 자원과 상호작용의 조합을 통해 재생산되는, 자기 영속적인 것으로 이해한다. 젠더 지위 신념은 상호작용을 통해 계속 강화되며, 이는 젠더 불평등을 더욱 되돌리기 힘든 현실로 만든다.

젠더 행하기

다음으로 살펴볼 이론적 관점도 지위 특성 이론처럼 상호작용을 강조한다. 사실 캔디스 웨스트Candace West와 돈 짐머만Don Zimmerman이 발전시킨 젠더 이론은 상호작용이 젠더 연구의 대상이 되어야 한다고 적극적으로 주장한 초기 이론들 중 하나다(West and Zimmerman, 1987). 상호작용을 젠더 연구의 대상으로 바꾸려는 이들의 노력 덕분에 상호작용 이론이 고유한 사회학적 연구로 변모했다. 젠더 행하기의 주장은 지위 특성 이론보다 한 걸음 더 나아간다. 젠더가 내재적 특징이나 기질이라는 생각을 상호작용이 만들어낸 하나의 환영으로 전제하면서 젠더는 상호작용의 외부에 존재하지 않는다고 주장한다. 젠더 행하기 관점에서 보면 젠더는 단순한 수행이다. 게다가 우리 모두에게 수행이 중단되는 경우는 없다.

젠더 행하기 관점은 사회학의 연구방법론 중 하나인 민속방법론ethno-methodology에서 유래했기 때문에 종종 민속방법론적 접근법이라고 불린다. **민속방법론**이라는 용어의 어원을 살펴보면 이 용어가 기본적으로 민속 연구를 의미함을 알 수 있다. 민속방법론 학자들은 우리의 사회생활을 지배하지만 오랜 세월 당연하게 여겨 연구조차 한 적 없는 규칙을 드러내는 데 관심을 가진다(Zimmerman, 1978). 이를 위해 초기 민속방법론 학자들은 그 유명한 위반breach 실험을 이용했다.

위반 실험에서 민속방법론 학자들은 실험에 참여한 학생들에게 사회생활에서의 관행을 의도적으로 위반하거나 관행에서 혼란을 일으키도록 한다. 즉, 문화적으로 약속된 대화에 어울리지 않아 일종의 설명이 필요한 대화를 하도록 만든다. "어떻게 지내세요?How are you?"라고 누군가가 인사하면 학생들은 현재 자신의 상태에 대해 상세하게 설명하는 식으로 응답을 하도록 한다. 예를 들어 "음, 감기는 나아가지만 코는 아직도 좀 막혀 있어요. 그리고 가장 친한 친구와 싸운 게 신경이 쓰여요. 생물 시험은 잘 본 것 같아요. 결론적으로 지금 잘 지내고 있는 것 같아요"라는 식으로 응답한다. 여타의 위반 실험과 마찬가지로 이 실험에서도 사람들의 반응은 혼란과 불편, 때로는 짜증과 화로 요약된다. "어떻게 지내세요?"라는 질문에 이런 식으로 대답하면 상호작용을 할 때 공유하는 가장 기본적인 믿음과 신뢰가 깨진다. 상대방은 매끄러운 상호작용을 위해 지켜야할 규칙이 있음을 잘 알고 있다. 이런 식의 대답은 규칙 위반으로 상대방을 혼란에 빠뜨린다.

이 위반 실험은 당연시되어온 어떤 전제들을 드러낼까? "어떻게 지내세요?"라는 질문은 단어가 의미하는 그대로의 대답을 요구하는 것이 아니라는 것이 첫 번째 전제. 우리는 이 질문을 의례적인 인사말로 사용하며 "괜찮아요", "좋아요", 또는 "그냥 그래요" 정도를 적당한 대답으로 여길 뿐, 몸 상태나 정신 상태를 상세히 묘사하라는 뜻으로 듣지 않는다. 이 같은 위반 실험은 우리가 언어를 독특한 방식으로 사용하며 특정 사회적 맥락에서만 의미를 갖도록 하고 있음을 나타낸다. "어떻게 지내세요?"라는 질문을 인사말로 사용하는 미국의 문화 규범을 인지하지 못한다면 약간 당황스러울 수 있다.

앞의 사례는 민속방법론적 연구를 간단히 요약해서 설명하기 위한 것이었지만, 사실은 젠더 행하기가 어떤 배경 속에서 하나의 이론으로 발전되었는지 설명하려는 목적도 있었다. 이 관점을 젠더 연구에 적용하면 우리의 사고방식과 그 속에 작동하는 젠더의 숨은 전제들을 드러낼 수 있다. 민속방법론에 지대한 공헌을 한 민속방법론 학자인 해럴드 가핑클Harold Garfinkel은 남자에서 여자로 성전환을 한 아그네스Agnes(실제 인물을 보호하기 위해 가핑클이 사용한 가명)에게 관심을 갖게 되면서 민속방법론을 젠더에 적용하기 시작했다(Garfinkel, 1967). 남자아이로 자란 아그네스는 17세 때 여자가 되기로 마음먹었고, 이후 성전환 수술을 받고 여자가 되었다. 가핑클은 물론이고 이후 웨스트와 짐머만도 아그네스 사례를 젠더의 작동 방식에 관한 연구의 출발점으로 삼았다(West and Zimmerman, 1987). 왜 젠더 연구의 출발점으로 성전환자가 선택되었을까? 젠더 행하기 관점에서 아그네스 사례가 성, 성 범주, 젠더 간 차이를 이해하는 데 도움이 되기 때문이다.

성sex이 서로 상충되는 여러 의미로 다양하게 정의된다는 사실을 1장에서 이미 살펴봤다. 젠더 행하기 관점은 강력한 사회구성주의 관점이라 부르는 방법론과 매우 유사하다. 즉, 성은 젠더 행하기 관점에서 볼 때 사회적 생산물이지 여자와 남자 사이에 존재하는 실제적·객관적·생물학적·유전학적 차이가 아니라는 것이다. 자신의 페니스는 '실수로 달려 있는 것'이기 때문에 의학적인 치료가 필요하다는 인식을 바로잡기 위해 아그네스가 성전환 수술을 원하는 것은 성이 사회적 산물임을 재확인하는 행위다. 아그네스는 페니스(남성이고 남자임을 말해주는 지표)가 있음에도 자신을 여자라고 생각했다. 사회에서 성을 너무 많이 강조하기 때문에 아그네스는 페니스를 제거하는 수술로만 여성이 될 수 있다고 생각했다. 이는 성에 관한 우리의 통념, 즉 여자 또는 남자 중 하나만 될 수 있지 둘 다 될 수는 없다는 생각을 재확인해준다. 또한 성과 젠더는 사회에서 기대되는 방식으로 일치되어야(페니스 = 남자 = 남성) 한다는 생각을 뒷받침한다.

젠더 행하기 관점에서 보면 **성별 배정**sex assignment, 즉 태어난 아이를 하나의 성 범주 속으로 넣는 일이란 사회가 단지 '문제의 본질'(West and Fenstermaker, 1995)을 발견하는 경우인 셈이다. 이는 성기, 염색체 형태, 그리고 아마도 다양한 호르몬의 유무에 근거하며, 우리는 이들 모두가 적절한 방식으로 연결되어 있을 것이라고 전제한다(페니스의 존재는 XY 염색체의 존재와 연결되어 있고, XY 염색체는 사춘기 때의 적절한 양의 테스토스테론 호르몬의 존재와 연결된다). 이는 1장에서 간성인의 사례로 확인했듯이 반드시 진실은 아니다. 또한 성별 배정의 기준은 시기와 문화에 따라 다양할 수 있다(Kessler and McKenna, 1978). 그럼에도 영미-유럽인들 대부분은 성의 표지들(성기, 염색체, 호르몬)이 드러나지 않아도 두 가지 성의 존재를 믿고, 두 가지 성으로만 구성된 세상을 볼 수 있는 능력이 우리에게 있다고 믿는다.

그렇다면 생물학적 남자로 태어났지만 생물학적 여자가 되길 원했던 아그네스를 어떻게 이해해야 할까? 어떻게 사람이 타고난 남성성을 버리고 여성성을 새롭게 습득할 수 있을까? 성전환 수술 이전과 이후의 일상에서 아그네스는 여성의 범주에 속하는 존재로 인정받고 싶어 했다. 이를 위해 아그네스가 채택한 최고의 전략은 어떤 것이었을까? 아그네스나 아그네스와 같은 일을 겪는 사람은 어떻게 해야 특정한 성 범주 속에 속하는 존재로 인정받는 데 성공할 수 있을까? 아그네스는 어떻게 자신의 여성성을 유지하면서 제대로 된 조사가 수반되지 않은 채 날마다 행해지는 형식적인 성 범주화 테스트를 통과한다는 목표를 달성할 수 있었을까?

이런 질문에 답하다 보면 우리는 성 범주화와 **젠더 성취**accomplishment of gender가 서로 중요하게 연결되어 있다는 것을 알게 된다. 이러한 이론적 관점에서 보면, 여성이라는 성 범주에 속하게 된 사람의 행위 모두가 자동적으로 여성성을 띠는 것은 아니다. 1분만 생각해봐도 여성적이지 않은 여성들과 남성적이지 않은 남성들의 수가 상당하다는 것을 알 수 있다. 마찬가지로, '비여성적'으로 행동한다고 '비여성'이 되는 것은 아니다. 이는 성 범주화와 젠더의 관계가 생각보다 훨씬 복잡하다는 뜻이다. 아그네스는 사람들이 그녀를 여성적으로 젠더화된 존재로 보게 함으로써 그녀를 여성으로 인식하도록 자신의 행위 양상을 변모시키고자 했다(West and Zimmerman, 1987). 그렇다면 아그네스는 어떻게 여성의 행동 방식을 배울 수 있었을까?

한 가지 방법은 여러 종류의 여성 잡지나 에티켓에 관한 책을 읽는 것이다. 이러한 지도서들은 여성적으로 보이도록, 더 구체적으로는 숙녀답게 보이도록 하는 기본적인 행동 원칙을 가르쳐준다. 아그네스는 이러한 원칙들을 따라 하면 되는데, 젠더 행하기 관점에서 보면 여기에는 많은 문제가 있다. 단순히 여성적 행위로 정해놓은 몇 개의 원칙만을 곧이곧대로 따라 한다면 아그네스는 곤란을 겪을 것이다. 젠더 실행enactment of gender은 상황과 맥락에 깊이 관련되기 때문이다. 예를 들어, 여자가 남자보다 더 자주 웃어야 한다는 것은 미국의 중산층 사람들이 공유하는 규범 중 하나다. 모르는 사람들 앞에서도 예외는 아니다. 이에 따라 아그네스는 자신이 여자로 설명accountable되려면 자주 웃어야 한다. 그러나 행동 원칙은 이보다 더 구체적인 맥락과 연관된다. 아그네스가 식료품점 점원이나 식당의 웨이터에게 미소 짓는 것은 괜찮다. 그렇지만 여자 화장실에서 마주친 낯선 여자들에게도 미소를 지어야 할까? 혼잡한 거리에서 지나치는 낯선 이들에게도 미소를 지어야 할까? 데이트를 할 때 주위의 모르는 남자들에게도 미소를 지어야 할까? 미국이 아닌 다른 문화권에서도 여자로 인정받고 싶다고 해서 모르는 사람들에게 미소를 짓는다면 사람들은 아그네스의 행동을 여성적이지 않은 행동으로 여길 것이다. 유럽의 몇몇 나라에서도 모르는 남자와 시선을 맞추고 미소 짓는 것은 두말할 나위 없이 추파를 던지는 행위로 간주될 것이다. 그렇다면 여성성을 성취하기 위해서 아그네스는 미소를 지어야 할까 말아야 할까? 여자는 남자보다 더 자주 웃어야 한다는 간단한 원칙이 모든 상황과 맥락에서 똑같이 작동하지는 않는다. 여자가 자주 웃어야 한다는 원칙은 무한정 복잡하고 난해해진다. 단순히 정해놓은 몇 가지 원칙으로 성문화될 수 없는 것이다.

젠더 행하기 관점에 따르면 아그네스 같은 사람에게 필요한 것은 정해진 원칙을 따라 하는 것이 아니라 자신의 행동이 여성적인 것으로 확실히 설명되도록 만드는 것이다. 민속방법론에서 설명 가능성accountability은 중요한 개념인데, 이는 젠더가 가진 상호작용적 속성을 강조한다. **설명**accounts은 진행 중인 일의 상태나 그에 대한 생각을 사회적 행위자로서 서로에게 풀어내는 서술을 의미한다(Heritage, 1987). 설명은 상호작용에서 여러 목적으로 쓰이기 때문에 중요한 개념이다. 설명은 행위나 상황을 식별·범주화·해명한다. 또한 행동이나 상황에 집중해 이해하도록 기본 틀을 제공한다(West and Zimmerman, 1987). 가령 어떤 교수가 갑자기 요정 복장을 하고 강의실에 나타났을 때 학생들은 교수가 그 이유를 설명할 것이라고 기대한다. 진 사람이 요정 복장을 하고 출근하기로 한 내기에서 졌거나 마침 그날이 핼러윈이었다거나, 아니면 교수가 미쳤다거나 하는 식으로 설명이 필요하다. 이처럼 설명은 주위에서 벌어지는 사건이나 상호작용의 의미를 알려준다.

설명은 본질적으로 사회적·상호작용적 특징을 갖고 있다. 따라서 사람들이 서로에게 어떤 식으로 반응하느냐에 따라 결정된다. 이 말은 무엇을 의미할까? 만일 당신이 도로를 건너는 닭에 관한 이야기나 가톨릭 사제, 유대교 랍비, 이슬람교 이맘imam[3]에 관한 이야기를 했을 때 그 이야기가 농담으로 **설명되거나** 청자가 농담으로 알아듣는다면 실제로 그 이야기는 단순한 농담이 된다. 청자가 이야기를 듣고 웃으면 청자는 그 이야기를 농담으로 식별하는 것이라는 점에서 이야기를 듣고 웃는 것은 일종의 설명이 된다. 이야기를 듣고 한 명도 웃지 않았어도 청자가 그 이야기를 농담으로 알아들었다고 설명할 수 있다. 청자들이 그저 눈알을 굴리거나, 머리를 흔들어대거나, 신음 소리를 낼 뿐이어도 그들의 모든 반응은 사실 그 이야기를 농담으로(비록 그다지 훌륭한 농담은 아니었지만) 알아들었다는 것을 의미한다. 만일 이야기를 듣고 청자 중 한 명이 화자를 멍하니 쳐다보거나 도대체 닭이 어떻다는 것이냐고 화자에게 묻는다면 설명은 가능하지 않다. 민속방법론 학자들은 우리가 상호작용을 할 때 우리의 행동을 설명 가능하게 만드는 작업(비록 항상 상대방의 반응에 달려 있지만)을 한다고 주장한다. 우리는 농담을 할 때 제대로 된 농담이 아니더라도 청자들이 최소한 그 이야기를 농담으로 받아들이길 바란다. **설명 가능성**은 다른 사람들이 우리의 행동 이유를 정확하게 인식할 수 있도록 행동을 구체적 상황에 맞게 조정하는 것을 의미한다(Heritage, 1987). 우리는 자신의 농담이 농담으로 받아들여지길 바란다. 그렇지 않으면 우리는 당황하

---

3 이슬람교에서 성직자를 이르는 말이다.

거나 화를 낼 수도 있기 때문이다.

설명 가능성을 우리의 주 관심사인 젠더에 어떻게 적용할 수 있을까? 젠더 행하기 관점에서 보면, 젠더는 행동을 젠더화된 것으로 설명 가능하게 하는 것과 관련된 모든 것이다. 앞서 살펴본 대로, 성 범주는 모든 상황에서 늘 중요하다. 이는 모든 행위가 젠더의 수행, 즉 남성 또는 여성이 되는 것으로써 설명이 가능해진다. 앞서 예로 든 농담을 이용하자면, 이는 젠더 행하기 관점의 두 가지 양상을 강조한다. 첫째, 수행을 설명 가능한 것으로 인식시키려고 군이 젠더에 관한 규범적 사고를 따를 필요는 없다는 점이다. 별로 웃기지 않아도 청자가 농담으로 설명 가능하다고 간주하는 한 여전히 농담인 것이다. 젠더 규범을 따르지 않은 행동도 상호작용을 하는 사람들이 젠더 수행으로 설명 가능하다고 판단하면 젠더화된 행동으로 여겨진다. 이 점이 중요하다. 특정 성 범주에 속해 있다고 인식되면서도 자신의 젠더에 어울리지 않게 행동하는 이유를 설명해주기 때문이다. 사람들은 우는 행위를 남성답지 않은 것으로 간주한다. 그러나 울기 시작한다고 해서 그 남자를 갑자기 여성으로 범주화하지는 않는다. 전체적인 행위는 여전히 남자로 설명될 수 있는 것으로 간주한다.

둘째, 젠더는 본질적으로 상호작용적이라는 점이다. 우리는 자신의 행동을 설명 가능한 것으로 만들기 위해 행동을 조정할 수 있다. 자신이 농담이라고 확신하는 말을 누구도 농담으로 받아들이지 않으면 그 농담은 실제로 농담이 아니다. 마찬가지로 여러분이 자신의 행동을 젠더화된 행동으로 기술하려고 애를 쓰든 말든, 젠더화된 것으로 설명이 가능하다면 여러분의 행동은 젠더 행하기의 실제 예시인 것이다. 이런 관점에서 젠더는 단지 자신의 수행보다는 설명 가능성과 결합된 수행으로서 정의된다. 그렇다면 젠더는 어디에 위치할까? 젠더는 여러분이 행하는 것과 다른 사람들이 그러한 행동들을 젠더라고 설명할 수도 있는 곳 사이의 교차점에 존재한다. 곤경에 처한 아그네스가 택해야 할 해법은 여자가 되는 방법을 가르쳐주는 안내서 또는 제시된 행동 원칙을 단순히 따라 하는 것에 있지 않다. 자신이 처한 특정 상황과 문화에서 여성적인 것으로 설명 가능하게 하는 여러 행동 양식을 훈련하는 데 있다.

젠더에 대한 이와 같은 독특한 사고방식의 실체를 파악하기란 쉽지 않다. 젠더는 우리가 생각하거나 느끼는 방식(기질 또는 특징), 심지어는 우리가 하는 것(행위)들의 총합보다 많아지기 때문이다. 젠더 행하기 관점 이론가들은 젠더를 이런 방향으로 움직이면, 즉 젠더를 개인의 외부로 빼내 상호작용 공간으로 옮기면 젠더를 이해하는 독특한 사회학적 연구방법론을 만들어낼 수 있다고 주장한다. 젠더는 속성상 지극히 사회적인 개념이 된다. 더욱이 젠더를 이런 방식으로 이해하는 일은 중요하다. 대부분 사람들이 객관적 실체로서 성의 개념을 가지고 있다는 강력한 믿음을 설명하는 데 큰 도움이 되기 때문이다. 일상에서 매일 반복적으로 젠더가 만들어질 때, 행위와 그 행위에 대한 우리 인식이 남성적·여성적 속성을 반영한다는 관념 또한 생겨난다(West and Zimmerman, 1987). 이런 의미에서 젠더 행하기 관점은 젠더가 마술처럼 기능한다고 주장한다. 젠더 성취는 인류가 두 개의 성으로 '자연스럽게' 분리된 것을 실행에 옮기고 있음을 보여준다. 또한 그런 것이 실제로 존재한다는 허상이 만들어지고 있음을 확인해준다. 성이라 불리는 것이 실체 없는 교묘한 속임수에 불과한데도 실제로 믿게 만든다는 점에서 그것은 마술과 같다.

젠더 행하기 관점에서 젠더 불평등의 존재는 어떻게 설명될까? 젠더란 설명 가능성을 수행하는 것이라는 주장 속에 남녀 불평등에 관한 설명이 자동적으로 내포된 것은 아니다. 학자들은 불평등을 할당allocation의 개념으로 설명한다(West and Fenstermaker, 1993). **할당**은 누가 무엇을 하는지, 누가 무엇을 얻거나 얻지 못하는지, 누가 계획을 세우는지, 누가 명령을 내리고 받는지를 결정하는 방식을 의미한다(West and Fenstermaker, 1993). 젠더 행하기 관점은 할당의 문제들이 포함될 때 젠더의 설명 가능성에 이의를 제기할 가능성이 더 커진다고 본다. 지위 특성 이론과 마찬가지로 젠더 행하기 관점도 여자는 남자와 다르고 남자보다 열등하다는 광범위하고 뿌리 깊은 믿음을 전제한다. 특히 할당과 관련된 문제들이 포함되면 이런 전제는 여자가 젠더로 설명 가능하게 되는 방식을 구체화한다.

할당은 일상 대화 속에서, 또는 집안일은 누가 하고 애는 누가 볼지를 결정하는 것과 같은 매우 단순한 상황에서나, 직장에서 남자 직원과 여자 직원에게 기대하는 것이 상이한 상황 등에서 중요해질 수 있다. 젠더 행하기 관점으로 행해진 한 연구에 따르면, 백인 중산층 남녀 간의 간단한 대화에도 할당이 존재한다. 그런 대화에서 할당된 특정한 일은 대화를 하다가 화제 하나가 시들해질 때쯤 다른 화제로 옮기는 것이다. 대화를 할 때 사람들이 어떤 방식으로 화제를 바꾸는지에 관한 연구는 가장 기초적이고 흔한 상호작용의 규칙(예를 들어, 대화를 하는 방법과 같은)에 대해 민속방법론 전통이 제기하는 의문에서 시작된다. 우리는 대화에서 다른 화제로 넘어가고 바뀌는 것을 매우 당연하게 여기지만, 민속방법론 학자들은 이런 일이 일어나는 방식과 이를 통해 사회생활의 어떤 측면이 드러나는지와 같은 상세한 정보에 관심을 둔다. 이들의 연구에 따르면, 대화에서 보통은 양쪽의 암묵적인 합의로 화제를 바꾸지만 때때로 한쪽이 일방적으로 바꾸거나 어느 한쪽이 단독으로 바꾼다.

대화에 관한 연구에 의하면, 일방적인 화제 변경은 늘 남자로부터 시작된다. 젠더 행하기 관점에서 이는 할당의 문제다. 즉, 두 사람 간 대화의 주제를 누가 결정하느냐에 관한 할당의 문제인 것이다. 화제를 변경함으로써 남자는 대화에서 젠더를 성취한다. 이는 특히 여자가 남성성과 별 관련이 없는 화제로 대화를 몰고 갈 때 분명히 드러난다(West and Garcia, 1988). 이처럼 사소한 방식으로 남자는 설명 가능한 남성성을 수행한다. 그뿐만 아니라 가정 내 TV 채널 결정을 두고 벌이는 다툼과 부부간 가사노동 분배 방식에서도 젠더 행하기가 수행된다. 이러한 사례들은 모두 특정 임무와 책임이 할당될 때 젠더 불평등이 어떻게 생겨나는지 보여준다.

제도적 또는 구조적 방법론들

다음 논의할 이론 두 가지는 젠더를 사회제도와 사회구조 안에서 살펴본다. 지금 우리가 시도하는 이론 개관 작업 전체를 대형 줌 카메라의 렌즈로 사물을 들여다보는 행위에 비유하면, 처음에는 렌즈를 극도로 클로즈업해 개인과 개인들 내면에서 벌어지는 일들을 들여다보는 것으로 시작한다. 그다음으로는 렌즈를 좀 뒤로 빼서 일군의 사람들과 그들이 행하는 상호작용을 보고, 마지막 단계에서는 렌즈를 더 뒤로 빼서 대규모 조직과 각종 사회가 하나의 큰 사회로 통합되는 방식을 들여다볼 것이다.

젠더화된 조직

젠더 이론이 발전되어온 과정을 연대순으로 살펴보면, 연구 초점을 조직에 맞추는 연구는 상대적으로 최근에 시작되었다. 앞서 나왔듯이, 영미-유럽 사회에서 제2 페미니즘 운동이 진행되는 동안 급진적 페미니즘은 젠더가 사회제도와 사회구조의 필수적인 부분이라고 주장했다. 그러나 사회구조가 젠더화된 방식으로 조직되는 현상을 체계적으로 분석하는 작업은 사회학에서 다소 늦게 시작되었다. 조앤 애커Joan Acker의 지적처럼, 이 작업은 젠더 중립적으로 보이는 조직의 운영 방식을 파고들어가 조직 내 존재하는 강력한 젠더 본성을 드러내는 것을 목적으로 한다(Acker, 1990). 흔히 거시 **구조적** 연구라고 불리는 이 연구는 초점을 개인 또는 개인 간 상호작용이 아닌 사회집단social aggregates에 맞춘다(Dunn, Almquist and Chafetz, 1993). 개인들이 **사회집단**을 구성하지만 사회집단은 집단 내 전체 개인의 총합 그 이상이 된다. 이는 어느 수준에서의 그룹, 조직, 제도는 더 이상 개개인의 총합으로 약분되지 않는다는 기본적인 사회적 민음을 반영한다.

거시적 젠더 연구방법론은 젠더가 개인들의 특성이나 그들 간 상호작용보다 큰 개념이라고 전제한다. 따라서 젠더는 사회집단의 일부로서 스스로 생명력을 갖는다. 젠더와 관련된 개별적 수준의 변수들은 대규모 구조적 과정의 산물이다. 젠더화된 조직gendered organization 연구방법론에서는 이를 조직이 젠더화된 개인을 만들어내고 젠더화된 상호작용을 구체화하는 것으로 본다. 젠더는 상향식(개인이나 상호작용에서 조직으로) 방식이 아니라, 하향식(조직에서 하부의 개인이나 상호작용 수준으로) 방식으로 작동한다.

조직이 젠더화되었다는 말은 정확히 무슨 의미일까? **젠더화된 조직**이라 함은 "유리함과 불리함, 착취와 지배, 행동과 감정, 의미와 정체성이라는 관념이 남자와 여자, 남성적과 여성적이라는 구분을 통해, 그리고 그러한 구분의 관점에서 정형화된"(Acker, 1990: 146) 조직을 말한다. 즉, 젠더로 인해 조직이 정상적으로 기능하고 조직의 중요 결과물도 젠더화된다는 것이다. 이런 관점에서 보면 젠더는 조직이 작동되는 방식을 잘 모를 때 이해 수준을 높이기 위해 추가적으로 습득하는 지식은 아니다. 조직에 관련된 모든 것은 이미 젠더화되어 있으므로 조직 내 젠더 중립적인 일 처리는 존재하지 않는다. 젠더는 조직의 기능에서 기본적이고 핵심적인 부분이다.

애커는 맞물린 다섯 개의 과정이 조직에서 젠더를 생산한다는 연구 결과를 내놓았다(Acker, 1990). 첫째, 조직은 물리적 위치, 권력, 행위에서 젠더 기준에 따른 분리를 만들어낸다. 예컨대 보통의 미국 헬스장에는 좀더 남성적인 곳으로 간주되는 공간과 덜 남성적인 곳으로 간주되는 공간이 분리되어 있을 뿐 아니라(체력 단련실[4] 대 에어로빅실) 탈의실도 남자용과 여자용으로 분리되어 있다. 둘째, 젠더화된 조직은 이런 분리를 지지 또는 반대하는 상징이나 이미지를 구축한다. 헬스장 벽에는 날씬한 여자 사진이나 근육이 발달한 남자 사진이 들어간 포스터가 붙어 있다. 이런 포스터를 보면 자연스레 운동을 해야겠다는 생각이 들게 된다. 여자는 날씬해지기 위해 헬스장에 다니고, 남자는 근육을 발달시키기 위해 다닌다는 생각이 더 강화된다. 셋째, 젠더화된 공간에서는 이러한 분리와 불평등을 강화하는 상호작용이 만들어진다. 체력 단련실이라는 젠더화된 공간에서 남자는 에어로빅실의 여자나 유산소 운동기구를 사용하는 여자와는 매우 다른 방식으로 상호작용할지도 모른다. 어쩌다 체력 단련실에 여자 한 명이 우연히 들어오면 그녀는 이곳을 자기가 들어올 데가 아닌 것 같다고 생각할 수도 있고, 그녀를 지켜보던 헬스장 직원은 무엇인가 도움

---

4 기구를 사용하지 않고 아령, 역기 등의 중량물을 스스로의 힘으로 들어 올리면서 자율적으로 웨이트 운동을 하는 공간이다.

을 주려 할지도 모른다. 마찬가지로 에어로빅 강습에 우연히 남자가 한 명 끼어 있다면 여자 수강생들은 그 남자가 강습생 중에서 에어로빅을 가장 못하는 사람이라고 생각할 수도 있다. 넷째, 젠더화된 조직은 한 사람의 정체성에도 영향을 준다. 체력 단련실의 남자들이 자신의 주위로 몰려들고 있음을 눈치챈 여자는 남자들이 웨이트 운동을 중단하라고 은근히 압박하는 것으로 느낄지 모른다. 이런 압박을 받으면 여자는 웨이트 운동이 자신에게 적절한 운동이 아니라고 생각할 수도 있다. 상호작용과 개별 정체성을 언급하는 세 번째와 네 번째 과정에서 젠더화된 조직이 하향식으로 영향을 미친다는 점을 기억하자. 이는 당신의 상호작용 방식과 젠더에 관한 내면 생각 모두에 조직 그 자체가 영향을 주는 것이다.

다섯째, 젠더가 사회구조를 만들어내고 강화하는 데 도움이 되는 방식이다. 이는 **조직 논리**organizational logic를 통해, 즉 조직의 기저에 자리 잡은 전제와 관행을 통해 생겨난다는 것이다(Acker, 1990). 헬스장이라는 조직이 젠더 차이를 전제로 구성된다면, 헬스장은 젠더를 조직 구조 내부에 구축하고 있는 셈이다. 헬스장의 조직 논리를 이해하려면 우선 헬스장 내부가 여러 개의 서로 다른 용도의 공간으로 나뉜 이유를 알아야 한다. 왜 대부분의 헬스장들이 체력 단련실을 웨이트 기구, 트레드밀treadmill, 자전거, 스테어 마스터stair master가 설치된 공간과 분리해놓았을까? 이런 공간은 보통 이러이러한 사람들이 이용한다고 전제된 젠더에 근거해(즉, 웨이트 운동은 남자들이 하는 운동이고 스테어 마스터는 여자들이 사용하는 기구라는 생각에 입각하여) 헬스장 공간을 분리하는 논리가 존재하는가?

젠더화된 조직 이론은 직장 내 젠더화된 역학gendered dynamics을 설명할 때 가장 빈번히 사용되어왔다. 조앤 애커의 연구는 젠더 중립처럼 보이는 직장의 조직 논리에 사실은 젠더가 엄청나게 개입되어 있음을 밝혀냈다(Acker, 1998, 1999). 이런 현상은 특히 직장 내 직무job와 직급에 관련된 영역에서 두드러진다. 기업의 조직 논리에 따르면 **직무**란 "조직에 명시된 지위에 요구되는 임무·능력·책임"(Acker, 1990: 149)을 말한다. 즉, 직무란 그 직무를 행하는 특정 개인이나 유형의 인물과 별개로 존재하면서 맡은 지위에 따라 주어진 일을 행하는 것을 의미한다. 직급이라는 개념도 조직 논리에 중요하며 여기에는 직무의 서열이 포함된다. 기업에서 직급의 필요성과 유용성에 의문을 제기하는 경우는 거의 없다. 그리고 직무와 마찬가지로, 실제 일하는 사람이 누구인지보다는 추상적인 차이점들을 근거로 삼는다.

직무와 직급은 젠더와 상관없는 추상적 범주로 여겨진다. 그러나 조직 논리는 고유한 직무를 완벽하게 수행하는 개인을 어떻게 설명할 수 있을까? 그 추상적인 개인은 아마 삶의 중심을 직무에 두면서, 자신과 다른 가족 구성원의 필요까지 챙겨주는 아내 또는 아내 역할을 하는 여자가 있는 남자 직원의 모습일 것이다(Acker, 1990). 이런 전제는 직급을 구성할 때도 해당된다. 시간과 에너지를 직장에 더 많이 쏟는 사람이 그렇지 않은 사람보다 직급이 더 높다는 주장은 논리적으로 맞다. 또한 이 주장은 직장에 더 헌신적인 남자 직원이 직장이라는 조직에서 더 선호되고 있음을 보여준다. 직무와 직급에 관한 조직 논리가 젠더의 영향을 받는다는 점에서 보면 기업 논리를 구성하는 '젠더 중립' 요소들은 내재적으로 젠더화되어 있음을 알 수 있다. 젠더와 조직에 관련된 후속 연구들은 캘리포니아주 실리콘밸리의 첨단 기술 업체(Baron, Hannan, Hsu and Kocak, 2007)가 신청한 특허권 승인에서나(Bunker Whttington and Laurel, 2008), 심지어는 유엔 같은 조직에서까지(Keaney-Mischel, 2008) 이러한 조직 논리가 어떻게 작동하는지 밝혀내고 있다.

동종애: 젠더를 사회 연결망 방법론으로 이해하기

젠더화된 조직 이론처럼 연결망 방법론을 이용한 젠더 연구 또한 사회 구조를 중요한 연구 대상으로 삼는다. 그중 상이한 유형의 사회집단, 즉 사회 연결망은 주 연구 대상이다. 지위 특성 이론과 마찬가지로, 연결망 이론은 사회학의 일반적인 이론을 통해 젠더의 작동 방식을 과학적으로 입증하려 한다. 연구의 초점을 사회구조에 둔 연결망 이론은 개인적·상호작용적 이론과는 매우 다른 방식으로 젠더를 개념화한다. 연결망 이론은 젠더, 인종, 종교, 나이 등과 같은 개인의 특정 자질을 연구하는 것이 아니다. 연결망 이론에서 개별 행위자는 단순히 다른 행위자와의 관계로 이해된다. 따라서 사람들은 "동일하게 부여받은, 다른 것으로 교체할 수 있는 접속점node"(Smith-Lovin and McPherson, 1995)이다. 개인을 단순히 교체 가능한 교점이라고 생각하는 것은 이상하게 느껴질 수 있다. 그러나 연결망 이론가들에게는 개인과 연결된 다른 사람들, 그리고 그들과 연결된 방식을 이해하는 일이 한 개인의 특성을 이해하는 것보다 더 중요하다. 그런 측면에서 젠더는 여자와 남자가 끼워넣어진 사회적 관계의 산물이다. 우리가 남성적이거나 여성적인 것으로 인식하는 행위와 자질이 실제로는 특정한 사회 연결망에서 우리가 어디에 위치하느냐에 따라 생겨나는 것이다.

젠더를 이런 식으로 이해하기 위해서는 우선 연결망에 관한 기본 개념 몇 가지를 알 필요가 있다. 연결망 이론가들은 연결망 속 **자아**ego(또는 중심이 되는 사람)와 **타자**alters(또는 다른 사람들)의 관계라는 관점에서 연결망을 이해한다. 이론가들은 자아와 타자 사이의 구체적 관계들을 연구할 때 사회 내 총체적·동시적 연결망이 아닌 **자아 중심적 연결망**ego network에 초점을 맞춘다. 자아 중심적 연결망은 규모size, 밀도density, 이질성hetero-geneity이라는 세 가지 특징을 갖는다(Smith-Lovin and McPherson, 1995). **규모**는 연결망에서 한 명의 개인과 연결된 타자의 수를 의미한다. **밀도**는 연결망에서 타자들이 상호 연결된 정도를 의미한다. 고밀도 연결망에서는 개인 한 명과 연결된 수많은 타자들이 그들끼리도 서로 연결된다. 사회 연결망에서 **다양성**diversity은 우리가 수많은 행동 영역에서 다양한 사람들과 접촉하고 있다는 것을 의미한다. 연결망이 다양하면 수많은 별개의 소식통에서 정보를 얻을 수 있다는 좋은 점이 있다. 또한 연결망 이론가들은 연결망의 구조를 이용해 연결망을 설명한다. 연결망 구조에 관한 연구방법 중 한 가지는 연결망에 어떤 유대 관계가 존재하는지, 아니면 아예 유대 관계가 존재하지 않는지를 살펴보는 것이다. 즉, 어떤 지점이 유대 관계로 채워져 있고 어느 지점이 텅 비었는지를 따져본다.

연결망 구조를 살피는 것은 젠더 논의에서 특히 중요한데, 이를 위한 방법론 중 하나가 동종애homophily 개념을 이용한 것이다. **동종애** 개념은 연결망 이론뿐 아니라 사회학에서도 널리 쓰이는 기본 개념이자 과학으로서 사회학이 말하는 몇 안 되는 자명한 진리 중 하나다. 사람들에게 보편적으로 해당된다고 보이는 것을 우리는 무엇이라고 부를 수 있을까? 연결망에는 **동종애적**homophilous 경향이 존재하는 듯 보인다. 이는 "유사한 접속점이 상이한 접속점보다 관계를 가질 가능성이 더 크다"(Smith-Lovin and McPherson, 1995: 228)는 것을 의미한다. 자신이 다른 것으로 교체 가능한 접속점 중 하나라는 사실은, 자신과 비슷하지 않은 사람보다는 비슷한 사람과 관계를 형성할 가능성이 더 크다는 것을 의미한다. 남자가 누군가와 야구 이야기를 할 때 여자보다 남자와 이야기할 가능성이 더 크다면 두 남자의 관계(야구 이야기를 하는 것)는 동종애적이라고 할 수 있다.

개인의 선택으로 생겼는지와 상관없이 동종애는 하나의 개념으로 사용되지만, 동종애를 한 개인이 접하는 사람들의 종류에 관한 것으로 보는 연구도 있다. 따라서 어느 특정 연결망을 동종애적이라고 부르는 것은 한 개인이 자신과 비슷하지 않은 사람을 좋아하지 않는다는 의미라기보다는, 비슷하지 않은 사람들과의 관계 형성을 어렵게 만드는 방식으로 사회가 구성되어 있음을 반영한다. 연결망 이론가들에 따르면, 동종애 개념에는 젠더가 여성과 남성의 사회 연결망에 영향을 주는 방식에 관한 중요한 의미가 함축되어 있다. 어린 시절 연결망의 유형과 삶의 경험에서 남자아이와 여자아이 간 처음의 작은 차이가, 나중에 성인이 되었을 때 서로 매우 다른 사회 세계를 형성하는 결과를 만들어낸다는 것이다(McPherson, Smith-Lovin and Cook, 2001; Smith-Lovin and McPherson, 1995).

> **Question**
> 여러분의 삶 중 어느 측면이 동종애적 연결망을 형성하는 데 기여할까? 예를 들어, 여러분이 자란 곳이나 지금 사는 곳은 얼마나 다른가? 학교를 다니거나 직장을 다니는 곳은 어떤가?

이 과정을 이해하려면 남자아이와 여자아이의 어린 시절 경험을 조사해야 한다. 학교에 들어갈 때쯤 아이들은 놀이 양상에서부터 동종애를 드러낸다. 게다가 여자아이들은 남자아이들보다는 소규모로 노는 경향을 드러낸다. 왜 그런지는 논의를 통해 밝히겠지만, 일단 연결망 이론가들은 여기에 아주 중요한 의미가 숨어 있다고 주장한다. 일반적으로 아이들은 자신의 친구 그룹 또는 연결망에 이성보다는 동성을 넣는 경향이 있다고 한다. 여자아이들은 남자아이들보다 친구로 지내자는 제의를 하거나 받는 경우가 대개 더 적다고 한다. 이러한 두 역학의 결과로 아이들 사이에서 젠더가 분리되고gender-segregated, 여자아이들보다는 남자아이들 사이에 더 크고 다양한(이종 혼합적) 연결망이 형성된다(McPherson et al., 2001).

다음으로, 연결망 이론가들은 개인의 지식과 연결망의 연관성이 생겨나는 중요한 방식에 주목한다. 이론가들은 주변 세계에 관한 지식이 개인이 속한 관계에 근거한다고 주장한다. 남자아이들과 여자아이들은 젠더가 분리된 그들의 연결망 안에서 점차 다른 유형의 지식을 접하게 된다. 이런 식으로 연결망이 조직화되면 시작 단계의 남자아이들과 여자아이들 사이의 미미한 차이가 점점 더 중요한 것이 되기 시작한다. 남자아이들과 최신 비디오 게임 이야기를 하면서 대부분의 시간을 보내는 남자아이는 여자아이들의 〈하이 스쿨 뮤지컬: 졸업반High School Musical III〉[5] 이야기에 끼어들기가 힘들 것이다. 어린 남자아이들이 그 영화를 잘 모르는 것이 남자아이들과 여자아이들 간의 진정 중요한 차이처럼 보이기 시작할 것이다. 이 차이는 살면서 소속되는 연결망이 달라짐에 따라 한층 더 강화된다. 연결망 이론가들은 젠더가 궁극적으로 아동기 때 젠더가 분리된 집단에서 보낸 시간이 만들어낸 결과라고 주장한다. 남자아이들과 여자아이들이 소속된 연결망의 구성 요소, 규모, 이질 혼합성이 젠더 차이를 생산한다.

연결망 내의 이런 차이는 아동기를 지나서도 오래 지속된다. 연구에 따르면, 남자와 여자의 연결망 규모는 대개 비슷하지만 여자의 연결망은

---

5 월트 디즈니사가 제작해 2008년에 개봉한 뮤지컬 형식의 로맨틱 코미디 영화이다. 졸업을 앞둔 10대 남녀 고등학교 학생들의 우정과 사랑, 졸업 후 펼쳐질 삶에 대한 기대와 희망, 두려움 등을 묘사하고 있으며 미국의 10대 관객, 특히 10대 여자 관객들에게 상당한 인기가 있었다.

주로 가족이나 친족과의 유대 관계로 이루어져 있다고 한다(Ibarra, 1992; Marsden, 1987; McPherson et al., 2001; Wellman, 1985). 동종애는 성인이 될 때까지도 연결망의 중요한 특징으로 남아 있다. 젠더에 따른 동종애도 마찬가지다. 친족이나 이웃과의 관계가 더 많은 여자들의 연결망은 인종적·민족적·종교적으로 덜 이질적이지만, 연령이나 성과 관련해서는 더 그렇다. 살아가면서 겪는 사건들도 여자들의 연결망 특성에 큰 영향을 준다. 한 연구에 따르면 아이가 있는 여성은 양육 책임의 증가로 동성과 이성이 함께 포함된 관계가 크게 축소된다고 한다(Wellman, 1985).

몇몇 학자들은 양육 책임의 증가와 연결망 내 높은 친족 비율로 축소된 여자의 연결망은 일의 영역에서 별로 유용하지 않다고 주장한다(Campbell, 1988; Ibarra, 1992; McPherson et al., 2001). 여자의 연결망에 돌아다니는 정보는 구직이나 승진에 도움이 안 될 가능성이 크다. 이는 친족 연결망의 특징인 고밀도성과 지역성 때문이다. 어머니, 아버지, 언니, 동생들은 서로 가까운 곳에서 연결되어 있어 한 지역에서 일어나는 일들을 공유할 가능성이 크다. 저밀도 연결망에는 중복되는 구성원들이 거의 없기에 상이한 소식통에서 얻은 상이한 정보를 가질 가능성이 많다. 여자들이 소속된 조직의 수가 남자들이 소속된 조직의 수보다 적기 때문에 젠더 차이는 조직 연결망에도 존재한다(Booth, 1972). 더구나 여자들이 소속된 조직은 일과 관련된 활동이 아닌 사회적·종교적 활동을 중심으로 조직되어 있다(McPherson and Smith-Lovin, 1986; McPherson et al., 2001).

연결망은 아동기와 학령기 때 젠더화된 양식으로 시작된다. 일단 이런 양식의 연결망이 시작되면 그 연결망은 일평생 계속된다는 것이 연결망 학자들의 주장이다. 우리는 연결망 내 우리가 차지하는 공간의 산물이기 때문에 이러한 연결망은 젠더 생산에서 중요한 기능을 한다는 것이다. 우리 삶의 대부분을 바치는 관계는 우리의 역할을 결정한다(McPherson et al., 2001; Stryker, 1987). 여자들은 직장 동료들이 아닌 친족들과 관계된 역할을 수행하는 데 더 많은 시간을 쓴다는 것이 직장 동료보다는 주로 친족들로 구성된 여자들의 연결망 속성이다. 연결망 이론은 여자가 노동자, 전문가, 직장 간부로서가 아닌 어머니, 딸, 언니(누나 또는 여동생)로서 더 많은 시간을 쓸 것이라고 예측한다(Smith-Lovin and McPherson, 1995). 반면 연결망에 직장 동료나 조직의 구성원을 더 많이 포함하는 남자는 비친족 역할을 수행하는 데 더 많은 시간을 쓸 것이다. 젠더라는 경험은 사실 우리가 끼워넣어져 있는 관계 연결망의 산물이다. 이런 관계의 연결망은 어린 시절 우리가 소속된 바로 그 첫 번째 연결망에서 시작되었다.

연결망 이론은 불평등을 설명한다. 연결망은 건강이나 재물 같은 삶의 기본 조건에 전반적으로 영향을 주기 때문이다. 흥미롭게도 여자와의 유대 관계는 남자의 건강은 물론이고 여자의 건강에도 도움이 된다(House, Umberson and Landis, 1988). 아내를 잃은 홀아비들(상처한 남편들)의 정신적·신체적 건강은 급속도로 나빠진다. 여자들은 친족으로 가득한 연결망에서 남자들보다 사회적 지원을 많이 받기 때문에 남자들보다 건강을 더 챙길 수 있다. 그렇지만 여자들에게는 챙김을 받는 역할뿐 아니라 다른 사람을 챙겨주는 역할도 기대된다(Smith-Lovin and McPherson, 1995). 또 여자들의 사회 연결망은 건강 면에서 많은 도움을 주지만, 경제적 면에서는 그렇지 않다. 여자들에게는 구직과 승진에 중요한 역할을 하는 광범위한 비친족 연결망이 없다는 의미다(Granovetter, 1974). 로사베스 모스 캔터Rosabeth Moss Kanter는 기업에서 근무하는 여자들을 연구한 후, 여자들이 직장 생활을 잘하려면 여자들을 위한 연결망이 반드시 있어야 한다는 결론에 도달했다(Kanter, 1977).

캔터의 연구에 따르면, 회사 내에서 동일한 업무를 하더라도 남자와 여자는 서로 다른 유형의 연결망을 가졌을 가능성이 있다. 남자 직원은 남자 상사나 남자 고객과 쉽게 가까운 친구가 될 수 있으며, 남자 직원은 퇴근 후에 직장 동료들과 어울릴 수도 있다. 그리고 이렇게 형성된 관계 덕분에 고객들이 동료 여자 직원보다는 이 남자 직원에게 더 많이 몰릴 수 있다. 학력과 경력이 비슷한 여자 동료의 연결망에는 대개 직장 동료들이 거의 포함되지 않을 수도 있다. 직장 동료들이 포함되었다고 해도 대부분은 여자일 것이고 그 수도 얼마 안 될 것이다. 직장에서는 연결망이 여자들에게 일종의 결점으로 작용해 남자들처럼 성공하기가 더욱 어려워진다. 따라서 남녀 간 연결망 차이는 남녀 사이에 존재하는 불평등을 설명해준다.

교차적 페미니즘 이론intersectional feminist theory

지금껏 젠더 연구와 관련된 여러 이론을 논의했지만 해소되지 않은 의문은 여전히 존재한다. 이것이 나쁜 것만은 아니다. 좋은 이론이란 기존의 의문을 해소하면서 또 다른 의문을 제기하기 때문이다. 최근에 젠더를 연구하는 사회학자들은 젠더 이론화 작업과 관련해 두 개의 의문점을 가지고 있다. 첫째, 차이를 만들어내는 다른 범주들, 즉 인종, 사회 계급, 섹슈얼리티 등을 젠더 이론이 어떤 식으로 다루는지에 관한 의문이다. 둘째, 우리가 이 모든 다양한 이론들로 무엇을 하려는가에 대한 의문이다. 우리가 이미 확인했듯이, 이러한 이론들은 최소한 서로 상반된 것을 주장하는 듯 보인다. 게다가 젠더란 무엇이며 어떻게 작동하는지와 같은 문제를 매우 상이한 질문들에 답하는 방식으로 연구하고 있다. 그렇다면 이론들 간 차이와 모순에 얽매이지 않고 이론들을 활용할 수 있는 방법은 무엇일까?

첫 번째 의문은 새로운 것이 아니다. 앞서 살펴봤듯이, 여성운동이 전 세계에서 시작되었을 때부터 존재했다. 이 의문은 페미니스트와 젠더 이론가가 다른 유형의 정체성은 모두 배제한 채 오로지 젠더에만 초점을 맞춰 연구하는 경향과 관련이 있다. 지금껏 여러 이론들을 논의하면서 우리는 여기에 관심을 가졌을 수도, 가지지 않았을 수도 있다. 어쨌든 그 이론들은 젠더를 우리가 소속되는 기타 여러 정체성들과 지위로부터 분리했다. 젠더는 인종, 민족성, 나이, 사회 계급, 섹슈얼리티 같은 지위와 분리되어 고려된다. 필자가 앞서 설명한 대로 이 이론들은 젠더를 삶이라는 매우 복잡하고 정리되지 않은 것에서 쏙 집어내어 원시적 상태에서 연구가 가능한 그런 것으로 전제한다. 젠더를 정말 그런 식으로 연구할 수 있을까? 우리는 그저 상호작용을 하는 '사람'일 뿐일까? 아니면 우리 또한 항상 인종화, 계급화, 성애화sexualized되어 있을까?

미국에서 페미니즘 운동이 시작하던 바로 그때부터 소저너 트루스 같은 여성들이 던진 질문이 바로 이것이었다. 소저너 트루스는 한 연설에서 이에 대해 호소력 있게 질문했다. "나는 여자 아닌가?" 트루스는 여자 노예로서의 자신의 삶을 참정권 운동을 조직하는 부유한 백인 여성의 삶과 비교한 후, 자신처럼 고된 육체노동을 하는 여성이 존재하는 현실에서 여성다움womanhood이 어떻게 연약함이나 수동성이라는 단어로 정의될 수 있는지 의문을 제기했다. 흑인 여자 노예였던 트루스의 삶과 특권적인 백인 여자의 삶에 공통점이란 없다. 그런데도 이들을 똑같이 여성이라고 부를 수 있을까? 소저너 트루스, 벨 훅스, 안젤라 데이비스Angela Davis, 퍼트리샤 힐 콜린스Patricia Hill Collins, 로절린다 멘데스 곤살레스Rosalinda Mendez Gonzalez, 맥신 바카 진Maxine Baca Zinn 같은 유색인종 여성들과 노동계급 여성들은 오랫동안 계속 이러한 질문을 해왔다.

특히 제2 페미니즘 초기부터 이 질문은 섹슈얼리티 정체성 문제와 연관되기 시작했다. 여성운동 기간에 페미니스트들이 레즈비언으로 인식되면서 페미니즘 운동의 대의가 손상된다고 믿는 이성애 여성들의 비판에 직면한 레즈비언 여성들은 주변으로 밀려나가는 느낌을 받았다. 이와 더불어 재생산권reproductive rights 같은 여성운동의 몇몇 이슈들은 레즈비언보다 이성애 여성에게 맞춰져 있었다. 유색인들이 제기했든, 노동계급 사람들이 제기했든, 아니면 게이들과 레즈비언들이 제기했든, 사람들을 분류할 때 사용하는 '여성'과 '남성'이라는 범주가 진정 모든 사람의 다양한 경험을 반영할 수 있는지에 대한 의문에는 두 가지 문제가 포함되어 있다. 이 문제들은 서로 별개지만 우리의 과제인 젠더 이론화 문제와 깊이 연결된다.

먼저 페미니스트들과 사회과학자들은 인종, 계급, 성적 지향, 기타 정체성들을 한데 아울러 이론으로 통합하는 방법을 19세기 이래로 여전히 고안하지 못하고 있는데, 첫 번째 문제가 그 이유의 일정 부분을 다루고 있다. 다수의 학자들은 그 문제의 답으로 젠더 이론화 과정의 대부분에 백인·중산층·이성애자의 편견이 명백히 존재하기 때문이라고 꼽았다(West and Fenstermaker, 1995). 편견은 이론화를 시도하는 학자들에게도 존재하고 학자들의 이론화 작업에도 존재한다. 먼저 다양한 요인으로 젠더를 이론화할 권력과 지식을 소유하고, 그렇게 개발된 이론을 통용시킬 수 있는 사람들은 그들이 속한 인종, 국적, 계급, 성적 지향 측면에서 특권적 지위에 있다고 할 수 있다. 벨 훅스에 따르면, 성차별주의의 가장 큰 회생자인 여성들은 체계에 대해 의문을 제기할 가능성도 가장 적다(hooks, 1984). 우르타도Aida Hurtado는 페미니즘 이론과 젠더 이론 대부분이 대학에서 만들어졌다는 사실에 관심을 가졌다(Hurtado, 1989). 저소득층과 소수 인종 사람들이 대학에 몸을 담거나 대학에서 권력 있는 자리에 오르는 일(예를 들어, 젠더 연구 논문을 간행하는 학술지의 편집자)이 여전히 힘든 상황에서 젠더 이론을 다루는 출판물에 그들의 입장이 반영되어 있지 않다는 것은 놀라운 일이 아니다.

끝으로, 이론가들은 젠더를 이론화하는 사람들이 그들만의 편견을 가졌다고 지적한다(Collins, 1990; Davis, 1971; Hunt and Zajicek, 2008; Lorde, 1984; Moraga and Anzaldúa, 1981; Rupp, 2006; Zinn, Canon, Higginbotham and Dill, 1986). 페미니스트들과 사회과학자들 자체가 인종차별주의자, 계급차별주의자, 동성애 혐오자들이라는 것이다. 이런 편견은 그들이 스스로의 경험이 다른 사람들의 경험과 동일하다고 전제하게 만든다. 시인 에이드리엔 리치Adrienne Rich는 이를 '백인 유아론white solipsism'(Rich, 1979)이라고 불렀다. 그러므로 계급차별주의, 인종차별주의, 동성애 혐오는 백인·중산층·이성애자 여성들이 자신의 흰 피부색, 중산계급 지위, 이성애 지향이 세계를 가장 정확하게 묘사한다고 가정할 때 작동한다(Rich, 1979). 젠더 이론화가 이처럼 다른 지위들을 고려하지 못하는 이유에 대한 설명들 중 어느 것도 그러한 요소들이 합쳐져 전체 편견을 만들어낼 가능성을 배제하지 않는다. 그것들은 또한 이런 의문이 왜 페미니스트들과 사회학자들의 골머리를 계속 썩이는지에 대한 설명도 가능하게 한다.

젠더 이론가들이 다른 정체성들을 어떻게 다루어야 하는가라는 의문에서 나온 두 번째 문제는 다음과 같다. 지금 우리는 무엇을 하고 있는가? 지금은 과거 이 질문에 답하는 것을 어렵게 만들었던 역학 관계를 어느 정도 이해하는 상황이라면, 서로 다른 여성과 남성의 그 다양한 경험을 정확하게 기술하는 이론을 어떻게 발전시킬 수 있을까? 이 질문은 앞서 전 세계적인 페미니즘을 논의할 때 제기된 두 번째 질문과 연결되어 있으며, 그것과 똑같이 중요한 질문이다. 젠더에 관한 이론화가 가능하기는 한가? 아니면 젠더에 관한 다양한 경험들은 공존이 어려워 통합이 불가능할까? 예를 들어, 여성들에게 무조건 중요한 이슈들 중 전 세계 여성들이 동의할 수 없는 것이 하나라도 있다면, 여성운동에 관한 논의는 의미가 있을까? 아니면 우리는 항상 더 구체적인 상황(인도의 하층 카스트 계급 내 힌두교도 여성들의 여성운동과 대척점에 있는 중산계급 백인 미국 여성들의 여성운동 등)을 다루어야 할까? 시간과 장소를 통틀어 젠더 경험과 유사한 것이 하나도 없는 상황에서 젠더를 다루는 교재를 저술하려는 노력이 의미가 있을까?

매우 중요하고도 무척 어려운 질문이라 답하기가 겁난다. 그렇다고 책을 내팽개치고 쉬운 문제로 넘어가지는 말자. 감사하게도 젠더 학자들은 계속 이 문제를 생각했고, 여러 답을 개발해왔다. 우리가 무엇을 하고 있는지, 차이를 만들어내는 다른 중요한 범주들과 함께 젠더를 생각하는 방법이 무엇인지에 대해서 말이다. 다음 논의에 나오겠지만, 좀 더 정교하고 포괄적인 젠더 분석에 관한 연구는 계속 진화할 것이다.

다중 의식, 그리고 교차성의 교차 모형

사회학자 퍼트리샤 힐 콜린스는 다중 정체성에 대한 사고방식을 공식화하는 연구에서 기존의 교차성intersectionality 모형 기저에 철회해야 할 두 개의 전제가 있다고 주장했다(Collins, 1990). 첫째, 이분법 또는 상반성의 기저에 존재하는 믿음이다. 우리는 흑인 또는 백인, 남자 또는 여자, 이성애자 또는 동성애자에서 둘 중 하나만 될 수 있지 동시에 둘 다가 될 수는 없다. 이들은 이분법적인 상태로 존재한다. 이분법적인, 즉 이것 아니면 저것이라는 사고방식에 억압받는 자와 억압하는 자, 특권을 가진 자와 그렇지 못한 자라는 관념이 추가되면 문제가 생긴다. 젠더의 측면에서 미국의 히스패닉 남성은 특권의 위치에 있지만, 민족적 측면에서는 억압받는 자이다. 이 남자의 지위는 억압받으면서 억압하는 자가 되는데, 이는 개인이 하나의 범주에만 속한다는 수학적 모형의 전제를 무효로 만든다.

둘째, 이러한 이분법적인 차이에 의미 있는 서열 체계를 부여할 수 있다는 생각이다(Collins and Andersen, 1993). 남자가 여자보다 우수하고, 백인이 아시아인보다 우수하며, 이성애자가 동성애자보다 우수하다는 인식은 범주를 양적 요소로 설명할 수 있다고 전제한다. 등수에는 논리적이며 수적인 순위가 포함되어 있기 때문이다. 남자의 등수를 여자보다 높게, 백인의 등수를 아시아인보다 높게 매길 수 있다면 틀림없이 다른 모든 정체성에도 등수를 매길 수 있을 것이다. 그러나 콜린스가 지적하듯, 이런 전제는 일단 각 정체성에 속한 실제 사람들을 생각하기 시작하면 와해된다(Collins, 1990). 흑인 여성인 콜린스는 젠더와 인종 때문에 많이 억압받았는지 질문을 받곤 했는데, 그럴 때마다 이러한 질문은 그녀에게 본질적으로 "자신을 여러 작은 상자에 나눠 담은 뒤 각각에 담긴 지위에 등수를 매길 것을"(Collins and Andersen, 1993: 71) 요구한다고 설명한다. 그녀가 실제로 경험한 억압은 이것 아니면 저것이라는 식의 이분법적 또는 상반적 사고로 설명될 수 있는 것이 아니었다. 그녀의 표현에 따르면, 편리하게 자신을 분리해서 정체성이라는 이름의 작은 상자들에 담을 수 없는, '이것도 그리고 저것도'라는 방식으로 설명되어야 하는 것이다.

여러분이 속한 여러 정체성 중 특권적 정체성과 그렇지 않은 정체성의 목록을 각각 만들어보자. 이처럼 서로 모순된 정체성들은 '이것 또는 저것'의 선택처럼 생각되는가? 아니면 이것과 저것 둘 다의 선택처럼 생각되는가? 이처럼 다양한 정체성은 여러분의 삶에서 어떻게 상호작용하고 있는가?

두 전제가 갖고 있는 문제들을 극복하기 위해 교차하는 정체성이라는 사고 모형이 개발되었는데, 여기에는 서로 맞물리는 정체성이라는 은유가 자리 잡고 있다. 이를 **다중 의식**multiple consciousness이라고도 부르는데, 이는 "교차하면서 상호 의존적인 억압 체계"(Ward, 2004: 83)의 중심에 있는 개인의 위치에서 발전된 사고방식이다. 이 관점은 어떤 지배 체계를 다른 지배 체계보다 더 중요하거나 근본적인 체계로 인식하는 경향을 수정하는 데 목표가 있다. 젠더, 인종, 계급, 성적 지향은 개인들이 동시에 경험 가능한 구체적인 사회구조로 인식되어야 한다. 다중 의식은 우리 자신을 분리해서 젠더, 인종, 계급, 성적 지향이라는 작은 정체성 상자에 집어넣으라고 요구하는 것이 아니라, 이런 정체성들이 상황에 따라 역동적으로 상호작용한다는 사실을 인정하라는 것이다.

다중 의식이 다양한 형식으로 표출된다는 생각에는 네 가지 전제가 있다. 첫째, 인종, 계급, 젠더, 성적 지향과 같은 정체성들이 사회구조로 기능한다는 것이다. 학자들은 사회구조 내 정체성들을 지배 기반matrix of domination이라 부른다. **지배 기반**이란 인종, 계급, 젠더, 성적 지향의 사회구조가 함께, 그리고 서로를 통해 기능하므로 개인은 자신들이 차지한 고유한 사회적 위치location에 따라 이러한 범주를 서로 다르게 경험한다는 것을 의미한다(Zinn and Dill, 1996).

즉, 우리가 속한 여러 정체성들과 그것들이 교차하는 고유한 방식에서 젠더를 완전히 분리하는 것은 불가능하다는 것이다. 더욱이 지배 기반은 인종이 하나의 사회구조로서 젠더, 계급, 성적 지향을 필요로 하는 것처럼, 젠더도 인종, 계급, 성적 지향이라는 사회구조의 작동을 필요로 한다고 전제한다. 가령 하층계급의 종속은 젠더의 사회구조를 통해 작동된다. 젠더와 관련된 중요한 함의를 담은 가정주부라는 개념은 계급과 인종 차이를 강화하는 도구로 사용된다. 이는 가난한 여성들과 유색인종 여성들이 상층계급 여성들과 백인 여성들처럼 집 밖에서 일하지 않고 가정주부로만 사는 것이 불가능한 현실에서 분명히 드러난다. 이처럼 완벽한 가정주부상에는 젠더, 계급, 인종적 함의가 들어 있기 때문에, 이들 사회구조 중 어느 하나라도 빠진다면 완벽한 가정주부상이 영미-유럽 사회에서 어떤 방식과 이유로 발전되어왔는지를 제대로 이해할 수 없게 된다.

둘째, 이러한 사회구조들은 서로 맞물려 있고 동시 발생적이라는 것이다. 이는 여러 다양한 지위를 추가적이거나 배가적인 것으로 인식하는 사고를 거부하고, 맞물린 순환 고리로서 경험을 바라보는 사고 모형을 선호한다는 뜻이다. 우리는 늘 인종, 젠더, 성적 지향이라는 경험의 순환 고리 안에 있으면서 이 모두를 동시에 경험할 수 있다. 고리 하나의 움직임이 어떻게 다른 고리의 움직임에 영향을 줄 수 있는지 생각할 수 있다는 점에서 이 사고 모형은 무척 역동적이다(West and Fenstermaker, 1995). 이 사고 모형은 억압이 여럿일 때 그 순위를 매길 수 있거나 매겨야만 한다는 생각, 한 억압에 다른 억압을 추가할 수 있거나 추가해야 한다는 생각에서 벗어나게 해준다. 서로 맞물리는 사고 모형에서 보면, 순위를 매기거나 억압을 추가하는 것은 불가능하다. 시간이 충분하지 않아 각 범주들을 일일이 분리하기가 불가능하기 때문이다. 다중 의식 이론은 학자들을

'이것 아니면 저것'이라는 이데올로기로부터 탈출하게 해준다. 셋째, 차이를 만들어내는 범주들이 서로 맞물리고 동시 발생적인 탓에 범주들은 억압과 특권 모두를 만들어낸다는 것이다. 정체성들은 복합적으로 상호작용하기 때문에 억압을 받는 것과 특권을 가지는 것이 둘 다 가능하다.

넷째, 인종, 계급, 젠더, 성적 지향과 같은 정체성들이 사람들의 실생활에서 어떻게 작동되는지 전수 검사full examination를 할 수 있게 해준다는 것이다. 이는 다중 정체성들 간 관계의 개념화보다 이 연구방법론의 함의와 더 많이 관련된다. 개인의 실제 체험을 기록한 자서전과 비망록memoirs은 때로 여러 정체성 간 상호작용에 관한 가장 훌륭한 기록물이 될 수 있다. 다중 의식 이론가들은 이 같은 방법론을 사용하면 관계와 역동성이 가진 이러한 복합성을 강조하는 데 특히 도움이 된다고 주장한다.

몇몇 이론가들은 서로 맞물린 억압 체계 연구를 좀 더 진전시킨 후에 기본 전제를 살짝 다른 방향으로 틀었다. 앞서 살펴본 젠더 행하기 이론은 인종적·계급적 정체성이 상호작용에서 어떻게 기능하는지 설명하기 위해 사용된다. 이는 젠더처럼 인종과 계급 또한 역동적인 상호작용 속 설명 가능성 개념을 발판 삼아 생산된다는 뜻이다(West and Fenstermaker, 1995). 인종도 젠더처럼 생물학적인 실체가 없다. 인류학자, 생물학자, 그리고 타 분야의 과학자들은 인종이 생물학적 범주가 될 수 없음을 오랫동안 입증해왔다. 하지만 사람들은 인종이라는 범주가 있고 그것을 통해 사람들을 쉽게 분류할 수 있다는 확신을 바탕으로 인종 범주화 작업을 계속해왔다. 게다가 사람들이 자신의 인종에 어울리는 방식으로 행동하지 않을 때 불안해하는 사람들이 많다는 사실은 설명 가능성을 입증하는 매우 중요한 증거다. 백인이 '흑인처럼 행동할 때' 언짢을 수 있다. 차이 행하기 doing difference 관점에서 이는 설명 가능성이 인종에도 적용된다는 증거가 된다. 계급과 관련해 특정 형식의 제복uniform이 널리 보급되는 현상은 계급의 수행 속성을 보여주는 좋은 증거다. 캔디스 웨스트와 세라 펜스터메이커Sarah Fenstermaker는 집주인 가족들이 바닷가로 바람을 쐬러 갈 때 제복을 입고 수발을 들라는 지시를 받은 어느 여자 가정부의 사례를 들었다(West and Fenstermaker, 1995). 제복을 입지 않았더라면 바닷가에서 수발을 들던 다른 집 가정부들이 그녀의 계급과 신분을 쉽게 알 수 없었을 것이다. 즉, 그 가정부는 가정부로서 설명 가능하지 않았을 것이다. 젠더·인종·계급을 상황에 따른, 계속 진행 중인 수행으로 인식하면 그것들이 어떻게 동시 발생적으로 '행해지는지' 쉽게 알 수 있다.

킴벌리 크렌쇼Kimberle Crenshaw가 교차성이라는 사고 모형을 이용해 미국 사법제도 내 흑인 여성들의 상황을 독창적으로 연구하기 시작한 지도 20여 년이나 지났지만, 학자들은 아직도 교차적 연구방법론이 정확하게 무엇을 의미하는지 밝혀내지 못했다. 하나의 분석 틀로서 교차성은 동일성과 차이, 권력과의 관계를 이해하는 하나의 사고방식이다(Cho, Crenshaw and McCall, 2013: 795). 교차적 연구방법론은 "범주가 고정된 것이 아니라 유동적이고 변화 중인, 그리고 권력의 역학으로 인해 항상 만들어내고 또 만들어지는 과정 속에 있는, 타 범주가 계속해서 스며드는"(Cho, Crenshaw and McCall, 2013: 795) 것으로 인식된다. 교차적 연구방법론이 권력의 범주 개입 방식에 주목한다는 사실은 특히 중요하다.

모든 이론 합치기: 통합적 이론들

필자는 2장을 시작하면서 젠더 이론을 배우면 실생활에서 젠더의 역할을 이해하는 데 도움이 된다고 말한 바 있다. 젠더 이론은 물론 사회학 이론도 어느 정도 이해하게 된 지금, 이런 지식들의 유용성에 약간의 회의를 느낄 수도 있다. 지금까지 배운 젠더 이론들은 젠더를 상이하거나 상반된 방식으로 설명하고 있다. 이론마다 젠더 불평등의 원인 설명과 주목하는 사회 구성 요소가 다르다. 젠더 이론 자체가 이렇게 혼란스러운데 실생활 속 젠더를 이해할 때 이 이론들은 과연 얼마나 도움이 될까?

혼란스러운 이론은 학자들에게도 좌절감을 안겼다. 따라서 그들은 모든 상이한 이론들을 통합해 일관성 있는 총체적 이론을 만드는 방법을 고민하기 시작했다(Connell, 2002; Ferree, Lorber and Hess, 1999; Lorber, 1994; Risman, 1998, 2004). 통합적 젠더 연구방법론을 개발할 때는 다음의 두 가지를 명심해야 한다. 첫째, 통합적 젠더 연구방법론은 다수의 젠더 연구 결과물에 의미를 부여할 수 있어야 한다. 현재 대학에서 젠더 연구가 호황을 누리고 관련 연구 논문이 다수 출간된다는 것은 좋은 소식이다. 그러나 상당수의 연구가 상이한 이론적 관점을 전제하는 현 상황에서 이 연구물들을 종합적으로 가장 잘 이해하려면 어떻게 해야 할까? 좀 더 통합적인 이론이 있다면 구축 중인 지식이나 공동 노력에 대한 이해를 유지한 채로 다양한 주제의 연구를 진행할 수 있을 것이다. 즉, 학자들은 상이한 종류의 질문을 던지고 상이한 이론적 지향에서 영감을 얻으면서도, 서로가 공통된 기본적 의문을 해결하려는 노력을 한다고 느낄 것이다. 둘째, 바버라 리스먼Barbara Risman이 "모더니즘적 과학 전쟁"(Risman, 2004: 434)이라고 불렀던 극도의 경쟁 관계를 벗어나 통합으로 좀 더 나아가는 이론이어야 한다. 승자가 모든 것을 독식하는 전쟁에서처럼, 젠더 학자들의 목표가 오직 다른 이론을 이기는 것일 때가 있었다. 목숨을 건 이론화 싸움으로 불릴 만하다.

한편 젠더 이론화를 포스트모던 방법론으로 시도하면 젠더 속의 다양한 '진리'들을 밝혀낼 수 있다. 지금까지 모더니즘은 젠더를 시간과 공간을 통틀어 작동해왔음을 설명해줄 하나의 이론, 즉 메타 서사metanarrative의 확립을 목표로 해왔다. 포스트모더니즘은 이 목표를 폐기한다. 이론 하나가 모든 것을 설명하게 해서는 안 된다는 주장을 수용할 수 있으면, 이론들의 협력이 가능하다고 인식할 여지가 더 많이 생긴다. 그렇게 되면 이론의 통합화는 더 의미 있는 시도가 된다. 통합으로 생겨난 최종 연구 결과물은 세상에서 젠더가 작동하는 그 복잡한 방식을 좀 더 알기 쉽게 설명해줄 것이다.

이미 발표된 통합 이론들 간에도 여러 상이점이 있지만(바라건대 더는 목숨을 건 이론화 전쟁은 아니길), 통합이라는 기본 취지에 입각해서 보면 통합 이론들 속 두 가지 공통 요소를 발견할 수 있다. 첫째, 통합 이론들은 젠더가 여러 상이한 수준 또는 방식으로 작동한다는 인식하에 젠더 이론화 과정에서 갈라져 나오는 많은 가닥들을 통합하려고 한다(Collins and Andersen 1993; Lorber, 1994; Risman, 2004). 다행히 이런 상이한 차원들은 우리가 이미 논의한 개별적·상호작용적·제도적 위치에 매우 가까이 놓여 있다. 각 차원들 속에는 젠더를 논할 때 해결해야 할 문제들과 젠더가 작동하는 여러 상이한 방식에 관한 내용이 포함된다. 아마 당신은 통합적 방법론이 물리학자가 빛을 인식하는 방식과 흡사하다고 여길 수도 있다. 빛은 때로는 입자, 때로는 광파wave로 기능하지만, 입자나 광파 모두 빛의 활동을 설명하기는 매한가지다. 통합적 방법론은 젠더가 때로는 내면에 존재하고, 때로는 상호작용을 통해 생산되며, 때로는 조직과 사회 연결망 내에 있다는 사실을 인정하라고 요구한다.

이상하게 들릴 수도 있지만, 물리학자들은 빛을 여러 가지 방식으로 이해하는 것에 동의하는데 젠더 학자들은 왜 젠더를 다양한 방식으로 이해하지 못할까? 개인 차원에서 젠더는 행동을 결정하는 가치나 성향처럼 내적으로 작동한다. 그럼에도 젠더는 상호작용의 산물이어서 제도와 사회의 기능 깊숙한 곳에 내장되어 있다. 젠더를 이런 식으로 인식하는 것은 모든 젠더화된 현상에서도 중요한 무엇인가가 세 가지 수준에서 진행되고 있음을 인정하는 것과 같다. 그렇게 되면 각 수준마다 달리 생기는 고유한 특정 현상을 더 많이 이해할 수 있을 것이다.

젠더화된 현상의 구체적 사례를 통해 좀 더 자세히 알아보자. 남성과 여성의 언어 사용 방식에 대한 연구 결과, 미국에서는 자신에게 직접적인 책임이 없는 일에도 여성이 대개 남성보다 사과를 많이 한다는 사실이 밝혀졌다(Tannen, 1990). 날씨가 좋지 않거나 누군가가 아픈 것처럼 자기 책임이 아닌 일에 사과할 가능성이 남성보다 여성에게 많다는 것이다. 이런 현상을 이해할 적절한 방법론은 무엇일까? 우선 우리는 대(大)난투 방법론battle royal model을 사용해 앞서 언급한 개인적·상호작용적·제도적 관점에 따라 남녀의 사과 행위를 각각 설명할 수 있다. 각 설명이 타당하고 설득력이 있다는 것은 분명하다. 하지만 세 가지 설명 중 어느 것이 남성이 여성보다 잘 사과하지 않는 이유를 정확하게 짚어주는지 알 수 없다는 문제는 여전히 남는다. 통합적 방법론 입장에서는 젠더가 이 세 가지 차원에서 대체 어떻게 상호작용을 하기에 우리가 이런 경험을 하는지를 연구하는 것이 더 나은 전략일 수 있다.

개인적 관점에서는 여성들이 사과를 더 많이 하는 경향에 대해 여성이라는 지위에 결부된 사회적 역할 때문이라고 설명할 것이다. 여성들은 젠더 사회화 과정을 거치면서 잘못된 일의 책임을 떠맡는 행위인 사과가 여성의 수동성을 보여주는 중요한 방법이라고 학습한다. 여성이 남성보다 사과를 더 많이 하는 경향은 여성의 내적 특성으로 간주된다. 그러나 사과를 많이 하는 성향은 어떻게 내재화될 수 있을까? 여기서 우리는 연결망 구조 내 미미한 차이가 살아가면서 계속 심화된다고 강조한 연결망 이론을 기억할 필요가 있다. 유년기 여자아이들은 동종애 그룹 안에서 이런 행동을 발전시키며 강화했을 수 있다. 반면 남자아이들은 그렇게 하지 않았을 것이다. 주로 친족과 이웃으로 구성된 연결망 내에서 사과는 여성에게 강조되는 행위다. 직장이나 다른 조직에서는 사과가 강조되지 않고, 또 보상을 받는 일도 아니기 때문에 남성들은 사과를 점점 덜하게 된다.

제도적 또는 구조적 관점에서는 여성이 사과를 더 많이 하는 경향을 이런 식으로 설명한다. 그러나 문제는 아직도 남아 있다. 그 과정은 정확히 어떻게 일어나는가? 날마다의 상호작용은 이처럼 젠더화된 행위를 어떤 방식으로 만들어내는가? 상호작용 이론은 이런 질문에 가장 잘 대답할 수 있다. 남성은 비가 오는 것에 사과하지 않는다. 젠더 행하기 관점에 따르면, 그런 상호작용 맥락에서는 사과 행위가 남성적인 것으로 설명되지 않기 때문이다. 젠더로 설명 가능한 행위를 만들어내야 한다는 지속적인 필요는, 사과의 필요성이나 사과 행위가 내적 특성인 것처럼 느끼지 않게 도와주면서 원래의 행동을 강화할 뿐이다. 이러한 예는 우리에게 젠더가 모순적이고 양립 불가능한 것이 아니라 상호 연결되어 보완적으로 기능하는 여러 상이한 수준들을 인식하는 법을 알려준다.

앞의 사례에서 확인할 수 있듯, 통합적 이론의 장점 중 하나는 사회학에서 구조와 행위 주체, 거시적인 것과 미시적인 것 사이를 잇는 문제를 해결하는 데 도움이 된다는 것이다. 이런 문제의 뿌리를 파고들면 C. 라이트 밀스가 제기한 공적 이슈와 사적 문제에 관한 의문에 닿는다. 개인으로서의 행위와 대규모 사회구조의 행위에는 어떤 관련성이 있는가? 이 책에서 우리가 매일 내리는 수많은 결정들에 젠더가 어떻게 영향을 주는지 상세히 논의되겠지만, 일단 구조적 또는 거시적 입장에서는 그러한 결정들이 사회구조로 인해 늘 속박되고 제한된다고 주장할 것이다. 혹시 여러분이 미국에 사는 남자라면 여러분은 당일 입을 옷을 아침에 잠자리에서 일어나서 정하지 않을 것이다. 여러분이 속한 계급, 성적 지향, 인종뿐 아니라 여러분의 젠더가 수용할 것이라 여겨지는 옷 중에서 무엇을 입을까를 이미 고민했을 것이다. 세상에 존재하는 각종 옷들(치마, 홀터 톱halter top,[6] 레이스가 달린 속옷, 사리sari,[7] 크라바트cravat[8] 등)은 여러분이 고를 수 있는 옷 목록에서 이미 빠져 있다. 그렇다면 이런 것도 선택이라고 부를 수 있는가?

미시적 또는 행위 주체적 입장에서 여러분은 사리나 치마를 선택할 능력이 있는 유일무이한 개별 존재이므로, 원하는 아무것이나 다 입을 수 있다고 주장할 것이다. 개인의 선택에는 거대 구조를 변화시킬 힘이 잠재한다. 사회구조는 결국 여러분처럼 아침마다 입을 옷을 결정하는 수백만 개인의 지지로 유지된다. 개인적 방법론은, 남자들이 사과를 적게 하는 이유를 우리가 내리는 결정에서 찾는다. 사회적 역할은 우리가 누구인지 부분적으로 설명해준다. 즉, 어떤 사회적 역할을 하느냐가 그 사람이 누구인지를 말해준다. 그러므로 개인으로서 우리가 내리는 결정은 젠더의

---

6   앞쪽에 붙은 끈을 목 뒤로 묶어 입는 여성용 상의를 가리킨다.

7   인도, 네팔, 스리랑카, 방글라데시, 파키스탄 등지에서 성인 여성들이 입는 전통 의상을 가리킨다.

8   프랑스어로 '넥타이'라는 뜻으로서, 넥타이처럼 매는 남성용 스카프를 가리킨다. 17세기 오스트리아 크라바트 연대 장병이 착용했던 것에서 유래되었으나 지금은 많이 착용하지 않는다.

작동 방식에 영향을 준다. 상호작용 이론의 경우, 거시적인 것과 미시적인 것 사이의 어딘가로 옮겨간다. 그렇다. 결정은 우리가 내리지만 그 결정들이 반드시 설명되어야 한다는 조건에 구속되고 만다. 우리 결정을 주위 사람들이 속박하면 그들에게 맞춰 그 결정을 조정한다. 그들은 관객이 무대 위 배우의 연기를 지켜보는 것처럼 우리를 지켜본다. 우리는 무엇인가를 연기·공연·수행하는 무대 위 배우가 되고 그들은 관객이 된다. 제도적 방법론에서 보면, 우리는 우리가 속한 관계 연결망의 산물이다. 젠더는 동종애의 결과로 생산된다. 개인은 이 과정을 통제할 수 없다. 그래서 연결망 이론은 거시적 또는 구조적 차원의 관점이 된다. 젠더를 세 가지 차원 모두에서 논의하는 통합적 이론은 개인적 행위와 젠더를 만들어내는 사회구조 간 상호 관계를 더욱 정교하게 이해하는 데 도움이 된다.

둘째, 통합적 접근법들의 대부분은 교차적 방법론을 사용한다. 통합적 방법론은 상이한 젠더 이론들을 통합하려고 시도할 뿐 아니라, 젠더가 인종, 계급, 성적 지향, 그 외 정체성들과 중복된다는 사실에 주목한다. 교차성을 젠더 연구라는 대규모 과제에 정확히 어떻게 적용할지에 관한 논의는 여전히 계속되고 있다. 모든 연구가 반드시 교차적일 필요는 없다고 주장하는 학자들도 있다. 이성애자가 동성애자에게 갖고 있는 편견과 같은 다양한 사회구조를 인종, 계급, 젠더에서 따로 떼어 연구하는 것도 가치 있는 일이라고 주장하는 학자들도 있다(Risman, 2004). 어떤 학자들은 교차적 방법론을 이용한 연구에서 각 정체성에 반드시 동등한 가치를 부여할 필요는 없다고 주장하기도 한다. 그 수많은 정체성들이 끊임없이 상호작용하고 있다는 사실을 인정하는 것이 차라리 더 중요하다는 것이다.

맺음말

이 장을 시작하면서 필자는 젠더 이론을 제대로 이해하는 것이 무척 어렵지만 그럼에도 그런 노력을 기울여야 하는 많은 충분한 이유가 있음을 분명히 밝혔다. 이제 여러분은 젠더에 관련된 다양한 이론들 덕분에 삶의 이면에도 관심을 가지게 되었을 뿐 아니라, 젠더가 마치 렌즈처럼 여러분의 삶에서 숨어 있던 것들을 드러내 보여주는 기능을 할 수 있음을 의식할 것이다. 다행스럽게도 여러분은 이론들에서 배운 정보를 갖고 자신에게 질문을 던지기 시작했다. 젠더가 정체성의 필수 구성 요소인 특성이나 성향, 그리고 자신에 대한 사고방식처럼 느껴지는가? 젠더는 여러분의 다양한 상호작용 속에서 각각 어떻게 기능하는가? 여러분이 속한 조직의 규칙 또는 기저 논리는 그 속성상 젠더화되어 있는가? 시작 부분에서 논의했듯이, 그리고 교차성과 통합을 논의하면서 배운 것처럼, 우리의 목표는 앞으로 배울 수많은 이론들 중에서 승자를 골라내는 것이 아니다. 배운 것을 이용해 젠더란 무엇이며 나에게 어떤 의미인지 여러분 나름의 고유한 이해 방식을 개발하는 데 있다.

- 이 장에서 우리는 개인적·상호작용적·제도적 이론을 살펴보았다. 세 가지 이론 중 어느 것이 여러분에게 젠더를 가장 잘 설명하는가? 그 이유는? 또 어느 이론이 여러분이 속한 사회의 사람들이 일반적으로 젠더를 이해하는 방식을 가장 잘 설명하는가? 어느 이론이 이해하기 가장 어려운가? 그 이유는?

- 이 장에서 우리는 다양한 젠더 이론들을 사회학적 관점에서만 논의했다. 이처럼 젠더를 설명하는 이론이 다양한 이유는 무엇일까? 젠더 이론이 광범위하다는 것은 젠더 개념을 이해하는 것이 그만큼 어렵다는 말일까? 또는 젠더를 연구하는 여러 학자들의 생각이 다양하다는 말일까? 수많은 이론이 존재한다는 사실은 젠더 연구자들에게 좋은 점인가, 나쁜 점인가?

- 1장에서 여러분은 남녀 이분법과 이를 연구하는 여러 방법론을 배웠다. 이 장에서 배운 이론들은 남녀 이분법을 어떻게 설명하는가? 각 이론은 남자와 여자라는 두 가지 유형의 신체가 존재한다는 점을 인정하는가? 객관적이고 실제적인 성이 존재한다는 믿음은 각 이론에서 얼마나 중요한가?

- 젠더 행하기 관점은 젠더뿐 아니라 사회 계급과 인종을 설명하는 데 사용되어 왔다. 이 장에 나오지 않은 이론으로 인종, 사회 계급, 섹슈얼리티, 장애 같은 차이와 불평등의 범주를 설명할 수 있을까? 이러한 타 범주를 좀 더 유연하게 설명하는 이론이 있을까? 그러한 유연성은 그 이론의 강점인가, 약점인가? 이 모든 이론들을 종합적으로 설명하는 하나의 통합 이론을 개발할 수 있는 능력을 갖춰야 할까? 그런 이론은 어떤 것들일까?

- 1장과 2장에서는 젠더로 경험할 수 있는 것이 다양한가라는 문제, 젠더화되었다는 말이 역사와 문화마다 너무나 다양한 의미를 띠고 있는 현실에서 젠더에만 초점을 맞추는 것이 의미가 있는가라는 문제를 제기했다. 젠더를 논의하는 것, 그리고 시공을 넘나든다는 개념을 전제하는 것은 가치 있는 일일까? 어쩌

면 우리는 실체가 없고 일관된 의미도 갖추지 못한 젠더라는 개념에 집중하는 것은 아닐까?

- 이 장에서 다룬 모든 이론 중에서 다음 질문에 답할 수 있는 이론을 말해보자. ① 젠더는 무엇인가? ② 젠더 불평등은 왜 존재하는가? ③ 젠더 불평등을 줄일 수 있는 가장 좋은 방법은 무엇인가? 그 후 여러분 나름의 젠더 이론을 고안해 보고 앞의 기본적인 세 가지 질문에 어떻게 답할 수 있을지를 생각해보자. 여러분의 이론을 한 단락으로 정리한 후, 각자의 삶에서 젠더가 얼마나 중요한지 구체적인 예를 들면서 설명해보자.

- 이 장에서 논의한 여러 이론들 중 한두 개를 고른 후, 젠더 내용이 들어 있는 영화나 텔레비전 장면과 에피소드에서의 젠더 역할을 이론을 통해 설명해보자.

- 친구, 직장 동료, 가족의 젠더에 관한 견해를 알아보기 위해 인터뷰를 해보자. 그들 나름의 젠더 이론이 대답을 통해 도출될 수 있도록 질문하자. 그들의 답과 이 장에서 배운 이론을 비교해보자. 그들의 정체성이 그들 자신의 젠더 견해에 어떤 영향을 끼쳤는지를 생각해보자. 예컨대 나이가 많은 응답자들의 견해는 젊은 응답자들과 다른가? 여자 응답자들의 견해는 남자 응답자들과 다른가? 대학생 응답자들과 직장인 응답자들의 견해는 다른가?

- 여러분의 삶에서 젠더화된 것들을 목록으로 만들어보자. 예를 들어, 여러분이 어떤 식으로 사고하는지, 누구와 어떻게 상호작용하는지, 무엇을 입는지, 어떤 행동을 하고 어떤 행동을 하지 않는지 등을 말이다. 목록 안에 들어 있는 젠더화된 것들을 모든 문화와 시대에 적용할 수 있을지 생각해보자. 즉, 여러분의 목록은 보편적(모든 장소, 모든 시대, 모든 사람들에게 적용 가능한)인가? 아니면 특정 문화, 특정 시대, 특정 사회에만 적용 가능한가? 모든 인종, 모든 사회계급, 모든 섹슈얼리티, 모든 국적의 사람들에게도 적용 가능한가?

- 페미니스트와 페미니즘이라는 단어를 인터넷으로 검색하면 어떤 종류의 글이나 기사가 검색되는가? 페미니스트들은 수많은 운동에 참여하는가? 페미니스

트와 페미니즘 단체가 집중하는 이슈들은 어떤 것인가? 그것들은 페미니즘의 현 상황을 말해주는가? 이 장에서 논의한 대로 페미니즘이 사회운동 중지 상태에 있다고 볼 수 있는 증거가 있는가? 이런 이야기들은 급진적 페미니즘, 자유주의 페미니즘, 또는 이 둘이 결합된 페미니즘의 영향을 반영하고 있는가?

• 친구, 직장 동료, 가족의 페미니즘에 관한 견해를 알아보기 위해 인터뷰를 해보자. 페미니즘을 어떻게 생각하는지, 자신을 페미니스트라고 여기는지, 페미니스트가 된다는 것을 좋은 일로 생각하는지 나쁜 일로 생각하는지, 알고 지내는 페미니스트가 있는지(사적인 것도 포함해), 페미니스트 운동의 역사나 활동 중인 페미니스트 단체를 아는지 등을 물어보자. 그들은 페미니즘 역사와 페미니즘의 현 상태를 알고 있는가? 사람들은 왜 자신을 페미니스트로 여기거나 페미니스트가 아니라고 여길까? 응답자의 나이나 다른 요인들(교육, 인종, 사회 계급 등)에 따라 답이 달라지는가? 그들의 답은 이 장에서 배운 페미니즘과 어떻게 다른가?

확증편향 confirmation bias
기존의 생각을 확인해주는 정보만 찾고, 그것과 위배되는 정보를 무시하는 경향이다.

모든 인류의 대변인으로서의 남성 men as a proxy
남성의 경험을 보편적인 인간 경험으로 전제하면서 오직 남성만을 연구 대상으로 삼는 사회학적 연구이다.

특권 privilege
사회 안에서 노력 없이 주어진 지위·신분에 따른 보상과 혜택이다.

사회운동 중지 social movement abeyance
사회운동에 대한 저항과 적의가 증가하거나 운동을 어느 정도 성공시켰던 환경들이 변하면서 사회운동의 활동성이 둔화되는 시기에 사회운동의 기본 사상을 유지하는 방식이다.

사회운동 주기 social movement cycle
전 세계적으로 사회의 다양한 부분에서 사회운동의 범위, 빈도, 강도가 증가하는 기간이다.

자유주의 페미니즘 liberal feminism
정부와 같은 기존 제도가 남성과 여성을 다루는 방식 속에 남녀 불평등이 뿌리박고 있음을 전제하는 페미니즘의 학파이다.

평등권이라는 주요 해석 틀 master frame of equal rights
인간은 근본적으로 동일하므로 흑인, 여성, 게이와 레즈비언처럼 사회 내 다양한 집단을 이루는 개인들도 다른 사람들과 동일한 권리를 누릴 자격이 있다고 전제하는 이데올로기이다.

급진적 페미니즘 radical feminism
젠더가 사회 기능 방식의 근본적 양상이며 사람과 집단에 권력과 자원을 배분하는 통합적인 도구 역할을 한다고 전제하는 페미니즘 학파이다.

의식화 consciousness-raising
개인적 경험이 젠더 착취, 더 큰 의미의 정치, 사회구조와 연결된다는 사실을 여성들이 알도록 추구하는 행위이다.

사적 문제 private troubles
우리 자신과 근접한 주위 상황에서 우리가 직면하는 문제들이다.

공적 이슈 public issues
개인 차원을 넘어 사회와 같은 더 큰 구조 안에 위치한 이슈들이다.

근본적 귀인 오류 fundamental attribution error
사회구조와 맥락의 역할을 간과한 채 개인적 성향으로 행위를 설명하려는 경향이다.

사회학적 상상력 sociological imagination
자신의 삶과 더 큰 사회구조 간의 관계를 알 수 있는 능력을 말한다.

젠더에 대한 개인주의적 접근 individual approach to gender
젠더를 개인의 내부에 위치시켜 젠더가 내부에서 외부로 작동한다고 전제한다.

사회적 역할 social role
사회 내 특정 지위나 신분에 수반되는 일련의 기대를 말한다.

성 역할 sex role
특정 성 범주에 수반되는 일련의 기대를 말한다.

도구적 instrumental
과업 지향적인 역할이다.

표현적 expressive
다른 사람과의 상호작용을 지향하는 역할이다.

주요 지위 master status
모든 다른 정체성과 상황에 개입하는 사회적 지위로서, 우리에 대한 사람들의 반응을
좌우하는 가장 중요한 지위이다.

성 범주화 sex categorization
문화적으로 당연시되는 외모와 행동의 단서를 이용해서 우리가 일반적으로 알 수 없
는 신체적인 성 차이를 제시하는 방식이다.

수행 기대 performance expectation
상호작용이라는 목표를 성취하는 데 집단의 사람들뿐 아니라 자신의 공헌이 얼마나
유용할지에 관한 추측이다.

지위 특성 status characteristics
사회 내 사람들 사이에 존재하는 차이의 일종으로서 이러한 차이에는 어느 정도 가치
와 존중이 부여된다.

젠더 지위 신념 gender status belief
한쪽의 젠더가 상대 젠더에게 갖는 우월성 또는 열등성이다.

자기 완결적 예언 self-fulfilling prophecy
오로지 예언이나 가정의 결과로 진실이 되는 예언이나 가정을 말한다.

민속방법론 ethnomethodology
사회적 상호작용에서 당연시된 전제를 연구하는 사회학의 특정 하위 연구 분야이다.

위반 breach
일상생활에서 당연시해온 규범을 드러내기 위해 정상적인 사회적 상호작용의 규칙을 무시하는 것이다. 민속방법론 학자들의 사회 실험에서 사용된다.

성별 배정 sex assignment
태어난 아이를 하나의 성 범주에 넣는 일이다. 대개 아이가 태어났을 때 행해진다.

설명 accounts
사회적 행위자로서 일의 상태나 일이 진행되는 상황에 대한 생각을 서로 설명하는 기술(記述)이다.

설명 가능성 accountability
우리가 누구인지 다른 사람들이 알도록 특정 상황에 맞춰 행동을 조정하는 방식이다.

할당 allocation
누가 무엇을 하고, 누가 무엇을 얻거나 얻지 못하며, 누가 계획을 세우고, 누가 명령을 내리고 받는지를 결정하는 방식이다. 젠더 행하기 이론에서 사용된다.

사회집단 social aggregates
사회 구성 요소 중 하나로서 집단 내 개인들로 구성되지만 개인들의 총합 이상이 된다.

젠더화된 조직 gendered organization
유리함과 불리함, 착취와 지배, 행동과 감정, 의미와 정체성이 남자와 여자, 남성적과 여성적이라는 구분을 통해, 그리고 그러한 구분의 관점에서 정형화된 사회 집단이다.

조직 논리 organizational logic
조직의 기저에 자리 잡고 있어 당연시되는 전제와 관행이다. 종종 젠더가 함의된다.

직무 job
조직이 젠더 중립적이라는 전제하에 성별과 상관없이 지위에 따라 일을 행하는 것이다.

자아 ego
연결망에서 중심이 되는 사람이다. 사회 연결망 이론에서 사용된다.

타자 alters
연결망 내에서 자아(연결망의 중심이 되는 사람)와 관계된 사람. 사회 연결망 이론에서 사용된다.

자아 중심적 연결망 ego network
자아와 자아의 타자로 구성되는 연결망. 사회 연결망 이론에서 사용된다.

규모 size
개인 한 명에 연결된 타자의 수이다. 사회 연결망 이론에서 사용된다.

밀도 density
연결망에서 타자들이 상호 연결된 정도. 사회 연결망 이론에서 사용된다.

다양성 diversity
수많은 행동 영역에서 다양한 사람들과 접촉하는 정도를 나타내는 수. 사회 연결망 이론에서 사용된다.

동종애적 homophilous
사회 연결망에서 유사한 사람끼리 서로 끌리는 경향. 사회 연결망 이론에서 사용된다.

다중 의식 multiple consciousness
교차적·상호 의존적 억압 체계의 중심에 있는 개인의 위치에서 발전된 사고방식이다.

지배 기반 matrix of domination
인종, 계급, 젠더, 성적 지향의 사회구조가 함께, 그리고 서로를 통해 기능하기 때문에 개인이 고유한 사회적 위치에 따라 이러한 범주를 서로 다르게 경험하는 방식이다.

제도화된 방법론들에 관해

Acker, J. 1990. "Hierarchies, jobs, bodies: A theory of gendered organization." *Gender & Society*, 4(2), pp.139~158.

교차성에 관해

Basu, A. 1995. *The challenge of local feminisms: Women's movements in global perspective*. Boulder, CO: Westview Press.

Collins, P. H. 1990. *Black feminist thought*. New York, NY: Routledge (『흑인 페미니즘 사상: 지식, 의식, 그리고 힘 기르기의 정치』, 박미선·주해연 옮김, 여이연, 2009).

Collins, P. H. and M. L. Andersen. 1993. *Race, class, and gender*. Belmont, CA: Wadsworth.

Lorber, J. 1994. *Paradoxes of gender*. New Haven, CT: Yale University Press.

Risman, B. J. 2004. "Gender as a social structure: Theory wrestling with activism." *Gender & Society*, 18(4), pp.429~450.

제3 페미니즘 운동에 관해

Moraga, C. and G. Anzaldúa. 1981. *This bridge called my back: Radical writings by women of color*. New York, NY: Kitchen Table Press.

Walker, R. 1995. *To be real: Telling the truth and changing the face of feminism*. New York, NY: Anchor Books.

젠더 행하기에 관해

Kessler, S. J. and W. McKenna. 1978. *Gender: An ethnomethodological approach*. New York, NY: Wiley.

West, C. and S. Fenstermaker. 1993. "Power, inequality and the accomplishment of gender: An ethnomethodological view." in P. England(ed.). *Theory on gender/feminism on theory*(pp.151~174). New York, NY: Aldine de Gruyter.

West, C. and S. Fenstermaker. 1995. "Doing difference." *Gender & Society*, 9, pp.8~37.

West, C. and D. H. Zimmerman. 1987. "Doing gender." *Gender & Society*, 1, pp.125~ 151.

3
몸과 건강의 젠더

몸에 대한 생각에
젠더는 어떻게 영향을 주는가?

몸을 가지고 있다는 것은 어떤 느낌이 드는가? 당신은 자신의 몸에 대해 어떻게 생각하는가? 외모나 몸이 괜찮다고 느끼는가? 가능하다면, 몸의 어느 부분을 바꾸고 싶은가? 몸에 대한 특정한 느낌에 젠더가 어떤 영향을 미치는가? 몸과 정신 또는 몸과 영혼의 이분법에 젠더라는 차원이 있을까? 추상적인 의미의 몸에도 젠더라는 차원이 있는가? 여성과 남성 중 누가 더 자신의 몸에 밀접하게 느끼는가? 누가 더 몸에 대해 편안해하는가? 누가 더 자신의 몸을 잘 돌보는가? 대체로 누가 더 두려움 없이 위험을 무릅쓰는가? 성별에 따라 몸에 가해지는 위험이 다른가? '좋은' 몸과 '나쁜' 몸, 즉 건강한 몸과 병든 몸의 차이를 어떻게 아는가? 그런 구분을 할 때 젠더는 어떻게 작용하는가? 몸에 대한 느낌이나 몸이 위험하다는 생각과 다른 정체성은 어떻게 교차하는가? 몸에 일어나는 일에 대해 누가 말할지 결정할 때 젠더가 하는 역할이 있는가? 여러 정체성들이 몸에 대한 통제력에 어떤 식으로 영향을 미치는가? 마지막으로, 몸이라는 것이 존재하기는 하는가? 아니면 몸 자체가 주로 사회적으로 구성된 것이라고 주장할 수 있는가? 살과 피로 된 우리의 몸이 사회적 구성물이라는 말을 들으면 얼마나 기괴한가?

이런 물음들은 이 장에서 우리가 던질 질문의 일부이다. 이미 젠더와 몸의 관계에는 검토할 것이 많다는 사실을 눈치챘을 것이고, 젠더에 몸이 얼마나 중요한지 깨닫기 시작했을 것이다. 몸은 흔히 논쟁적인 이슈의 토론장이 되며, 특히 남녀의 성적 특징들을 동시에 가진 사람들의 몸은 성과 젠더의 격렬한 토론장이 된다. 몸의 어떤 측면 때문에 남성이 되기도 하고 여성이 되기도 하는가? 육체적 매력과 마찬가지로 성도 몸과 연관되어 있다. 젠더에 대한 이론적 접근으로서 사회생물학이나 진화심리학에서는 몸 때문에 남녀의 행동이 달라진다고 주장한다. 이때 몸의 의미는 뇌의 구조나 호르몬 또는 DNA의 내용일 수도 있다. 이 장에서는 젠더에 대한 논의에서 몸이 중요하다는 것을 인정하면서 몸에 초점을 맞춰 몇 가지 주제를 살펴볼 것이다.

간략한 몸의 역사

젠더를 다루는 수업에는 대부분 몸 이야기가 포함되어 있고 젠더 논의에서 몸이 언급되는 것은 우연의 일치가 아니다. 젠더와 몸이 빈번하게 연관되는 것은 몸의 역사, 특히 선진국에서 몸의 역사가 전개된 방식과 관계가 있다. 몸에 대한 특별히 서구적인 사고방식은 역사적 생성물이다. 많은 학자들은 이분법을 서구 사상의 가장 기본적인 사고 중 하나로 꼽았다. 정신-몸 이분법mind-body dualism은 서구 사고방식의 기본 구조를 이루는 이분법 중에서도 최초일 것이다. 다양한 형태로 표현되기는 하지만, **정신-몸 이분법**은 물질적 몸과 비물질적 실체(마음, 영혼, 생각 등)인 정신이 분리되어 있으며, 정신이 우월하고 몸이 열등하다는 믿음이다. 정신-몸 이분법은 '마음과 달리 몸이 따라주지 않는다' 같은 말 속에서도 잘 드러난다. 이 단순한 공식은 서구 문화 전반에서 다양한 형태로 반복되었으며, 그 역사는 플라톤Platon과 아리스토텔레스Aristoteles까지 거슬러 올라간다. 여기서 정신은 우리가 지향하는 더 고귀한 자아를 표상하고, 몸은 고귀한 목적을 달성하려는 정신의 발목을 잡는 나약함이다. 예전부터 영미-유럽 문화에서는 정신-몸 이분법의 긴장이 있었고, 이는 아직도 논쟁의 대상이다. 신경과학자들은 정신 기능을 주로 두뇌 속의 물질 때문이라고 설명하는 반면, 두뇌를 아무리 정교하게 조사해도 '정신'이라는 비물질적 실체의 작용을 볼 수 없다고 주장하는 과학자들도 있다.

　이러한 이분법은 그 자체만으로도 충분히 흥미로우며, 이에 관한 학문적 연구와 토론의 대상이 될 만한 문헌도 수없이 많다. 젠더를 검토할 때 특히 정신-몸의 이분법이 흥미로운 것은 그 자체에 젠더 역학이 있기 때문이다. 이분법 속에서 정신은 남성성과 연관된다. 정신은 합리적이고, 자아를 최고조로 펼치려 하며, 신에 가깝고, 궁극의 자아실현을 추구한다(Bordo, 2003). 반면에 몸은 여성적이며, 정신의 고귀한 열망을 끌어내리는 무거운 추와 같다고 본다. 남녀 이분법이 정신-몸 이분법보다 먼저 존재했는지, 아니면 이미 있던 젠더 차이 개념에 정신-몸 이분법이 더해졌는지는 알 수 없다. 도로시 디너스타인Dorothy Dinnerstein은 여성은 몸이고 남성은 정신이라는 이분법적 젠더 역학이 여성의 돌봄 노동에서 비롯되었다고 한다(Dinnerstein, 1976). 그 기원이 무엇이든 정신-몸 이분법이 젠더와 연관되자, 몸의 부정적 측면은 여성 및 여성성과 연관되었다. 몸과 마찬가지로 여성은 "앎에 대한 방해, 신을 멀리하게 만드는 유혹, 성적 욕망에의 항복, 폭력이나 공격, 의지의 실패, 죽음까지도"(Bordo, 2003: 5) 표상하게 된다. 여성의 몸에 대한 이런 주장이 지나치다는 것은 말할 필요도 없다.

　정신-몸 이분법에 따르면 여성은 남성보다 더 몸과 밀접하게 연관되어 있다. 앞서 몸의 부정적 측면을 언급했는데, 북반구의 제2 페미니즘 운동 이론가들의 입장에서 볼 때 이런 식으로 여성과 몸을 연관시키는 것은 몸 자체의 성격에 대해 중요한 문제를 제기한다. 이렇게 여성과 몸을 강력하게 연관시킬 때 어떤 효과가 나타날까? 여성이란 존재를 정신과 멀리 떨어져 있으며 물질적 영역인 몸과 더 밀접하다고 규정하는 것은 정확하게 무엇을 의미할까? 이것은 분명 섹슈얼리티와 중요한 연관이 있을 것이다. 몇몇 사회에서는 여성을 지나치게 성적 존재로 본다. 그런 사회에서 여성은 몸으로 남성을 유혹하며 남성의 정신적인 일이나 지적인 일을 방해하는 존재이다. 이런 역학의 고전적인 예가 성경에 나오는 아담과 이브다. 이브는 뱀의 형상으로 나타난 사탄의 유혹에 빠져 지식의 나무에서 딴 사과, 즉 지식으로 아담을 유혹한다. 그래서 여러 문헌에서는 이브 때문에 인간이 타락했다고 비난하기도 한다. 그야말로 인류는 이브의 성적 유혹 때문에 에덴동산에서 추방되었고 영원히 신 앞에 설 수 없게 되었다는 것이다. 이 외에도 정신-몸 이분법은 남성과 여성의 몸에 어떤 식으로 영향을 끼칠까?

Question
당신의 경험상 정신-몸 이분법이 젠더에 따라 달라지는 게 사실인가? 여성이 남성보다 더 몸과 밀접한 관계를 맺는 것으로 인지되는가? 여성이 몸과 더 긴밀한 관계를 맺고 있다는 주장을 반박하기 위한 증거를 말할 수 있는가?

여성들에게는 누구의 몸이 더 중요한가? 남성의 몸인가, 여성의 몸인가? 여기에서 '중요한'이란 단어가 무엇을 의미하느냐에 여러 가지가 달려 있다. 최근 미국 역사를 보면 여성이 자신의 몸에 더 관심을 보이는 것이 확실하다. 남성이 몸 이미지body image에 대해 더 관심을 기울이는 것처럼 보이지만, 몸에 더 관심을 보이는 쪽은 여성이다. 여기서 **몸 이미지**라는 용어에는 육체적 외모에 대한 자각과 평가가 포함된다. 즉, 내 몸이 어떻게 보이며 그런 몸에 대해 내가 어떻게 느끼는지 말이다. 정신-몸 이분법에서는 몸이 덜 중요하지만, 몸 이미지는 자존감 및 정서적 인정과 긴밀한 관계가 있음을 보여주었다. 이는 정신 상태에 몸이 어떤 식으로 중요한지를 암시한다(Wykes and Gunter, 2005).

우리가 자신을 어떻게 생각하고 느끼는가에 몸이 얼마나 중요한 역할을 하는지 이미 잘 알려져 있으며, 이는 서구 문화에만 있는 현상도 아니다. 보편적으로 몸은 개인의 사회적 신분을 반영하고 중요한 정체성을 나타내는 데 이용되었다. 나이지리아의 티브Tiv족은 흉터 만들기, 즉 몸에 칼로 복잡한 문양을 새겨 영구적인 흉터가 남아야 여성과 남성 모두 미를 소유하게 된다(Burton, 2001). 반면 미국에서는 작은 상처나 흠집이 생겨도 이를 가리거나 제거할 목적으로 수술을 받거나 미용 제품에 돈을 쓴다. 티브족에게 상처는 젠더를 암시하는 동시에 가문과 유산의 부계 상속에 적응하는 복잡한 방식을 드러내준다. 티브족 여인의 배에 새겨진 직선이나 동심원은 그녀의 혈통뿐 아니라 그 혈통이 어떻게 지속될지도 나타낸다(Burton, 2001: 84).

티브족에게 몸의 흉터는 젠더와 나이(사춘기 이후의 여성만 흉터를 더 만들 수 있다)를 알려준다. 그리고 그 사람이 티브 사회의 과거와 현재의 사회구조에 얼마나 잘 적응하는지 보여준다. 미국 사람의 몸에 흉터나 흠집이 전혀 없을 때 그것은 무엇을 말해주는가? 미국에서는 흉터를 줄이거나 제거하는 데 필요한 수술과 제품이 비싸기 때문에 흉터 없는 얼굴은 높은 사회계층을 암시하는 좋은 표식이다. 더욱이 상류층 사람들은 일반적으로 더 건강하며, 덜 위험한 직업을 갖고, 덜 위험한 생활을 영위하므로 애초에 얼굴 흉터나 흠집이 생길 기회가 없다. 여성 또한 얼굴에 난 흉터나 반점에 더 신경을 쓴다. 적당히 '험상궂은' 것은 남성성의 표시로 여겨지기 때문이다. 미국인의 흉터와 티브족의 흉터는 의미가 전혀 다르지만 몸이 사회적 지위를 나타내는 데 중요한 역할을 한다는 점에서는 같다.

미국에서 어떤 이유에서건 흉터를 가질 수밖에 없는 사람은 어떻게 될까? 완벽한 얼굴과 몸을 추구하는 사회에서 그런 기준에 맞춰 살 수 없게 된다면, 그녀 또는 그는 자아상에 영향을 받을 것이다. 몸의 이런 심오한 사회적 양상은 몸, 자존감, 감정의 관계를 이해하는 방법이다. 몸과 자아상 사이에 이런 시너지는 역사적으로 광범위한 문화권에 걸쳐 늘 존재했다. 그러나 페미니스트들이 최초로 젠더와 몸의 관계를 검토하면서, 사회적으로 정상이라고 생각하는 몸의 기준이 남성보다 여성에게 더 큰 영향을 미친다고 주장하기 시작했다. 페미니스트들은 몸이 남성의 권력 유지와 여성 통제에 이용된다고 주장한다. 아마 정신-몸 이분법이 젠더에 따라 나뉘기 때문일 것이다. 그렇다고 젠더 기준이 남성이나 남성의 몸에 영향을 미치지 않는다는 것은 아니다. 이는 나중에 더 살펴보도록 하자. 몸에 대한 지배적인 문화적 사고를 분석한 사람이 페미니스트만은 아니지만, 일단 페미니스트들의 관점에서 몸을 검토한 후 다른 목소리를 들어보도록 하자.

미의 신화

페미니스트들의 주장에 따르면 여성과 남성 간 권력 불균형을 유지하는 데 몸이 이용되는 중요한 방식 중 하나가 이상적 미라고 한다. 페미니스트들은 초창기부터 남녀 불평등을 다룰 때 미가 여성에게 어떤 영향을 미치는지에 관심을 가져왔다. 메리 울스턴크래프트Mary Wollstonecraft는 1792년에 출간된 유명한 에세이인 『여성의 권리 옹호A Vindication of the Rights of Woman』에서 미가 여성에게 얼마나 중요한 역할을 하는지 다뤘다. 그녀는 최근의 페미니스트 학자들과 동일한 어조로 다음과 같이 썼다.

> 점잖은 여성들은 문자 그대로 몸의 노예이며 이러한 종속을 영광으로 받아들인다. …… 모든 곳에서 여성들은 이런 통탄할 만한 상태에 있다. …… 어렸을 때부터 미가 여성의 권위를 상징하는 홀笏이라고 배워서, 정신을 몸에 맞추고 금박 새장을 맴돌며 이 감옥을 치장하는 데만 신경을 쓴다 (Wollstonecraft, 1792/1988: 82).

1914년 미국 최초의 페미니스트 대중 모임의 의제로 올라온 권리 중 하나는 '패션을 무시할 권리'였다. 미국에서 제2 페미니즘 운동기에 있었던 최초의 시위는 미스 아메리카 선발에 대한 항의였다. 부분적으로는 미인 대회라는 제도가 여성에게 특정한 미의 이상을 강요해서였다(Bordo, 2003). 페미니스트 운동이나 학문에서 미에 대한 지나친 관심이 여성을 공격하는 무기가 된다고 보는 것은 전혀 새로운 관점이 아니다.

Question

울스턴크래프트가 말한 여성과 몸의 관계는 오늘날에도 여전히 유효한가? 여성은 미의 이상 때문에 몸의 노예가 되는가? 또한 여성이 미의 이상을 따르기 때문에 종속되는가? 여성의 몸은 그야말로 여성을 가두는 새장인가?

미가 여성의 삶에 영향을 미치는 다채로운 방식을 탐구한 수없이 많은 학문적 연구와 개인 에세이가 있다. 나오미 울프Naomi Wolf는 『미의 신화 The Beauty Myth』에서 현실적으로 어떤 여성도 도달할 수 없는 비현실적인 미의 기준이 어떻게 문화적 이상으로 강요되는지에 대해 매우 상세히 열거한다(Wolf, 1991). 울프에 따르면 **미의 신화**beauty myth란 현실적·보편적 미에 대한 믿음이다. 생물학적·성적·진화론적 요인들의 결과로서 여성이 이런 미를 구현해야 하는 반면에, 남성은 미의 이상을 구현한 여성을 욕망해야 한다는 믿음이다. 이 책에서 울프는 이런 생각들이 모두 신화의 일부이며 실제로는 전혀 사실이 아니라는 점을 강조한다. 미가 무엇인지에 대한 보편적·현실적 기준은 **실제로** 존재하지 않는다. 문화마다, 역사적 시기마다 미의 기준은 전혀 다르고, 때로는 서로 모순되기 때문이다 (Burton, 2001: 84).

더구나 여성이 이러한 미의 이상을 추구해야 하는 생물학적인 이유도 존재하지 않는다. 오히려 울스턴크래프트를 포함한 다른 페미니스트들이 거듭 주장하는 바는, 여성이 미를 추구하는 이유가 미를 갖추면 강력한 보상이 주어질 뿐만 아니라 이를 강화하는 문화가 있기 때문이라는 것이다(Wollstonecraft, 1792). 미의 신화는 사실이 아니지만 강력한 힘을 발휘한다. 여성들은 계속 미에 신경을 쓰고, 여성과 남성 모두 여성을 외모로만 판단한다. 울프의 주장에 따르면 미는 정치적·경제적으로 결정되며 미의 신화는 "남성 지배를 온존시키는 최고의, 그리고 최후의 믿음 체계"이다(Wolf, 1991: 12). 울프는 특히 제2 페미니즘 운동 이후 여성의 권력 획득과 남녀평등에 대한 반격으로서 미의 신화가 훨씬 강력해졌다고 주장한다.

미와 남녀 불평등

미의 신화가 남녀 불평등을 유지하는 데 정확히 얼마나 중요한가? 미의 신화가 남성 지배에 기여하는 한 가지 방법은 여성이 미의 추구에 지나친 에너지를 쏟게 하는 것이다. 여성은 미의 신화가 세워놓은 목표에 도달하지 못할 수밖에 없지만(현실적·객관적·보편적 미라는 것은 없으므로), 그럴 경우 여성은 심리적·정서적 대가를 치르게 된다. 대다수 연구에서 여성은 전반적으로 남성에 비해 자신의 몸에 대해 불만이 많다 (Ambwani and Strauss, 2007; Cash and Henry, 1995; Garner, 1997; Muth and Cash, 1997). 또한 최근으로 올수록 남녀 모두 몸에 대한 불만이 많아지고 있다(Feingold and Mazzella, 1998; Jefferson and Stake, 2009). 1985년에는 미국 여성의 30%가 자신의 외모 전반에 만족하지 않는다고 응답한 반면, 1993년에는 48% 또는 거의 두 사람 중 한 사람이 불만을 가지는 것으로 그 숫자가 늘어났다(Cash and Henry, 1995). 사춘기 소녀의 76.8%가 더 날씬해지기를 바라고(Ricciardelli and McCabe, 2001), 여대생의 80%는 자신의 몸에 불만이 많다(Spitzer, Henderson and Zivian, 1999).

왜 여성들이 외모에 더 불만이 많을까? 완벽한 여성의 몸에 대한 기준이 늘 바뀌는 것은 울프(Wolf, 1991)가 말하는 미의 신화 개념과 일치한다. 바로 지난 세기에만 해도 이상적인 미국 여성의 미는 허리가 잘록한 1900년대 미인에서, 가슴이 없고 밋밋한 몸매의 1920년대 신여성으로, 이후 가슴이 풍만하고 모래시계 형인 1950년대 미인으로, 그리고 이제는 말랐지만 가슴이 풍만한 오늘날의 패션계 슈퍼모델로 변화했다(Shields and Heinecken, 2002: xii). 오늘날 대중문화 속에서 가장 흔한 몸매는 여성인구 중 약 4%에게만 가능하다. 모델들은 보통 여성에 비해 9% 더 크고,

16% 더 말랐다(Jhally and Kilbourne, 2000; Zones, 2005). 남녀 모두 매일 이런 여성 이미지의 공세를 받지만, 여성의 96%는 아무리 다이어트와 운동을 해도 그런 몸매가 될 수 없다. ≪보그Vogue≫ 독자의 반 이상이 14[1] 또는 그 이상을 입지만 잡지 속 여성 모델 대다수는 6[2] 이하다(Zones, 2005).

여성들이 점점 더 자신의 몸에 불만을 품게 되는 것은 바로 미디어와 대중문화에 나타나는 이러한 미의 이미지 때문이다. 여성에게 적용되는 이상형은 정상적인 여성 몸의 범위를 벗어나며, 대다수는 이런 이상에 도달할 가능성이 거의 없다. 미가 젠더뿐 아니라 인종과 계급에 따라 달라지고, 또 미에 강한 성적 의미가 담긴 것을 고려하면, 세계 여성 대다수는 영원히 이런 미에 도달할 수 없다. 미의 이미지가 시대와 문화에 따라 달라지듯이, 미국에서도 유일한 미의 이상이 지배한 적은 없었다. 특정 인종·민족·계급 내 하위문화의 미의 이상은 늘 지배적인 미의 이상과 경쟁하고 있다.

라틴계 미국인과 이탈리아계 미국인의 미적 기준은 서로 다르다. 이렇듯 현지화된 미의 이상들은 대중문화를 통해 정당화된 지배적인 기준들과 늘 경쟁 관계에 있었다. 이런 지배적 이상 속에서 아름다운 여성이 되려면 피부색이 하얗고(아니면 최소한 연하고), 장애가 없으며, 젊고, 말라야 한다(Zones, 2005). 수많은 미용 제품이 쏟아지며 광고는 이상적인 미인이 될 수 있다고 설득하지만, 사실 이런 기준에 맞지 않는 여성이 이런 이상적인 여성이 될 수는 없다. 대중문화에서 장애인 여성이 미의 이미지로 꼽히는 경우는 거의 없다. 장애인 여성의 경험에 따르면 눈에 띄는 장애

---

1 12~14는 한국 사이즈로 여자 옷의 L 사이즈에 해당된다.
2 4~6은 한국 사이즈로 여자 옷의 S 사이즈에 해당된다.

어떤 피부가 아름다운 피부색일까? 영미-유럽 역사상 대부분 여성들은 가능한 한 하얀 피부를 갖고 싶어 했다. 무슨 수를 써서라도 주근깨, 햇빛에 탄 반점과 피부를 포함해 햇빛에 노출된 어떤 표시도 없애려고 했다. 〈바람과 함께 사라지다(Gone With the Wind)〉의 스칼릿 오하라(Scarlett O'Hara)를 생각해보자. 그녀는 모자를 쓰고 오후의 햇빛을 가리는 데 온갖 신경을 썼다. 1960년대에 이르자 미국 백인들 사이에는 태닝이 유행했다. 오늘날 미국 백인들은 태닝 시설이나 제품에 수백만 달러를 쓴다. 미국 인구의 10% 정도는 매년 실내 태닝 시설을 이용한다(Indoor Tanning Association, 2005). 실내 및 야외 태닝의 위험성에도 불구하고, 영미-유럽 사회의 대다수에게는 피부색이 진할수록(백인의 경우) 아름답게 여겨진다. 반면 인도에서는 여성들, 그리고 최근에는 남성들까지 하얀 피부를 갖기 위해 수백만 달러를 쓴다. 피부 관리 용품 매출의 60%가 피부색을 연하게 하기 위한 미용 제품이고 가장 인기 있는 상표인 페어 앤드 러블리(Fair and Lovely)는 매출이 140만 달러나 된다(Leistikow, 2003). 최근에 이 회사에서는 피부색이 연해지도록 하는 남성용 크림인 페어 앤드 핸섬(Fair and Handsome)을 새롭게 선보였다. 이 회사의 광고 중 하나를 살펴보자. 두 여성이 침실에서 친밀하게 이야기하는 장면이 나온다. 피부색이 검은 여성은 애인도 없고 불행한 반면, 피부색이 더 연한 여성은 애인도 있고 행복하다. 해결책은? 남자를 쫓아버리는 검은 피부색을 연하게 만들 페어 앤드 러블리를 사는 것이다. 다른 광고에서는 한 여성이 피부색이 연해지는 크림을 바른 후 스튜어디스가 되어 돈도 잘 벌고 아버지를 부양할 수 있게 된다. 페어 앤드 핸섬 광고에서 한 남자는 피부색이 연해지는 크림을 발랐을 뿐인데 영화배우로 성공해 여성들에게 둘러싸이게 된다. 유명 토크쇼에 출연한 영화감독은 피부색이 연한 여성은 집에 데려가 어머니에게 선보일 여자로, 피부색이 검은 여성은 호텔에 데려갈 여자로 간주된다고 말했다. 이는 인도 같은 곳에서 피부색이 미와 성적 매력 모두를 나타내는 지표임을 말해준다. 역사적으로 시대나 문화에 따라 피부색과 매력의 상관관계가 달라지는 것을 어떻게 설명해야 할까? 미의 신화라는 생각과는 어떻게 일치하는가? 섹슈얼리티에 대한 추정이나 인종, 민족 같은 다른 정체성과 연관해 미를 정의하는 다른 방법은 어떤 것들이 있을까?

가 있으면 그 장애가 다른 인상을 제압한다고 한다. 한 조사에서는 대학생이 이런 말을 했다. "휠체어에 앉아 있으면 휠체어의 시각적인 효과가 너무 커서 다른 인상, 가령 옷이나 단정함 등은 실제로 거의 중요하지 않다"(Kaiser, Freeman and Wingate, 1985).

미의 신화 수출하기

몸매 유형과 미의 신화에 대해 살펴보면, 모든 미국 여성의 궁극적인 목표로서 이상적인 미는 마른 것이며, 이 이상은 전 세계로 퍼져나가 미의 기준이 되기 시작했다. 대다수의 문화에서 정상적이고 바람직하다고 여겨지며 부러움의 대상이 되는 몸매는 미국 기준으로 뚱뚱한 몸매다. 2011년에 최초로 나이지리아 여성이 미스 월드가 되었다. 이러한 결과는 나이지리아 미인 대회의 프로듀서가 심사 위원들에게 나이지리아 기준이 아닌 국제 기준으로 대표를 선발해달라는 지침을 내린 후에야 가능했다. 그 차이는 무엇일까? 대다수 나이지리아인에게 이상적인 여성 몸매는 '코카콜라 병같이 풍만한 몸매'다. 아이러니하게도 그들 대부분은 180센티미터 정도의 키에 아주 마른 미스 월드에 대해 아름답지 않게 여긴다.

특히 40세 이상의 나이지리아인은 나이지리아 출신의 미스 월드가 특별히 매력적이라고 생각하지 않았다. 이 나라에서는 뚱뚱한 여성을 위한 축제가 벌어지며, 니제르Niger 지역에서는 몸무게를 줄이기 위해서가 아니라 늘리기 위해서 가축 사료나 비타민을 먹는다. 나이지리아의 어떤 부족은 결혼식 전에 신부를 뚱뚱하게 만드는 농장에 보내기도 한다. 그곳에서는 결혼식 때까지 신부에게 엄청난 양의 음식을 먹이고 돌보며, 마침내 결혼식 날에는 뚱뚱해진 신부가 농장을 나와 동네 광장을 행진한다. 하지만 미스 월드 선발 이후, 그리고 서구 미디어의 이미지가 차츰 확산되자, 나이지리아에서 미의 기준이 변하기 시작했다. 미스 월드처럼 마른 소녀들은 요루바Yoruba어로 **말랐다**는 뜻인 레파lepa로 불린다. 이런 용어는 최근에 사람을 칭하는 데 사용되기 시작했다. 레파 소녀들을 위한 노래와 영화가 만들어졌고, 이제 젊은 나이지리아인들 사이에 마른 몸매가 받아들여지면서 풍만함은 퇴출되었다(Onishi, 2002).

유사한 변화가 브라질에서도 일어나고 있는 것 같다. 과거의 이상적인 브라질 여성 몸매는 기타형, 즉 허리가 굵고 엉덩이와 가슴이 풍만한 몸매였다. 브라질 출신의 저명한 슈퍼모델 지젤 번천Gisele Bundchen의 몸매는 기타형 몸매와 전혀 달랐다. 키가 크고 말랐는데도 가슴은 풍만했다. 과거 브라질 소녀들은 브라질 미의 기준인 수시Susi 인형을 가지고 놀았다. 검은 피부의 브라질 수시 인형은 경쟁 상대인 미국의 바비Barbie 인형에 비해 엉덩이와 가슴이 풍만하고 허리는 더 굵었다. 바비 인형의 브라질 상륙은 1970년대였는데, 1980년대 중반에 이르러 수시 인형은 더 이상 생산되지 않았다. 브라질 소녀들은 마른 금발의 바비 인형과 놀게 되었다. 바비가 미의 모델이 된 것이다. 이렇게 문화적 기준이 변하자 그 영향이 이어졌다. 2001년과 2005년 사이에 브라질인들의 식욕 억제제 섭취 비율이 두 배 가까이 늘어난 것이다. 최근에 그들은 식이 장애를 더 우려한다. 2007년에는 스물한 살 난 모델을 포함해 젊은 여성 여섯 명이 연이어 거식증으로 사망했기 때문이다(Rohter, 2007). 브라질에서 도시화가 덜 진행된 지역 사람들에게는 뚱뚱한 여성을 선호하는 경향이 상대적으로 강하게 남아 있다. 연구에 따르면, 아직도 다수의 브라질 남자들은 **포포주다**popozuda, 즉 엉덩이가 풍만한 여성을 선호한다.

브라질 같은 곳에서 부상한 식이 장애나 다이어트 약 문제가 미국 여성에게는 전혀 새로운 문제가 아니다. 마른 몸을 이상형으로 삼는 문화적 기준 때문에 미국에서 거식증이나 폭식증 같은 다양한 식이 장애가 광범위하게 퍼져 있다. 거식증과 폭식증은 남성보다는 여성에게 훨씬 많이 나타나며, 남성은 무용, 모델, 레슬링같이 엄격한 체중 제한을 요하는 직업을 가진 경우에 이런 병에 걸리는 경향이 있다(Bordo, 2003). 이제는 많은 미국인이 식이 장애에 걸리기 쉬운 개인 유형 및 가족 배경뿐 아니라 거식증과 폭식증의 신호와 증상에 대해 잘 알고 있다. 이러한 식이 장애는 모두 19세기에 이르러서야 의학과 심리학 문헌에 나타나기 시작했는데, 역사상 주로 상류층이나 중산층 백인 여성이 걸리는 병이었다.

Question

브라질과 아프리카 등에서 뚱뚱하거나 풍만한 몸매를 강조하는 것도 여성에게 부정적인 영향을 끼칠 수 있는가? 마른 몸매의 강조는 흔히 식이 장애와 연관된다. 훨씬 풍만한 몸매를 이상적인 것으로 강조한다면 이는 여성에게 어떤 부정적 영향을 미칠까? 이상적 유형 자체를 없애거나 그런 유형을 바꾸는 것이 최상의 목표로 설정되어야 할까?

히스테리와 식이 장애

수전 보르도Susan Bordo는 『견딜 수 없는 무게Unbearable Weight』에서 문화적 페미니즘 관점으로 젠더와 몸의 관계의 중요성에 초점을 맞추어 거식증 같은 식이 장애를 연구했다(Bordo, 2003). 먼저 거식증이 질병으로 등장하는 역사적·문화적 맥락의 중요성을 지적하고, 나아가 이것이 19세기의 또 다른 주요 여성 '질병'이던 히스테리hysteria와 유사하다고 했다. 19세기 후반부터 상류층 여성과 영미-유럽의 유명 여성 인사들이 **히스테리** 진단을 받기 시작했다. 히스테리의 증상에는 늘 휴식을 요하는 전반적인 피로와 쇠약뿐 아니라 두통, 근육통, 기진맥진, 우울, 월경불순, 소화불량이 포함되었다(Ehrenreich and English, 1978).

히스테리 진단을 받은 여성 유명 인사 중에는 작가이자 페미니스트인 샬럿 퍼킨스 길먼Charlotte Perkins Gilman, 도시 개혁가이자 활동가인 제인 애덤스Jane Addams, 보통선거권 운동가인 엘리자베스 캐디 스탠턴Elizabeth Cady Stanton, 가족계획 창시자이자 산아제한의 옹호자 마거릿 생어Margaret Sanger가 있다(Bordo, 2003). 샬럿 퍼킨스 길먼의 『누런 벽지The Yellow Wall-paper』에 잘 그려져 있듯이 이런 여성의 대다수는 공적 활동을 그만두고 완전한 휴식을 취하는 섭생법으로 히스테리 치료를 시작했다. 퍼킨스를 담당한 유명한 의사이자 이 새로운 병에 관한 저명한 책을 쓴 사일러스 위어 미첼S. Weir Mitchell은 퍼킨스에게 이렇게 충고했다. "가능한 한 가정 생활에 전념하십시오. 늘 자녀를 곁에 두십시오. 매일 식사 후에는 꼭 한 시간씩 누워 계십시오. 지적 활동은 하루에 두 시간만 하십시오. 다시는 펜, 붓, 연필에 손도 대어서는 안 됩니다"(Bordo, 2003: 158).

당시에는 중산층과 상류층 여성들 사이에 히스테리가 만연한 현상이 자궁의 생리적 문제와 상류층 여성의 유난히 허약한 체질 때문으로 설명되었다. 당시 의사들은 대체로 노동계급 여성과 유색인종 여성의 건강에 대해서는 크게 신경을 쓰지 않았지만, 이들의 건강 상태는 상류층 여성보다 훨씬 더 나빴다. 그럼에도 당시에는 문명과 진화의 사다리 맨 아래쪽에 있는 이런 여성들의 몸이 고통을 더 잘 견딘다는 이데올로기가 널리 퍼져 있었다. 그리고 의사들은 그런 고통이 대부분 하층 여성들 스스로가 다산을 택했기 때문에 생긴 것으로 믿었다. 상류층 여성은 원래 나약하고 섬세하며, 히스테리는 이런 성향의 특정한 발현으로 여겨졌다. 당시의 의학 지식 또한 **자궁의 심리학**psychology of the uterus을 다루면서 여성의 퍼스나persona 전체가 자궁에 의해 정해진다고 믿었다. 따라서 여성이 겪는 어떤 의학적·심리적 문제도 자궁이라는 특정 기관에 문제가 생겨 발생한 것으로 추측되었다. 그러다 보니 이러한 증세에 그리스어로 자궁을 뜻하는 히스테리라는 이름이 붙여졌다. 그래서 흔히 히스테리는 자궁 질환으로 치부되었다.

19세기에는 히스테리가 널리 퍼져 있었고 의학적으로도 인정된 병이었다. 관련 서적도 많았고 치료법도 다수 개발되었다. 여성의 난자를 없애는 것부터, 퍼킨스에게 처방된 바 있는 완전한 휴식과 고립의 치료법, 그리고 환자의 외음부에 의사가 직접 물을 뿌리는 물 요법까지 그 방법이 다양했다. 전기 자극도 흔히 이용되었는데, 원래 개인용 바이브레이터는 의사의 치료보다 훨씬 저렴한 비용으로 집에서 히스테리를 치료하는 도구로 판매되었다(Maines, 1999). 오늘날 여러분이 아는 여성 중 히스테리 진단을 받은 여성이 얼마나 있는가? 아마 히스테리를 부리지 말라는 말이나 더 구어적 표현으로 '히스테리 발작'이라는 말은 들어봤겠지만, 아주 이상한 의사에게 가지 않는 이상 히스테리라는 병명의 진단을 받기는 어렵다. 전에는 광범위하게 퍼져 있던 히스테리라는 병이 이제는 언어 속에만 그 흔적이 남았다. 이제 의사, 과학자, 학자의 대다수가 히스테리를 19세기 상류층 백인 여성이 처한 특수한 사회적 상황의 반영일 뿐이라고 본다. 특정한 시기에는 히스테리가 진짜 질병으로 간주되었지만, 오늘날에는 히스테리가 침울함이나 무기력처럼 실제로는 존재하지 않았다고 여겨지는 질병의 목록 속에 있을 뿐이다.

과거에 히스테리 진단을 받은 여성들은 물론 고통을 겪었다. 하지만 현대에는 이들의 고통을 생리적 조건보다 사회적·심리적 상황에서 비롯된 증상으로 해석한다. 이제 히스테리는 당대의 변화하는 젠더 규범gender norm의 반영으로 설명된다. 그 당시 중산층과 상류층 여성은 출산 기능을 제외하면 거의 무용지물인 상황이었다. 퍼킨스는 부유한 아내를 진화상 돌연변이인 도도dodo에 비유했다. 부유한 아내는 집 밖에서 어떤 생산적인 일도 하지 않을 뿐 아니라 집 안에서도 가사노동을 모두 하녀에게 맡긴다. 그녀에게 가장 중요한 일은 사업가, 변호사, 교수의 상속자를 낳는 일뿐이다(Ehrenreich and English, 1978). 하지만 같은 시기에 여성이 가정 밖에서 가사노동 말고 다른 일을 할 기회가 생겨나고 있었다(Bordo, 2003). 스미스Smith 대학(1875년 개교), 웰즐리Wellesley 대학(1875년 개교), 브린 모어Bryn Mawr 대학(1885년 개교) 등 새로운 여자대학에서 교육받은 여성의 수가 늘어났고, 코넬이나 하버드처럼 유서 깊은 대학교도 여성들에게 문호를 개방하기 시작했다(Ehrenreich and English, 1978). 1848년에 세네카 폴스 대회Seneca Falls Convention를 계기로 미국에서 여성의 보통선거권 운동이 시작되었으며, 1889년에는 여성 선거권 연합Women's Franchise League이 결성되었다.

히스테리는 특정 집단의 여성들이 앓은 병으로, 이들은 새롭게 열린 기회를 누릴 준비가 되어 있지만, 동시에 자신이 속한 계급의 요구, 즉 진정한 중산층이나 상류층 여성은 일하지 않는다는 이상을 따르도록 기대받는 여성들이었다. 지그문트 프로이트Sigmund Freud도 여성 히스테리 환자를 치료했고 그 치료법에 대한 책을 출판했다. 그는 자신이 치료한 히스테리 환자들이 독창적인 재능을 지녔고 뛰어날 뿐 아니라, 비범하게 지적이고 창의적이며, 활기차고 독립적인 동시에 고등교육을 받은 경향이 있음을 인정했다. 그렇지만 프로이트는 이들의 '고통'과 이처럼 재능 많은 여성들에게 가해지는 문화적 제약을 연관 짓지는 않았다(Bordo, 2003). 현대 학자들의 주장대로 히스테리는 이런 여성들이 겪은 사회적·심리적 긴장의 생리적 표현이었다.

Question

히스테리 사례가 병, 건강, 의학의 사회적 구성에 대해 알려주는 것은 무엇일까? 최근에 등장한 '새로운' 병이나 장애가 또 있는가? 새로운 병과 장애는 늘 존재했으나 확인되지 않았던 것인가? 아니면 새로운 병을 설명할 다른 방법이 있는가?

이 모든 사실이 거식증과 어떤 관계가 있을까? 보르도는 거식증이 역사적 특정 시기인 1950년대와 1960년대에 등장했다고 주장한다(Bordo, 2003). 이 시기는 여성들이 제2차 세계대전 당시 종사하던 직업에서 대량 해고된 때였다. 그러자 어머니이자 아내의 역할로 돌아가는 것을 찬양하는 전후 이데올로기가 새롭게 등장했고, 이와 함께 제2 페미니즘 운동이 싹트기 시작했다. 당시의 이상적인 여성상은 이후 학자들이 '날씬함의 독재'라고 한 것과는 아주 달랐다. 가슴이 큰 관능적인 여성을 찬양하던 이 시기의 이상형은 풍만한 여성이었고, 그 대표적인 인물은 여배우 제인 러셀Jane Russell이었다(Bordo, 2003).

보르도는 이런 문화적 배경에 비추어 거식증을 부분적으로 이런 지배적인 이상적 여성성에 저항하는 한 방법으로 보거나, 1950년대와 1960년대부터 오늘날까지 지속적으로 여성에게 가해지는 특정한 문화적 압력에 대한 반응으로 간주한다(Bordo, 2003). 거식증 연구의 공통 주제는 이들이 사춘기 때 완벽한 여성적인 몸을 갖지 않으려 하는 점에 관한 것이다. 어느 거식증 환자는 늘 마른 상태에 머물고 싶은 욕망을 다음과 같이 표현한다. "나는 절대로 여성적인 몸을 갖지 않을 거예요. 피터 팬처럼 영원히 어린아이로 남을 거예요"(Bordo, 2003: 155). 보르도의 지적대로 이 소녀는 사춘기의 몸매를 유지하고 싶은 욕망을 가졌을 뿐 아니라, 피터 팬을 모범으로 선택한 데서 보이듯이 그야말로 소년이 되고 싶고 소년의 몸을 갖고 싶어 했다. 다른 연구를 봐도 거식증 환자는 어린 시절의 환상이나 소년이 되고 싶은 꿈을 이야기한다. 거식증 환자인 소녀들의 가족 역학을 살펴보면 어머니가 직업을 포기하고 아이와 남편만 돌보는 순종적인 경우가 많다. 일부 연구자들과 의사들은 거식증 여성이 자신의 어머니처럼 되는 것이 두려워 성인 여성이 되기를 거부하는 것으로 해석하기도 한다. 이런 차원에서 보르도는 거식증이 문화 속에 단단히 뿌리박은 질병이라고 주장한다. 이러한 문화에서는 여성이 되는 올바른 방식을 두고 여전히 소녀들에게 제한된 선택지와 모순된 메시지를 보낸다는 것이다.

다른 학자들도 거식증과 폭식증 같은 진단 가능한 식이 장애와, 대다수 미국 여성들의 식사, 운동, 건강, 몸에 대한 사고방식 사이의 차이를 구분하기 힘들다고 지적한다. 그 예로 의학 문헌에서 말하는 **신체 이미지 왜곡 증후군**Body Image Distortion Syndrome 또는 BIDS를 들 수 있다(Bordo, 2003). 처음에 신체 이미지 왜곡 증후군은 "몸 크기 인식의 혼란"(Bordo, 2003: 55)으로 묘사되었으며 이 병을 진단하는 의사나 대중문화 모두 거식증의 표식으로 여겼다. 지금도 신체 이미지 왜곡 증후군은 소녀들과 여성들이 몸을 정상적으로 인식하는지, 아니면 질병이나 식이 장애로서 거식증을 앓는지를 구분하는 중요한 방식으로 인식된다. 신체 이미지 왜곡 증후군은 두뇌 기능 손상이나 몸의 경험이 제대로 처리되지 못하는 발달 문제에서 비롯된 공간 시각적 문제로 인식되었다. 이 두 설명 모두 신체 이미지 왜곡 증후군이 의학적이거나 심리적인 문제임을 분명히 했다. 거식증에 걸린 소녀나 여성이 거울을 보는 장면은 신체 이미지 왜곡 증후군의 고전적인 이미지다. 소녀는 실제로 마르고 쇠약하지만 거울 속에서 엄청나게 뚱뚱하고 비만인 자신의 이미지를 본다. 거식증 환자들이 신체 이미지 왜곡 증후군 때문에 자신의 몸을 제대로 보지 못한다는 것은 이런 뜻이다.

2012년에 일명 '하늘을 나는 다람쥐' 개비 더글러스(Gabby Douglas)는 미국 여성 체조팀에 1996년 이후 다시금 단체전 금메달을 안겨주면서 미국의 연인이 되었다(Marques, 2012). 트위터나 다른 소셜 미디어에서 팬들은 그녀의 구르는 기술이나 아치 기술보다 머리카락에 더 관심이 있는 듯 보였다. 퍼스트레이디인 미셸 오바마(Michelle Obama)의 헤어스타일을 두고도 비슷한 대화가 오간다. 이는 미, 인종, 좋은 머리카락의 정의를 둘러싼 해묵은 논쟁을 지폈다. 2009년에 다큐멘터리 〈멋진 머리카락(Good Hair)〉에서 크리스 록(Chris Rock)이 탐사 보도한 대로, 흑인 여성 머리카락 관련 산업은 수백만 달러의 산업이다. 많은 흑인 여성이 흔히 꼬인 또는 곱슬머리라고 하는 '자연스러운' 머리카락에 편안해한다. 하지만 미의 정의가 심각하게 인종적인 사회에서는 직모(백인 여성의 머리카락이라고 생각되는 종류)가 멋진 머리카락으로 규정된다. 노렐 지안카나(Norell Giancana)의 말대로, "'멋진 머리카락'이 무엇인지는 공공연한 비밀로서, 교과서적 정의 없이도 모두가 아는 그런 것이다. 우리는 직관적으로 그것이 무엇을 의미하는지, 어떻게 보이는지, 누가 그런 머리카락을 가졌는지 안다"(Giancana, 2005: 211). 흑인 여성 중 다수가 머리를 직모로 만들려고 화학제품을 바르거나 인조 머리카락을 덧붙인다. 사회 전반적으로나 유색인종인 남녀들이나 흔히 멋진 머리카락을 한 유색인종 여성을 매력적이라고 생각한다. 직모에는 단순히 매력만이 아니고 그를 넘어선 의미도 있다. 라디오 방송 진행자 돈 아이머스(Don Imus)가 럿거스 대학교(Rutgers University) 여성 농구팀을 "별 볼 일 없는 멍청이들(nappy-headed hos)"이라고 부르며 특정 이미지들을 결합시킨 것은 우연의 일치가 아니다(Desmond-Harris, 2009). 흑인 여성의 원래 머리카락은 성적인 면이나 정치적 신념과 연관된다. ≪뉴요커(New Yorker)≫에서는 퍼스트레이디를 조국을 혐오하는 흑인 급진주의자로 그릴 때 아프리카풍 머리로 그린다. 직모의 흑인 여성은 더 매력적이고 순결하고 유순한 사람으로 인지된다. 텔레비전을 보거나 인터넷을 검색하거나 영화를 볼 때 유색인종의 머리카락을 유심히 보아라. 원래 아프리카풍 머리를 한 사람이 있는가? 아니면 직모인가?

신체 이미지 왜곡 증후군을 정상적인 몸 인식과 거식증 환자의 몸 이미지 왜곡을 구분하는 지표로 볼 때 생기는 문제는 여성의 대다수가 자신의 몸을 정확하게 인지하지 못한다는 점이다. 여성 잡지 ≪글래머Glamour≫가 3만 3000명의 여성을 대상으로 한 1984년의 조사를 보면, 표준 몸무게를 기준으로 여성의 1/4만이 실제로 과체중인데도 여성의 75%는 스스로 너무 뚱뚱하다고 생각했다(Bordo, 2003: 56). 조사된 키와 몸무게를 기준으로 여성의 30%가 실제로는 표준체중 이하임에도 여전히 스스로 너무 뚱뚱하다고 여겼다. 다른 연구에 따르면, 식이 장애가 없는 100명의 여성 중 95%가 실제 몸 치수보다 자신의 몸이 1/4이나 더 크다고 평가했다(Bordo, 2003: 56). 이런 연구들을 보면 거식중 환자와 왜곡된 몸 이미지를 보는 여성의 숫자가 분명하게 일치하지는 않지만, 미국 여성 중 상당수가 신체 이미지 왜곡 증후군에 걸렸음을 알 수 있다.

몸의 문제

보르도를 비롯해 몸 이미지, 식이 장애, 젠더를 연구하는 이들은 거식중과 폭식중으로 심각한 건강상 문제를 겪는 여성의 수가 점점 늘어나는 것이 현실적으로 문제가 된다고 주장한다(Bordo, 2003). 그들의 목적은 몸과 관련해 미국 여성들이 겪는 문제 중 가장 극단적인 현상으로서 거식중과 폭식중이 주목받게 만드는 것이다. 미국 여성 모두가 거식중이나 폭식중에 시달리는 것은 아니지만, 조사에 따르면 몸무게를 줄이기 위해 남성은 58%가 다이어트를 하는 반면 여성은 84%가 다이어트를 한다(Stinson, 2001). 미국의 13세에서 18세 사이의 젊은 여성을 대상으로 한 조사에서는 8%가 몸무게를 줄이기 위해 그 전해에 구토를 한 적 있고, 2%는 설사약을 사용한 경험이 있으며, 17%는 다이어트 약을 복용한 적이 있다는 결과가 나왔다(Wykes and Gunter, 2005). 또 다른 보고에 따르면, 여대생의 20%가 몸무게를 줄이고자 굶어봤다고 한다(Pyle, Neuman, Halvorson and Mitchell, 1990). 이런 여성들이 모두 거식중이나 폭식중 환자인가? 이것이 과연 가장 중요한 질문일까? 여성과 먹기, 여성과 몸의 관계가 모든 여성에게 힘든 문제가 된 이유가 보르도 같은 페미니스트들의 지적처럼 문화 때문일까?

여성들의 정상적 행동과 비정상적 행동을 구분하려는 또 다른 시도는 몸 이미지 전반에 대한 관심에 좀 더 초점을 맞춘다. 이는 **신체 변형 장애** Body Dysmorphic Disorder 또는 BDD라고 한다. 신체 변형 장애의 징표에는 "자주 거울을 보는 것, 지나치게 모양을 내는 것, 제모, 거듭 재확인하는 행동"(Jeffreys, 2009: 167)이 포함된다. 제모를 지나치게 하는 것뿐 아니라 화장품을 지나치게 많이 바르거나 헤어 제품을 지나치게 많이 사는 것 모두 신체 변형 장애의 징후다. 그렇다면 문제는 무엇을 지나친 행동으로 볼 것인가 하는 점이다. 신체 변형 장애라는 진단을 받지 않으려면 샤워장이나 목욕탕에 헤어 제품을 얼마나 두어야 할까? 일부 여성들처럼 팔을 면도하거나 왁스로 제모하는 경우가 신체 변형 장애일까? 또 다른 신체 변형 장애의 지표로 "자신의 외모에 대해 적어도 하루에 한 시간은 열심히 생각하는"(Jeffreys, 2009: 167) 것을 들기도 한다. 그렇다면 외모에서 무엇이 잘못 되었는지 매일 30분이나 45분을 생각하면 괜찮고 15분을 더 생각하면 안 된다는 것인데, 그 차이를 믿을 수 있겠는가?

미를 중시하다 보면 여성 대다수가 몸과 먹기에 대한 부정적인 인식을 갖게 될 뿐 아니라 식이 장애 등 여러 가지 대가를 치른다. 중국 상류층 여성들의 전족(아주 어렸을 때부터 여성의 발을 꽁꽁 싸매서 발이 제대로 자라지 못하게 되며, 거의 걷지도 못하게 되는 경우도 다수임)처럼 잔인한 미의 관행은 사라졌지만, 페미니스트들의 주장처럼 화장 등의 미용 요법이 아직도 여성의 건강이나 웰빙에 해를 끼치는 것은 사실이다. 미국의 어떤 정부 기관도 건강에 대한 영향을 고려해 화장품을 충분히 규제하지 않는 사이에 나이 어린 소녀용 화장품 판매량은 점점 증가하고 있다. 어떤 연구자에 따르면 전형적으로 매일 화장을 하는 여성은 아침 식사 전에 200가지의 합성 화학물질에 노출되며, 미국 환경 보호국Environmental Protection Agency은 그중 다수에서 유독성을 확인했다. 여성의 염색약 사용과 염색체 손상 사이의 연관성도 다수의 연구에서 지적되었다. 염색약에는 흔히 벤젠, 크실렌, 나프탈렌, 페놀, 크레오솔 같은 발암물질이 포함되어 있기 때문이다(Jeffreys, 2009).

눈꺼풀과 권력: 성형수술

일부 여성들은 그 유해성이 지적된 화장품을 사용하면서도, 화장품만으로는 지배적인 미의 이상에 충분히 도달할 수 없다고 생각한다. 일반인뿐 아니라 미의 신화를 연구하는 학자들도 성형수술이 외모 변화를 위한 더 극단적인 조치라고 여긴다. 성형수술은 운동, 다이어트, 헤어스타일링, 화장 등의 다른 외모 변화 기술과는 질적으로 다른 공격적인 방법이다. 사람들은 성형수술을 선택하는 사람들이 수술의 위험보다 외모를 더 중시한다고 본다(Gimlin, 2002). 그렇지만 성형수술을 선택하는 여성과 남성의 숫자가 증가하면서 성형수술을 둘러싼 오명은 서서히 사라질 것으로 보인다. 성형외과 의사들이 1999년에는 220만 건의 수술을 했는데, 이는 1992년과 비교했을 때 7년이라는 짧은 기간 동안 153%가 증가한 것이다. 가장 흔한 성형수술은 지방 흡입이다. 1995년에 23만 865회나 진행되었다. 1992년 이래 264%가 증가한 것이다. 이는 사람들이 날씬해지려는 것을 넘어 군살과 늘어진 살, 완벽하지 않은 부위는 어디든 모조리 제거하려는 강박관념에 사로잡혀 있다는 것을 반영한다. 두 번째로 흔한 수술은 가슴 확대술인데, 물론 수술을 한 사람 중 90%가 여성이라는 사실은 놀랍지 않다.

해를 거듭할수록 성형수술이 발달하면서 이제는 입원 없이 외래만으로도 성형수술을 받을 수 있다. 하지만 어떤 수술에도 위험은 있고 성형수술이라고 예외는 아니다. 지방 흡입은 수술 후 여섯 달까지 고통, 마비, 멍, 변색을 가져올 수 있다. 주름 제거 수술을 하면 평생 안면 마비가 올수도 있고, 지방 색전증, 혈전, 체액 감소 같은 더 심각한 부작용도 있으며, 심지어는 죽을 수도 있다. 가슴 확대술은 30~50%까지 심각한 부작용이 있다. 가슴 마비, 고통스러운 가슴 팽창, 울혈, 팔을 올리고 내리기도 힘든 가슴 경직 등이 나타날 수 있다. 최악의 부작용은 피막 형성일 것이다. 피막 형성이란 몸이 가슴 보형물을 외부 물질로 인식해서 보형물 주변에 섬유질 피막이 생겨난 현상을 말한다. 이런 경우 의사가 손으로 마사지를 해서 피막을 없애거나 보형물 자체를 제거해야 하는데, 두 과정 모두 환자에게는 무척 고통스러운 일이다(Gimlin, 2002). 성형수술이 잦은 다이어트나 강박적인 운동과 질적으로 다르다고 주장하는 사람들은 이러한 위험을 강조한다.

인종과 미의 신화

많은 사람들이 놀랄 통계는 세 번째로 인기 있는 성형수술이 안검술이라는 점이다. 안검술은 쌍꺼풀 수술로 1999년에 14만 2033명이 받았고, 환자의 85%는 여성이었다(Gimlin, 2002). 쌍꺼풀 수술이 무엇이며 어째서 수요가 많을까? 성형외과 의사들은 '늘어진 눈꺼풀'이나 눈 아래 주머니 모양으로 늘어진 살을 제거하면 더 젊어 보이고 피곤해 보이지도 않는다며 이 수술을 권한다. 미국에서 미의 이상 중 하나는 영원히 젊어 보이는 것이므로 노화의 흔적을 없애고 싶은 여성들과 남성들은 이 수술을 받으려 할 것이다. 그러나 안검술의 다른 한 유형은 쌍꺼풀 수술 또는 아시아식 안검술로 불린다(American Society of Plastic Surgeons, n.d.; Kaw, 1993).

유지니아 코Eugenia Kaw는 아시아계 미국 여성과 성형수술의 관계에 대한 연구에서, 특정 사이트를 대상으로 조사했을 때 성형수술을 원하는 아시아계 미국 여성 중 대다수가 쌍꺼풀 수술을 원한다는 것을 밝혀냈다(Kaw, 1993). 통계를 보면 1990년에 성형수술을 하려는 사람 중 20%가 아시아계, 라틴계, 아프리카계 미국인임을 알 수 있다. 쌍꺼풀 수술이란 정확히 무엇인가? 아시아인 조상을 둔 사람들은 원래 해부학적 구조가 쌍꺼풀인 비아시아계의 사람들과 달리 외꺼풀이다. 이런 해부학적인 차이로 인해 많은(모두는 아니지만) 아시아계 사람의 눈은 미국 백인의 기준과 다르다. 따라서 쌍꺼풀이 정상에 가까운 것처럼 정의하는 데 대해 조심해야한다. 지구상 인구의 1/4이 중국인이거나 중국인 조상을 두고 있는데, 이는 세계 인구 중 다수가 외꺼풀이라는 뜻이다. 중국계 아시아인만 해도 숫자가 이렇게 많다.

가까운 미래에 백인은 통계적으로 더 이상 미국인의 다수가 되지 못할 것이다. 그런데도 백인과 백색은 여전히 기준을 규정하는 중요한 축이다. 이는 쌍꺼풀이 기준이 되고 아시아계 미국 여성들 중 다수가 쌍꺼풀을 바람직하게 여긴다는 뜻이다. 아시아계 남녀는 성형수술로 쌍꺼풀을 갖게 될 것이다. 코는 아시아계 미국 여성들이 더 예뻐지려고 쌍꺼풀 수술이나 다른 성형수술을 하지만 이런 식의 미 추구에는 아주 특별한 인종적 차원이 있음을 지적한다. 백인이 지방 흡입이나 얼굴 주름 제거 수술을 하려고 할 때는 날씬함이나 나이에 관한 미의 기준에 순응하려는 것이다. 하지만 백인은 인종 특유의 이목구비를 바꾸려 하지는 않는다. 미국에서는 대체로 백인의 이목구비가 미를 측정하는 기준으로 인식되기 때문이다.

그렇다면 많은 아시아계 미국 여성들이 좀 더 백인처럼 보이길 원한다고 해도 특별히 놀라운 일은 아니다. 이 여성들 본인은 이런 결정을 어떻게 이해하고 있을까? 아시아계 미국인 여성들을 심층 인터뷰한 코의 연구 결과를 보면 그들 모두가 아시아계 미국인인 것에 자부심을 느끼고 있으며, 백인처럼 보이고 싶은 욕망이 있다고 말하지는 않았다(Kaw, 1993). 그대신 그들은 대다수 아시아인의 얼굴에서 연상되는 전형적인 특징에 대해서는 부정적이었다. 21세의 중국계 미국 여성은 "아둔하고, 재미있게 놀지도 못하는" 그런 "동양 책벌레"의 전형이 되기 싫어서 쌍꺼풀 수술을 고려했다고 말했다(Kaw, 1993: 79). 또 다른 인터뷰 대상인 여성은 쌍꺼풀 수술을 하지 않은 아시아계 미국인 여성들을 보면 "찢어진 눈이 감긴" 것처럼 보여 눈을 조금만 더 "크게 뜨면" 얼마나 더 보기 좋을까 하는 생각이 든다고 말했다(Kaw, 1993: 79).

코는 이 여성들이 아시아계 미국인 전반, 특히 아시아계 미국 여성들과 연관된 여러 가지 상투형을 표현한다고 주장했다. 아시아계 미국 여성은 유순하고, 수동적이며, 느리고, 감정을 드러내지 않는 것으로 인식되는데, 코의 연구에 참여한 여성들은 이런 부정적 자질을 아시아인 특유의 이목구비와 연관시켰다. 그들은 이런 자질에 대해 부정적인 사회에서 그러한 자질의 시각적 징표를 얼굴에서 제거한다면 사회적으로 성공할 기회가 늘어날 것이라고 생각했다. 쌍꺼풀 수술을 한 어느 여성은 딸에게도 수술을 권하겠다고 했다. 수술을 하면 딸이 나중에 더 좋은 직장을 갖게 된다는 것이다. 여성 대다수는 미를 성공과 연관 지어 생각하며, 좀 더 성공하기 위해 더 지배적 기준에 맞추어 아름다워지려고 한다.

코의 지적에 따르면, 이런 여성들과 수술을 상담하는 성형외과 의사들 모두 아시아인 특유의 이목구비와 성격적인 특징 사이에 전반적으로 연관이 있다고 확신한다(Kaw, 1993). 이런 의사들은 '진단'뿐 아니라 의학 기관의 권력을 등에 업고, 아시아적 이목구비 자체가 '비정상적'이며 교정을 받아야 하는 의학적 문제라는 개념을 생산한다. 코가 인터뷰한 성형외과 의사인 기Gee 박사는 왜 아시아계 미국인들에게 쌍꺼풀 수술이 중요한지에 대해 이렇게 묘사했다. "장담하건대 90% 정도는 쌍꺼풀이 있으면 인상이 더 좋아진다. 쌍꺼풀이 있는 눈은 더 활기차 보인다. 흔히 외꺼풀 눈인 사람들은 눈 밑의 작은 기름 주머니에 눈이 반은 파묻혀서 더 무기력하고 작아 보인다"(Kaw, 1993: 81). 수술 전후를 보여줄 기술 장비가 있는 공식적 의료 환경에서 흰 가운을 입은 의사가 이러한 신념을 펼친다면, 얼굴 성형을 해야겠다는 생각이 객관적 진실로 다가올 것이다.

미국 같은 소비자 중심 사회에서는 코의 연구에 참여한 의사와 환자 모두가 백인의 이상에 더 가까운 형태로 얼굴을 변화시키기 위해 성형을 결정하는 아시아계 미국 여성을 옹호하며, 이들이 주체성과 독립성을 보여준다고 주장한다(Kaw, 1993). 이런 해석에 따르면 성형수술은 어떤 미의 기준에 순응하는 것이 아니고, 오히려 몸에 최신 기술을 적용해 개성과 욕망이 반영된 독특한 방식으로 몸을 조각하는 것이다. 몸과 미에 대한 문헌을 보면 이러한 관점은 흥미로운 논쟁을 촉발한다. 젠더와 몸의 관계에 대한 초기 페미니스트 연구에서 몸은 일차적으로 가부장제의 수단 중 하나로 여겨졌다. 나오미 울프가 소개한 미의 신화는 남녀 불평등을 유지하는 방법으로 인식되었다(Wolf, 1991). 여성들이 외모에만 신경 쓰게 하는 것은 여성이 분수를 지키도록 강요하는 방식으로서, 사회적 지위나 위치를 개선하려는 여성의 노력을 억압하는 방식이라고 지적했다.

미는 권력인가?

그러나 페미니스트 비평이 발전하고 제2 페미니즘 운동이 제3 페미니즘 운동으로 옮아가자, 더 많은 페미니스트들이 미의 추구가 여성 억압의 일차적 도구만은 아니며, 오히려 어떤 면에서는 여성에게 권력을 부여하는 수단이 될 수도 있다고 주장하기 시작했다(Bordo, 2003; Jeffreys, 2009). 캐런 레먼Karen Lehrman은 『립스틱 단서Lipstick Proviso』에서 남녀평등을 성취하기 위해 여성이 반드시 여성성을 희생할 필요는 없다고 주장했다(Lehrman, 1997). 이때 그녀가 여성성이라고 하는 데는 립스틱을 바르고 미니스커트를 입는 것도 포함된다. 미를 추구하는 행동을 여성 종속에 기여하는 행위보다는 여성이 자신감을 갖는 수단으로 보는 방식도 여럿 있다. 그중에서 우선 미를 추구하는 행위가 여성만의 독특한 문화와 여성 간의 연대를 구축하는 중요한 기반이 되는 방식에 대해 논의할 것이다.

여성들은 제모 방법에 대한 요령이나 충고를 공유하는 자신들만의 표현의 장을 창조할 수 있다. 카린 마틴Karin A. Martin은 젊은 여성들을 대상으로 사춘기의 몸의 변화 경험을 인터뷰한 결과, 사춘기의 긍정적 측면 중 하나가 제모법을 배우는 것임을 발견했다(Martin, 1996). 그들은 제모법을 배우며 언니나 어머니처럼 나이 든 여성과 유대감을 느낀다고 한다. 다이어트 문화에 대한 연구에서 칸디 스틴슨Kandi Stinson은 체중 감량 프로그램에 페미니스트적 메시지가 스며 있는 것에 주목했다(Stinson, 2001). 체중 감량 프로그램은 주로 여성들이 참여하며 먹기와 체중 감량에 대한 통제권을 강조하는데, 이는 여성이 권력을 갖는 한 방법이 될 수 있다. 또한 여성들은 다 같이 이 프로그램에 참여하는 가운데 유대감을 느낀다. 운동이나 에어로빅은 여성들이 공유 가능한 공동 활동이다. 몇몇 페미니스트들은 이런 예들이 전부 미의 추구가 여성의 집단적인 단결과 유대의 원천이 될 수 있음을 시사한다고 주장한다.

미를 단순히 여성 종속을 넘어서는 것으로서 지지하는 두 번째 주장은 미를 위한 활동 중 다수에서 나타나는 창의적·전복적 잠재성에 주목한다. 예를 들어 20세기 화장의 역사를 대략 살펴보면, 원래 화장품의 생산·마케팅·판매는 대개 여성이 통제했음을 알 수 있다(Jeffreys, 2009). 이런 사업을 통해 여성들은 남성이 지배하는 유급 경제의 세계에 발을 들여놓았으며, 초기 여성 자본가들은 다른 여성들을 고용할 수 있게 되었다. 미국 미용 산업 초기의 뛰어난 인물들은 노동계급 출신 여성, 소수민족 여성, 유색인종 여성이었다. 이 여성들은 외모의 정치를 통제할 능력을 가지고 있었으며, 자신의 노력으로 얻은 이득을 여성들의 공동체로 흘러들어 오게 했다. 미용 산업 초기에 뛰어든 여성들은 미의 이상과 여성성의 이상을 만드는 데 매우 큰 영향력을 발휘했고, 소비를 통해 미를 추구하는 행위를 점잖은 일로 보이게 만들었다. 그 전에 미국에서 **화장**은 흔히 **분장**으로 불렸으며 성매매 여성이나 여배우가 하는 것이었는데, 두 여성 모두 점잖은 여성들의 적합한 모델은 아니었다.

1930년대를 거치면서 미용 산업 자체가 주로 남성이 경영하는 대기업에 넘어가기는 했지만, 화장법의 확산이 20세기 초 다수의 여성이 공적 세계에 나가는 데 공헌했다고 주장하는 역사가들도 있다. 19세기 말이나

20세기 초까지 중간계급과 상류층 출신의 점잖은 여성들은 상대적으로 공적 세계에서 배제되었다. 그러나 이 시기에 이르면 중간계급 여성에게 노동시장이 열려 사무직이나 교사 같은 직업에 종사할 수 있게 되었다. 미용 산업의 성장으로 여성들은 얼굴을 맞대고 일하는 공적 세계에 더 쉽게 들어갈 수 있었고, 성적 자유를 강조하는 새로운 결혼 시장에 더 쉽게 진입했다. 미국 초기 화장의 역사를 전공한 역사가 캐시 피스Kathy Peiss는 이 시기의 여성에 대해 다음과 같이 말했다(Peiss, 1998).

공적 세계로 진입하면서 여성들은 공적인 주목을 요구했다. 즉, 다른 사람들이 주목해주기를 원했다. 이는 파리 사람들이나 다른 권위 있는 사람들을 그대로 모방하는 패션이 아니라 새로운 방식으로 자신의 여성성을 제시하는 것이었다. 여성의 정체성에 대한 더 큰 문화적 논쟁이 벌어지리라는, 아주 작지만 울림 있는 징조였다(Peiss, 1998: 55).

이런 관점에서 본다면 화장은 여성이 공적 생활이라는 새로운 세계와 부딪치기 위한 무장의 도구라고 할 수 있다.

수전 보르도는 그녀의 책(Bordo, 2003)을 통해 미국과 같은 문화에서 몸은 점차 조형적으로 보인다고 주장했다. 미국 같은 곳에서 사람들은 몸을 캔버스처럼 이용해 수많은 방식으로 자신만의 독특한 성격이나 믿음을 표현할 수 있다. 이것이 자유의 신장을 실현하는 새로운 능력일까? 아니면 문화적 기준이나 이상에 우리 몸을 순응시키는 새로운 방식일까? 한 연구에 따르면 성형수술을 받은 여성들은 수술 후 실제로 자신의 삶이나 몸에 대해 더 만족한다고 한다(Gimlin, 2002). 리즈 프로스트Liz Frost는 여성 입장에서 '외모 가꾸기'가 즐거움과 권력의 원천이 될 수 있고, 더 적극적으로는 여성의 정신 건강 전반에 도움이 된다고 주장했다(Frost, 1999). 이전에 논의한 위험과 상관없이, 그런 위험보다 자존감이 높아지는 게 더 중요한 일일까? 만약 아시아계 미국 여성이 전형적인 백인처럼 보이도록 성형수술을 해서 실제로 출세할 가능성이 높아진다면, 그들의 수술 결정이 과연 권력을 더 갖기 위한 결정이라고 할 수 있을까? 이런 질문들은 깊이 탐색되어야 한다. 이런 질문들은 여러 사고방식의 토대로서 단순한 정신-몸 이분법이 유지되기 힘들다는 사실을 시사한다. 몸을 변화시키면 더 나은 사람이 되거나 세상을 더 성공적으로 헤쳐나갈 수 있는데도, 몸의 변화는 정말 모조리 잘못된 일일까?

알약과 전동공구: 남성과 몸 이미지

현대 미국 같은 곳에서 몸 이슈에 집중할 때, 정신-몸 이분법은 몸과 관련해 여성을 불리한 입장에 놓이게 할지 모른다. 이는 최근까지도 남성들에게는 해당되지 않던 부분이다. 우리는 곧 여성이 경험하는 외모에 관한 많은 압박을 어떻게 남성들도 똑같이 경험하는지 곧 살펴볼 것이다. 그전에 남성의 몸 또한 전 세계적으로 젠더·지위·그룹의 일원을 나타내는 표식으로 사용되고 있음을 상기하는 것이 중요하다. 나치 독일에서는 그룹의 일원을 가리키는 방식으로서 할례가 삶과 죽음을 갈랐다. 남성 성기의 할례는 유대인의 표식이 되었고, 역사적으로도 이는 보통 유대인 정체성의 중요한 표식이었다. 오스트레일리아의 탐험가들과 이전에 '발견되지 않았던' 뉴기니의 어느 그룹 간 역사적 조우에 관한 이야기에서 탐험가들은 자신들의 옅은 피부색 때문에, 그리고 천으로 짠 보호대로 성기를 덮고 콧구멍을 돼지 어금니로 장식한 특정한 그룹의 이 남자들처럼 하지 않았다는 이유로 사람으로 간주되지 않았다. 이들의 관점에서 그런 특징을 결여한 다른 사람들은 분명히 사람이 아니고, 남자도 아니었다(Nagel, 2003).

젠더와 다른 지위들이 여성의 몸에 모두 새겨져 있듯이, 남자들의 몸에도 새겨져 있다는 사실에는 논란의 여지가 없다. 젠더와 몸에 관한 논의에서 생기는 의문점은, 젠더가 남성들의 몸에 새겨지는 방식과 여성들의 몸에 새겨지는 방식 사이에 중요한 차이점이 있느냐는 것이다. 이는 필자가 가르치는 젠더 강의에서 몸 이미지, 비정상적 식습관, 미의 신화에 관한 논의에 들어갈 때 흔히 다뤄지는 논쟁거리다. 수업을 듣는 남학생들의 상당수는 과체중 또는 체중 미달의 문제, 즉 너무 뚱뚱하거나 말라서 적당히 남성적으로 간주되지 못한다는 현실과 평생 투쟁해온 이야기를 늘어놓으며 그들 나름대로 몸과 관련한 문제에 직면한다고 말한다. 정신-몸 이분법은 남성성을 정신의 세계와 확실히 동일시하지만 우리 모두 남성이 눈에 보이는 몸을 가졌음을 알고 있다. 남성이 자기 몸에 대해 갖는 관계에서 정신-몸 이분법은 여성들의 경우와 달리 어떤 식으로 영향을 끼치는가? 그리고 남성이 직면하는 몇몇 몸 이슈는 어쩌면 그렇게도 여성이 직면하는 몸 이슈와 유사한가?

젠더에 따라 다르게 표현될 수도 있는 외모와 육체적 매력은 사람들이 우리에게 반응하는 방식, 따라서 우리가 자신을 어떻게 느끼는지를 결정하는 중요한 요소다. 남성이건 여성이건 육체적으로 남보다 더 매력적이라고 간주되는 사람들은 사회적으로 더 바람직한 성격을 가진다고 여겨지며 더 행복한 삶을 살 것으로 기대된다(Zones, 2005). 이는 사회에 광범위하게 중요한 영향을 끼치는데, 조사에 따르면 예쁜 아기가 덜 예쁜 아기보다 더 귀여움을 받고, 아장아장 걷는 아이처럼 귀여운 아이가 덜 혼난다. 교사들은 잘생긴 학생들에게 더 관심을 기울이며 법정에서 배심원들은 매력적인 피해자에게 더 동정적이다. 운 좋게도 매력적으로 간주되는 사람들은 그들에게 전반적으로 더 많은 애정과 기대, 긍정적 자질들을 부여하는 세상을 순탄하게 살아가며 자기 성취적인 예언을 만든다. 그 결과, 매력적으로 간주되는 사람들은 사실상 사회적으로 더 능력 있고 성취적인 경향이 있다는 것이다(Zones, 2005).

큰 키의 중요성

매력은 남녀 모두에게 중요하지만 흔히 여성과 남성에게 다르게 인지된다. 키는 여성과 달리 남성에게 특별히 중요한 매력 요소가 될 수 있다. 남성의 큰 키는 작은 키보다 매력적으로 인식된다는 점에서 미국과 같은 현대의 영미-유럽 문화에서는 키가 중요하다. 키 큰 남자들은 키 작은 남자들에 비해 더 신뢰할 만하다고 여겨지고, 임용과 승진에서 이익을 누린다는 사실이 연구에서 밝혀졌다(Gascaly and Borges, 1979; Gieske, 2000). 웨스트포인트 사관학교 같은 곳에서 키는 계급 승진에 잠재적으로 중요한 역할을 할 뿐만 아니라 흔히 지도력의 표식으로 간주되어왔다(Mazur, Mazur and Keating, 1984; Stogdill, 1974). 다른 연구도 키가 여러 상이한 문화 속에서 지위와 계급의 일관된 표식이자, 첫 만남에서 사람을 평가할 때 유심히 보는 몸의 여러 측면 중 하나임을 입증한다. 어빙 고프먼Erving Goffman은 광고에서 인물들을 배치할 때 키의 중요성에 주목했다(Goffman, 1988). 실제로 키가 크고 작은 것과 상관없이 다른 사람보다 키가 커 보이는 위치에 있는 사람은 분명 권력을 쥔 사람이라는 것이다.

이런 연관성을 볼 때 키가 이성애의 중요한 구성 요소라는 것은 그리 놀라운 사실이 아니다. 젠더 행하기 관점에서 볼 때, 이성 커플에서 남성이 상대 여성보다 키가 커야 한다는 강력한 문화적 규범은 남자와 여자가 각각 여러 맥락과 상황을 통틀어 젠더를 수행하도록 받쳐주는 명제다. 특히 이러한 키의 차이는 이성 커플들로 하여금 젠더 우위 관계를 실행하도록 한다. 즉, 키가 권력과 지위를 가리킨다면 이성애에서 남자 파트너가 키가 더 커야 한다는 게 말이 된다. 평균적으로 남성이 여성보다 좀 더 큰 것은 사실이다. 그러나 평균이라고 말할 때 우리는 이것이 꼭 상당수의 여성이 상당수의 남성보다 작다는 것을 의미하지는 않는다는 점을 명심해야 한다. 흥미로운 이야기를 하나 덧붙이자면, 실제 기록 속에서 남자와 여자의 평균 키 차이는 역사적으로 줄어들고 있다(Schiebinger, 2000). 키는 유전자에 의해 일부 결정되지만 영양 섭취 또한 성인의 키를 결정하는 중요한 인자다. 어떤 학자들은 여성과 남성의 키 차이가 점점 줄어든다고 추정한다. 세계 곳곳에서 여자아이들이 과거에는 남자아이들에게 주어졌을 만한 값비싼 음식 자원을 더 이상 박탈당하지 않기 때문이다. 현재 남성들은 여성들에 비해 여전히 평균적으로 조금 더 크지만, 이 자체가 모든 키 큰 남자는 자신보다 작은 여자와 짝이 되어야 한다는 논리적 결과로 귀결되지는 않는다. 상상하기 어렵지만 키 큰 여자가 키 작은 남자와 짝이 될 때에도 이 기준은 쉽게 적용될 수 있다.

사실 남자가 여자보다 현저히 커야 한다는 것이 영미-유럽 문화에서 항상 규범이었던 것은 아니다. 규범에 어긋나는 키 차이를 보이는 이성 커플에 대한 사람들의 반응은, 어떤 측면에서는 우리가 다른 인종 간 커플 또는 짝 맺기의 적당한 기본 규범과 명백히 어긋나는 다른 커플을 볼 때의 반응과도 유사하다. 이런 커플들은 젠더에 대한 우리의 기본 가정을 근본적으로 뒤엎는 것처럼 보인다. 즉, 키가 큰 여자는 자신의 짝을 압도함으로써 '남자가 되려고' 시도하는 것이고, 반면 남자는 자신의 권력을 포기했지만 자신의 작은 키에도 불구하고 특별히 '선택된' 사람임을 증명하는 것이기도 하다. 18세기의 유럽 귀족 사회에서는 이성 커플의 키를 관장하는 규범은 없었다. 여자는 자연 상태에서 남편보다 키가 클 수도 있었고, 꼭 크지 않더라도 당시의 유행 규범에 따르면 여자가 남자보다 현저히 커 보여야 했다. 귀족 여성들 사이에서는 하이힐과 높은 가발이 유행했는데, 둘 다 여성들에게 그들과 동반하는 남성들보다 뚜렷하게 유리한 키를 만들어주었다.

> **Question**
> 이성 커플의 키 차이 같은 또 다른 젠더 규범에는 뭐가 있을까? 또 다른 외모의 차이(몸무게, 머리카락 색깔, 매력 등), 사회계층 차이, 인종적 차이 또는 나이 차이 등이 있는가? 이러한 다른 규범들은 젠더와 이성애 관계에 대해 뭐라고 말하는가?

자비네 기스케Sabine Gieske는 키와 짝 맺기 역사에 관한 연구에서 이러한 젠더 규범이 바뀐 것은 18세기에 일어난 사회계층에 관한 사고 변화와 맞물려 있다고 주장했다(Gieske, 2000). 이 시기 유럽에서는 중산층이 성장하고 있었는데, 그들은 귀족계급과의 대조를 통해 자신의 계급을 정의하려고 했다. 귀족계급에게 젠더 구별은 계급 구별보다 덜 중요했고 귀족 여성들은 대개 일정한 수준의 재정적 독립, 교육, 정치적 영향력을 획득할 수 있었다. 떠오르는 중산층이 새로운 가치들을 정의하면서 여성과 남성의 차이점은 새로운 문화의 중요한 구성 요소가 되었다. 이 과도기의 풍자만화들과 캐리커처들도 귀족계급에서 남성과 여성의 키 차이와 몸 차이가 사회질서에 위험하고 부자연스럽다는 것을 보여줬다. 전에는 눈여겨보지 않던 남녀 간 육체적 차이는 과학과 대중 저작의 초점이 되었다. 여성과 남성 사이의 작은 키 차이는 여성이 '더 약한 성'이라고 보는 비교적 새로운 양성 관계를 정당화하는 중요한 요소가 되었다. 남녀 간 적절한 키 차이에 관한 전문가들의 조언은 계속 상반되었으며, 1889년까지 과학자와 학자들은 배우자를 선택할 때 키를 배제하라고 썼다(Gieske, 2000). 20세기에 이르러 키 큰 남자에 키 작은 여자라는 기준은 공고해졌고, 이로 인해 남성이 육체적으로 우월하다는 지배적 관념이 형성되었다. 이 역사적 사례는 교차성의 흥미로운 예다. 교차성은 젠더가 사회 계급, 인종, 민족과 국가 같은 다른 정체성과 만나는 방식에 주목하게 한다. 여기에서 젠더 차이는 19세기의 유럽에서 중요한 계급 차이를 만들고 공고히 하는 도구로 사용된다.

현대사회에서 키에 대해 추정되는 이러한 차이점들은 '키에서 유리한(또는 불리한. 그 모든 것이 우리의 시각에 달려 있다)' 여성들뿐만 아니라 '키로 도전받는' 남성들에게도 문제를 일으킬 수 있다. 남자들의 큰 키는 미래의 짝을 끌어당긴다는 점, 그리고 전반적으로 매력 있다고 생각되는 사람들이 갖는 이득이라는 점에서 큰 키의 진짜 이점들은 따로 있다. 이미 18세기에도 남자들의 키를 커 보이게 하거나 실제로 커지게 만드는 여러 도구들이 나왔다. 젠더와 몸을 연구하는 역사가들은 19세기에 유행했던 긴 모자가 남자들의 불리한 키를 감추는 비교적 단순한 방법 중에 하나였다는 것에 주목한다(Gieske, 2000). 다른 광고업자들은 19세기에 근육과 인대를 펴주는 기술을 장담했는데, 현대에는 같은 목적으로 호르몬이 팔린다.

벌거벗은 몸

자신의 짝보다 키가 크다는 문제는 이성 커플처럼 지배 관계를 설정할 필요가 없는 게이와 레즈비언에게는 덜 중요하게 여겨지는 것이 확실하다. 그렇다면 이들은 몸에 관한 어떤 다른 이슈들에 직면할까? 남성과 몸 이미지에 관한 많은 문학작품과 연구가 동성애 집단 속에서의 동성애 남성과 몸 이미지를 다룬다. 남성과 몸 이미지에 관한 책『남성의 몸The Male Body』에서 수전 보르도는 남성을 성적 대상으로 내놓는 광고가 점점 많아지는 것이 여성들보다는 동성애 남성들에게 상품을 팔려는 욕망이 강한 광고업자들 때문이라고 주장했다(Bordo, 1999). 최근 들어 남성성의 규범에 어긋날 정도로 자신의 외모에 신경을 많이 쓰는 이성애 남성들이 **메트로섹슈얼**metrosexual로 불리게 되었다. 이 이름은 자신의 모습에 더 관심을 갖는 장소로서 도시적 맥락(메트로)을 환기시키는 동시에, 외모에 관한 관심과 남성의 섹슈얼리티 사이의 강력한 연관성을 암시하기도 한다. 메트로섹슈얼은 자신의 모습에 신경 쓰는 남성의 섹슈얼리티가 '보통의' 이성애 남성의 그것과 다소 다르다는 것을 의미하는가? 아니면 메트로섹슈얼 남성은 자신이 어떻게 보이는가에 대한 관심으로 인해, 동성애 남성처럼 행동은 하지만 뚜렷이 이성애적이라는 것을 의미하는가? 남성의 몸 이미지와 섹슈얼리티 사이의 이러한 연관성은 대체 무엇을 말하는가?

몸에 관한 논의에서 섹슈얼리티의 문제를 분리해내기란 일반적으로 어렵다. 성의 경우, 여성과 그들의 몸 사이에 작용한다는 것은 확실하다. 아직도 영향력을 발휘하는 정신-몸 이분법은 여성을 이분법의 한쪽인 몸과 더욱 연관된 존재로, 그들 몸과의 밀접한 연결 때문에 더 성적인 존재로 여긴다. 현대의 영미-유럽 문화 사람들은 벌거벗은 남성들의 몸보다는 벌거벗은 여성들의 몸을 성적 대상으로 인식하기가 훨씬 쉽고, 이는 남녀 모두에게 해당된다. 미국의 여성들은 자신의 몸이든 다른 여성의 몸이든 대체로 여성들의 몸을 평가하고 판단하는 경향이 있다. 이는 여자건 남자건, 동성애자건 아니건, 여성과의 섹스를 실제로 갈망하거나 경험하는 것과 관계없이 여성의 몸을 성적 대상으로 보는 데 익숙하다는 뜻이다.

영미-유럽 문화 전통에 속하는 지역에서 남성의 몸이 욕망의 대상이자 미의 이미지로 받들어지던 역사는 복잡하다. 18세기까지 줄곧 지속된 성 차이에 관한 단일 모델 아래, 남성의 몸은 미와 완벽함의 이상적인 재현으로 간주되었다. 이러한 단일 성 모델은 고대 그리스에서 비롯되었는데, 그들은 남성과 여성이 뚜렷이 구분되는 별개의 개체라기보다는 여성이 남성의 미약하고 열등한 버전이라고 보았다. 고대 그리스인들은 확실히 해부학을 어느 정도 알고 있었고 남성과 여성의 몸 차이를 인지했으나, 여성의 성 기관을 모두 남성의 성 기관이 몸 안으로 들어간 상태로 보았다. 18세기까지 난소는 여전히 고환으로 불렸는데, 이는 난소가 남성의 돌출된 고환이 몸 안으로 들어가 있는 것이라는 믿음을 반영했다. 이런 사고방식에 따르면 질은 거꾸로 된 남성 성기였다.

단일 성 체계라는 위계질서 속에서 궁극적 미의 이상을 표현한 것으로 존경받고 숭앙되던 것은 남성의 몸이었다. 이는 올림픽 게임의 기원뿐 아니라 그리스 예술의 많은 부분에 반영되었다. 그리스 남성 시민들이 스포츠 게임을 연습했던 체육관에서 남성들은 모두 나체였고, 최초의 올림픽은 실제 체육대회인 동시에 남성 몸에 대한 찬양이기도 했다. 운동선수들은 나체로 경기했고 오늘날 보디빌딩 선수들이 그러하듯 몸의 아름다움을 강조하고 눈에 띄도록 올리브유를 발랐다. 그러나 여러분이 오늘날 미술 수업에서 앉아 나체를 그리는 장면을 떠올릴 때, 사람들이 누구의 나체 모습을 더 흔히 그린다고 상상하는가? 아마 여성일 것이고, 이런 경향은 여성의 몸이 우월한 아름다움을 지닌다는 일반적인 믿음을 반영하는 것처럼 보인다. 미의 젠더는 어떻게 이런 완전한 전환을 이루었고, 또 최근에는 어떻게 전혀 다른 방향으로 움직여가기 시작했는가?

유럽에서는 15세기부터 화가들이 살아 있는 여성들을 그림 모델로 삼기 시작했다(Bernstein, 1992). 이런 여성들은 대개 화가의 성적 파트너로서의 의무까지 행하는 여자 하인들이었다. 화가들은 여성 모델을 개인 스튜디오에서 이용했지만 대부분의 미술학교는 19세기 전까지 여성 모델을 제공하지 않았다. 19세기 이후쯤에야 여성 나체가 수세대에 걸쳐 예술가들의 주요 주제가 된 것으로 보인다. 에두아르 마네Édouard Manet, 피에르-오귀스트 르누아르Pierre-Auguste Renoir, 에드가르 드가Edgar Degas 같은 프랑스 인상주의 화가들은 앙리 마티스Henri Matisse 같은 후기 인상파 화가들처럼 여성 나체를 주제로 택했다. 파블로 피카소Pablo Picasso가 모더니즘적이고 큐비즘[3]적인 스타일로 이 전통을 이었고, 조르주-피에르 쇠라Georges-Pierre Seurat는 나체 점묘화를 그렸다. 20세기가 되자 '나체화' 모음집에 대해 이야기하는 사람은 누구나 나체 남성이 아닌 나체 여성의 모음집을 설명한다고 추정되었다.

여성의 몸이 화가에게 점점 더 적절한 주제로 간주되었다는 것은 반복해 등장하는 정신-몸 이분법으로 일부 설명할 수 있다. 르네상스기에 시작된 미술은 중세에 유행한 정형화된 묘사를 넘어 점점 더 인생을 있는 그대로 그리고자 열망했다. 이는 자연을 풍경의 형태로 재현하는 것을 포함하며 르네상스 시대 과학과 경험적 관찰의 발흥과 일치하는 발전이다.

---

3 Cubism. 20세기 초 프랑스에서 일어난 미술 경향으로서 입체파라고도 한다.

레오나르도 다빈치Leonardo da Vinci는 가장 초기의 르네상스 사상가로서 과학과 예술 융합의 훌륭한 본보기다. 즉, 다빈치는 자신의 예술을 위해 인체에 대한 해부학적 검증을 이용한 반면, 그의 예술은 스케치와 그림의 형태로서 과학적 발견의 예증을 도왔다. 정신-몸 이분법에서 여성은 몸과 동일시되고, 따라서 자연과 가깝다고 인식되었기 때문에 자연의 풍경을 그리는 것과 여성의 몸을 그리는 것은 차이가 거의 없는 일이었다. 둘 다 그림으로 묘사될 만한 가치가 있는 미의 대상으로 간주되었다.

남자다움에 관한 규칙들

영미-유럽에서 제2 페미니즘 운동이 진행되는 동안 페미니즘 학자들과 예술사가들은 영미-유럽 사회의 이러한 문화적 전통이 어떻게 나체 여성의 몸이나 여성의 몸 전반을 볼 때 아무렇지 않도록 만들었는지 확인하기 시작했다. 많은 페미니스트가 고상한 예술 속 여성 나체와 포르노그래피 속 여성 나체의 경계에 대한 흥미로운 질문을 제기했지만, 이 둘은 모두 벌거벗은 여성을 보는 데 매우 익숙해지는 문화를 창출한다. 페미니즘 영화 비평가 로라 멀비Laura Mulvey는 영화 분야의 이러한 현상을 **남성의 시선**male gaze이라고 지칭했다(Mulvey, 1975). 영화 속 여성들은 일반적으로 시선(관객의 시선과 영화 속 등장인물의 시선)의 대상으로 간주되는데, 카메라의 작동 자체가 관객이 이성애적 남성이라는 가정에 근거하기 때문이다. 이처럼 남성의 시선은 영화와 그 외 매체에서 여성이 성적 대상이 되는 방식을 설명하는 데 도움이 된다(Mulvey, 1975). 그러나 최근까지 예술과 광고 속 나체의 남자에게는 이것이 적용되지 않았다. 1970년대 미국에서는 많은 동성애 남자 예술가들을 중심으로 완전한 나체의 남자들을 모델로 쓰는 전시회를 열기 시작했다. 이러한 예술운동에 대한 예술 비평가들 대다수의 반응은 서양 예술 세계가 그리스인들의 남성 몸 숭배로부터 얼마나 멀리 움직여왔는지를 보여준다. 어떤 예술 비평가는 ≪뉴욕 타임스New York Times≫에 이렇게 썼다. "나체의 여성들은 자연 상태에 있는 것같이 보인다. 남성들은 어떤 이유에서인지 그저 옷을 안 입은 상태로만 보인다. …… 누드가 누드로 생각되지 않을 때는 언제인가? 그리고 그 누드가 남자일 때는 어떤가?"(Bordo, 1999: 178). 또 다른 비평가는 "남성의 나체가 성적 대상으로 묘사된 것을 볼 때는 좀 불편하다"(Bordo, 1999: 178)고 썼다.

보르도(Bordo, 1999)와 멀비(Mulvey, 1975)가 볼 때 이런 진술들은 현대의 관찰자들이 벌거벗은 남자 몸에 대해 느끼는 낯섦과 새로움을 반영한다. 특히 남성의 몸을 성적 대상으로 표현하는 묘사에서 그러한데, 이성애적 남성의 시선은 남성이 아닌 여성의 몸을 대상화하기 때문이다. 여성의 몸은 모든 대중문화 분야에서 광범위한 상품과 서비스를 파는 성적 대상으로 사용된다. 물론 대중문화에서 보일락 말락 한 옷을 입은 남자들도 낯설지 않고, 확실히 미국에서 남성 섹스 심벌의 역사는 영화 산업의 초기까지 거슬러 올라간다. 그러나 보르도는 남자들이 여성들과 비슷하게 성적 대상으로 그려지기 시작한 것은 최근이라고 주장했다(Bordo, 1999). 남성을 성적 대상으로 인식할 때 극복해야 할 어려움은 헤게모니를 쥔 남성성이 구축되는 방식과 관련이 있다. 로버트 브래넌Robert Brannon이 미국에서 헤게모니를 쥔 남성 역할의 중요한 주제 중 하나로 이름 붙인 것이 **계집애처럼 굴지 마**No Sissy Stuff인데, 이 말은 진짜 남자는 여성성을 조금이라도 암시하는 일을 전혀 하지 않는다는 의미다(David and Brannon, 1976). 외모에 너무 신경 쓰거나 외모를 칭찬받는 것은 둘 다 여성성을 시사하는 행동이거나 입장이다. 외모로 칭찬받거나 응시의 대상이 되는 것은 남성들에게 특히 위험한데, 이는 연약함을 시사하기 때문이다. 외모로 판단받는 사람이 되는 것은 그 판단을 내리는 사람에게 권력을 주는 것이다. 시선과 판단이 성적인 구성 요소를 가질 때는 특히 그렇다. 연약하거나 수동적인 것은 여성성과 연관된 성질들이기 때문에 이러한 행동은 남성성을 위협하는 것으로 간주된다.

> **Question**
>
> 남성의 몸이 연약함, 수동성, 여성성 등의 위험 없이 찬양되는 상황이 있는가? 대개의 보디빌더나 남성 운동선수의 경우는 어떤가? 이들은 남성 모델과 어떻게 다르게 인식되는가?

보르도는 해거Haggar[4]가 남자 바지를 팔 때 사용하는 특정한 광고 캠페인을 통해 남성성에 대한 이런 지배적 관점들을 보여준다(Bordo, 1999). 이 캠페인의 어떤 지면 광고 속 사각팬티를 입은 한 남자에게는 다음과 같은 글귀가 덧붙는다. "난 죽어도 내가 원하는 것을 입을 거야. 여보, 내가 원하는 게 뭐지?"(Bordo, 1999: 194). 이 광고는 남성의 패션을 남성에게 팔려고 하는데, 남성들은 패션에 관심이 있거나 흥미로워하지 않는 편이라 패션에 대한 결정을 내리는 데 썩 능숙하지 못하다는 것을 강조한다. 이 광고는 캠페인의 다른 광고들처럼 남성(아마도 상담할 여성 '여보'가 있는)의 이성애heterosexuality를 강화시킬 뿐 아니라, 패션을 의식하는 여성들(남자가 뭘 입을지 도와주는 그 '여보')과 패션에 감이 없는 남성들 사이의

---

4   미국 남성복 제조회사 중 하나이다.

젠더 이분법을 굳건히 만든다. 해거의 어떤 TV 광고는 헤게모니를 쥔 남성성이라는 메시지를 강화했다. 이 광고는 한 남자가 잠이 덜 깬 채로 해거 바지를 입으며 신문을 가지러 밖에 나가는 것으로 시작된다. 보르도가 설명하듯이 이 광고의 기본 각본은 다음과 같다(Bordo, 1999).

"난 내가 입는 옷이 아니야. 난 바지 한 벌이나 셔츠 한 장이 아니야." (그러고는 자기 아내의 곁을 지나며 신문의 앞면을 건넨다.) "난 이제 어린애 같은 순수함이 없어. 시도 읽지 않고 정치적으로 옳은 의견도 내지 못해." (그는 복도를 걸어 내려가고, 그의 아이는 그에게서 신문 만화면을 낚아챈다.) "난 그냥 남자일 뿐이고 뭘 입어야 할지 생각할 시간이 없어. 왜냐하면 내겐 남정네들이 하는 중요한 일이 많거든." (스포츠면만 남겨진 신문을 들고 그는 화장실로 향한다.) "깊이 생각해볼 필요도 없이 100% 코튼에 구김 가지 않는 카키 바지. 해거. 당신이 입을 수 있는 것."(Bordo, 1999: 195)

화면 속 해설 소리는 존 굿맨John Goodman의 목소리인데, 그는 〈로잔느 쇼The Roseanne Show〉[5] 에서 덩치 크고 무뚝뚝한 남편 역을 맡으며 헤게모니를 쥔 남성성에 관한 분명한 메시지를 보낸다. 진정한 이성애 남자들은 스스로 뭘 입는지 별로 신경 쓰지 않으므로 당연히 여자들로부터건 다른 남자들로부터건 성적 대상으로 응시되려고 열망하지 않는다.

논란을 일으킨 캘빈 클라인의 청바지와 속옷 제품 광고는 헤게모니를 쥔 남성성의 공식에 의문을 제기한 최초의 대중문화 이미지 중 하나다. 클라인의 혁신적 광고 스타일은 1970년대에 등장한 게이 남성 예술가들

---

5   1980~1990년대에 미국 ABC 방송에서 인기리에 방영된 TV 시트콤 드라마이다.

의 예술, 특히 사진의 스타일을 본뜬 것이다. 그리고 그의 광고는 게이 공동체에서의 직접적 경험의 영향을 받았다. 뉴욕 시에 있는 유명한 동성애 남성 클럽 플라밍고Flamingo에서 클라인은 자신의 청바지와 속옷 제품에 영감을 준, '웃통을 벗은 근육질의 남자들이 모두 청바지를 입었는데 제일 위의 단추는 채우지 않고 배꼽에서 나온 몇 가닥 털은 청바지 안으로 들어간 모습'을 목격했다(Bordo, 1999: 180). 자키Jockey⁶는 농구 선수 짐 파머Jim Palmer가 짧은 팬티를 입고 있는 광고를 통해 남성의 몸을 묘사하는 데 신기원을 열었지만, 클라인은 1981년에 이미 보일락 말락 한 옷을 입은 남자들의 이미지를 완전히 새로운 차원으로 끌어올렸다.

캘빈 클라인은 올림픽 장대높이뛰기 선수 톰 힌티너스Tom Hintinauss의 가로 약 12미터, 세로 약 15미터 사진을 뉴욕 시의 광고판에 올렸다. 생식기의 표식을 없애기 위해 속옷을 사진 수정용 분무기로 지웠던 자키의 파머 광고 같은 예전의 속옷 광고들과 달리, 힌티너스의 큼직한 남성 성기가 짧은 팬티briefs의 천을 통해 뚜렷하게 윤곽이 드러나도록 했다. 이 캘빈 클라인 광고는 남성들이 한창 옷을 입거나 벗는 중에 사진이 찍힌 것으로 암시하는 예전 광고들과 달리, 어째서 속옷 차림으로 그려지는지 어떤 이유도 꾸며내지 않았다. 분명히 힌티너스는 그저 보일 뿐이었고 아마 일광욕을 하는 중인지도 몰랐지만 대개의 광고 속 남자들 이미지로서는 처음 보는 수동적 자세로 기대어 있었다. 이전 남성복 광고의 대다수는 옷을 입었건 벗었건 보르도가 **대결하는 남성성**face-off masculinity이라고 표현한 자세로 남성들을 그렸다(Bordo, 1999: 186).

그러한 자세에서 남자는 카메라와 관찰자를 정면으로 쳐다보며 '강하

---

6   미국의 속옷 회사 중 하나이다.

고, 무장되어 있으며, 속마음을 알 수 없다'는 느낌을 전달한다(Bordo, 1999: 186). 남성 모델은 적개심과 힘을 떠올리게끔 청중을 내려다보는데, 이 자세는 동물 세계와 광범위한 인간 문화를 통틀어 우리가 친숙하게 알고 있는 것이다. 이런 남자들의 자세는 다리를 굳게 디딘 채 넓게 벌리고 손은 엉덩이에 대고 있어서 종종 공격적이고 힘이 있다. 남성 몸의 많은 부분이 노출되어 있다는 사실에도 불구하고 이런 광고들은 여전히 **억센 떡갈나무가 되어라**Be a Sturdy Oak라는, 헤게모니를 쥔 남성성의 두 번째 주제에 잘 맞아떨어진다는 점에서 남성성에 대한 전통적 묘사라 할 수 있다 (David and Brannon, 1976). 대결하는 남성성은 남자가 나약하고 상처받기 쉽게 보여서는 안 되며, 잠재적으로 상처받기 쉬운 위치(옷을 안 입고 있다는)에 있을 때조차 결코 그렇게 보여서는 안 된다는 생각을 강화하기 때문에 이러한 남성성의 주제와 일치한다. 남자들은 위기 속에서 침착하고 의지할 만하며 감정조차 드러내면 안 되는 것으로 상정된다.

힌티너스 광고를 필두로 캘빈 클라인 남성복 광고의 상당수는 기존의 대결하는 남성성을 어기는 남성들을 그리기 시작했다. 이런 광고에 나오는 남성들은 광고 사진을 보고 있는 사람들을 내려다보기 위해 카메라 쪽을 보지 않는다. 이런 종류의 첫 광고에서 남자의 눈은 딴 데를 보고 있고 머리카락은 눈을 가리고 있다. 보르도가 지적하듯 광고 속 남자는 전형적으로 다리를 넓게 벌린 공격 자세가 아닌 여성들이 광고에서 전형적으로 하는 방식대로 엉덩이를 S자가 되게 끌어당긴다(Bordo, 1999). 그는 눈을 내리깔고 있고 비록 나체는 아니지만(그 광고는 결국은 속옷 광고라고 생각된다) 남성 성기의 윤곽이 다시금 속옷 겉으로 드러나게 한다. 이 광고는 '나를 맘껏 즐기세요. 난 보이려고 여기 있고 내 몸은 당신의 눈을 위한 거예요'라고 말하는 듯한데, 이는 남성 몸에 대한 다소 전례 없는 메시지다.

보르도는 캘빈 클라인의 속옷 광고와 남성 나체 묘사 전반에서의 변화를 언급하면서 젠더와 몸에 관한 우리의 논의와 관련되는 두 가지 논점을 폈다(Bordo, 1999). 첫째, 남성성은 적어도 현대의 미국 사회에서 구축된 것이기 때문에 남성의 몸이 성적 대상뿐 아니라 흔한 응시의 대상도 되기 어려웠다는 것이다. 보르도는 앞서 언급한 속옷 광고와 관련해 남성이 성적 대상으로 인식되기 어려운 부분적 이유가 이런 남성들이 다른 누군가에 의해 판단될 수밖에 없고, 판단된다는 것은 여성들에게는 익숙한 것이지만 남성성과는 무관한 연약함과 수동성의 표식인 데 있다고 지적했다. 누군가의 모습을 보고 판단하는 것은 남성의 시선이 그렇듯 능동적이고, 따라서 남성적인 것이다. 시선과 판단의 대상이 되는 것은 수동적이고, 따라서 여성적이다. 보르도는 이러한 경향을 "남성은 행동하고 여성은 보인다"(Bordo, 1999: 196)라는, 그림과 현대 광고 양 분야에서 시각 규칙을 잘 나타내는 구절로 표현했다. 여성성은 여자가 시선의 대상으로서 찬양받는 것을 즐기고 그런 상황을 찾아다니며, 칭찬받을 것이라는 가정에 따라 행동과 태도를 맞추려 하는 것으로 상정된다. 남성은 자신들의 예술적 묘사와 실제 삶 모두에서 응시와 찬양을 하는 사람들이자, 이 상황에서 요구되는 모든 종류의 행동을 하는 사람들이기도 하다.

그렇다면 남성성은 남성 몸의 대상화를 저지하게끔 이루어진다. 남성 나체가 등장하는 〈풀 몬티The Full Monty〉[7]와 〈부기 나이트Boogie Nights〉[8] 같은 영화들은 응시의 대상이 될 때 남성이 경험하는 불안에 관한 이야기

---

7 1997년에 개봉된 영국의 코믹 영화로, 실직한 남자들이 돈을 벌기 위해 스트립 댄서가 되는 얘기를 담고 있다.
8 1997년에 개봉된 미국 영화로, 접시닦이에서 포르노 스타가 되는 남자 주인공을 그리고 있다.

이기도 하다. 보르도가 지적하듯 이 공식을 뒤집어놓고 볼 때 여성 스스로는 남성의 몸을 성적 대상으로 보는 데 익숙하지 않다. 나체 표현에 대한 남성과 여성의 성적 반응에 관해 킨제이 연구소의 유명한 연구에 따르면 나체를 보고 남성들은 54%가 성적으로 자극받지만 여성은 12%만 자극받는다(Bordo, 1999: 177). 이런 통계는 남성이 여성보다 네 배나 더 나체에 자극받는다는 것을 의미하고, 이는 대개 남성만을 만족시키는 포르노 산업의 경우와 흡사하다.

여성 독자들을 염두에 둔 잡지 ≪비바Viva≫[9]와 ≪플레이걸Playgirl≫[10]에 등장했던 남성 나체 사진은 결국 ≪비바≫에서는 떨어져나갔는데, 독자들이 그 사진을 좋아하지 않았고 잡지의 편집자도 그 사진들이 "약간 역겹다"고 말했기 때문이다(Bordo, 1999: 177). 이런 연구들은 여성이 여성이나 남성의 나체에 특별히 자극받지 않도록 생물학적으로 입력되어 있음을 보여준다. 보르도는 이에 대해 문화적으로 남성의 몸이 성적 대상으로 사용되는 일이 너무 드물어서 여성이 성적으로 반응하게 되지 않았을 뿐이라고 반격한다. 이성애 여성들은 남성의 나체를 보면 흥분하며, 그들은 이렇게 흥분하게 만드는 특정 부위의 목록을 꿰고 있다. 최근의 연구는 변화가 이루어지고 있음을 암시한다. 18~44세의 여성 중 30%는 파트너가 옷 벗는 것을 보는 게 몹시 흥분된다고 말한 반면, 45~59세의 여성들은 단지 19%만 그렇다고 응답했다. 남성들은 여전히 자기 파트너의 스트립쇼를 즐기는 경향이 있지만(남성들에게서는 각각 50%와 40%), 이

9　1973년부터 1980년까지 발간된 여성용 성인 잡지로 남성용 성인 잡지인 ≪펜트하우스(Penthouse)≫의 여성용 버전으로 의도되었다.

10　남성용 성인 잡지인 ≪플레이보이(Playboy)≫에 대항해 1973년부터 출판된 여성용 성인 잡지이다.

러한 나이 차이는 젊은 여성들이 이제 응시의 대상이 되기보다는 응시하는 일에 더 익숙해지고 있음을 시사한다.

젠더와 건강: 위험한 남성성과 슈퍼맨

어떤 식으로도 연약함을 드러내기 어렵게 남성성이 구성된 것은 남성 몸의 대상화를 넘어 시사해주는 점이 있다. 일반적으로 남성이 자신의 몸에 대해 더 많은 통제력을 가지겠지만, 그렇다고 남성과 몸의 관계에서 젠더가 반드시 위험한 영향을 끼치지 않는다는 말은 아니다. 돈 사보Don Sabo는 남성성에 관한 전통적인 관념들이 실제로 남성의 건강에 위험을 제기한다고 주장했다(Sabo, 2009). 남녀의 사망률을 비교해보면 남자들은 실제로 여러 가지 면에서 더 약한 성이다. 남성은 출생 전 발달단계에서 자궁 안 사망 가능성이 여성보다 12% 높고, 신생아 상태에서 사망할 가능성은 여성보다 130% 높다. 이는 주로 남자아이들에게 흔한 수많은 신생아 질환의 결과다. 시간이 흐르면서 남성과 여성의 유아 사망률 차이가 좁혀졌지만, 여전히 그 격차는 여자아이에게 유리하다. 아마 대부분은 전 세계적으로 여성이 남성보다 평균적으로 오래 산다고 알고 있을 것이다. 세계적으로 남성의 수명은 62.7세인 반면 여성들은 66세이므로 여성들이 평균 3년을 더 산다(Rosenburg, 2007). 미국 같은 곳에서 여성과 남성 간 수명 차이는 20세기를 거치며 더 벌어졌다. 여성의 수명은 산모 사망률의 감소와 함께 증가했다. 출산 당시나 후의 사망자 수가 줄었기 때문이다. 출산은 한때 많은 여성들에게 위험한 일이었다. 반면 같은 시기에 남성의 수명은 감소했는데, 이는 높은 남성 흡연율로 남성들의 폐질환과

심혈관 질환이 증가한 결과다. 20세기 후반에는 여성과 남성의 수명 격차가 다시 줄어드는 것처럼 보였다. 이는 다시 한 번 사회적·문화적 요인들의 결과로서 여성의 흡연율이 남성의 흡연율을 따라잡기 시작한 탓이다.

수명에 대해 생각해보면 우리 삶에서 젠더가 가진 믿기 어려운 힘을 알게 될 뿐만 아니라 여성과 남성의 전반적 건강 차이에 대한 근원적 설명도 가능해진다. 우리는 수많은 행위와 태도에서 젠더가 얼마나 중요한지를 이미 알아봤다. 여기서는 젠더가 어떻게 몸의 일부가 되어 궁극적으로는 우리가 사는 젠더화된 삶의 질과 길이를 결정하는지 살펴볼 것이다. 전 세계의 남성은 여성보다 일찍 사망하는데, 이는 부분적으로는 그들의 선택, 예를 들면 담배를 피우는 선택에 기인한다. 왜 남성은 여성보다 담배를 피울 가능성이 평균적으로 더 클까? 이에 대한 대답은 남성성과 건강을 연구하는 사람들에게 남성 흡연율이 더 높다는 단순한 사실 이상을 설명한다. 헤게모니를 쥔 남성성의 많은 특징들이 선진국에서 형성됨에 따라 모험적 행동을 부추긴다.

이는 물론 사회 전반적으로 존재하는 다양한 종류의 남성성에 따라 다르지만, 죽음 및 기타 건강 관련의 행위 정보를 보면 주로 남성성 때문에 남성이 여성보다 몸에 대해 더 많은 모험을 시도하는 것을 알 수 있다. 예컨대 질병률은 사망률과는 대조적으로 질병, 건강 이상, 상해의 우세함을 말해준다. 평균적으로 여성은 남성보다 수많은 만성질환에 걸리기 쉬운데, 이는 곧 다시 논의할 것이다(Sabo, 2009). 이런 만성질환은 꼭 죽음까지 이르지 않더라도 잠재적으로 불편한 삶을 만든다. 그런데도 남성이 병에 걸리는 비율이 더 높은 것은 남성들이 상해를 더 잘 입는 경향 때문이다. 흡연과 상해 입기 쉬운 것 사이의 공통점은 무엇인가? 둘 다 모험을 하는 행위다. 남자들은 무분별한 방식으로 남성성을 과시하려다가 다치기 쉽다. 미식축구, 럭비, 권투처럼 몸끼리 접촉하는 스포츠에 깊이 관여하기도 하고, 남성들이 주로 일하는 직업의 종류 때문에 특히 노동자 계층 남성들이 많은 위험에 처하게 된다.

R. W. 코넬R. W. Connell은 오스트레일리아에서 노동계급 남성들을 인터뷰하면서, 이들이 여러 형태의 권력과 맞닥뜨릴 때 범죄 발생률이 높다고 지적했다(Connell, 1995/2005). 이들이 하는 얘기는 온통 싸움, 구타, 드잡이, 공격, 후려 갈기기, 그리고 때로는 칼부림에 관한 것이었다. 학창 시절에 잔인한 교사에게 매질을 당했든, 아버지나 다른 가족들(누이들을 포함해)에게 맞았든, 그들은 범법자인 동시에 폭력의 피해자였다. 이런 경험은 그들로 하여금 자신들의 폭력에 관한 일반적 규약으로, 즉 폭력이 정당화될 때는 괜찮다는 규약으로 나아가게 했다. 폭력이 항상 정당화되는 주된 방식은 다른 남자가 먼저 폭력을 행사했을 때이다. 이 젊은 노동계급 남자들이 학창 시절에 학교 교직원의 권위와 벌였던 격한 대결은 결국 경찰을 포함한 다른 법 집행자들에 대한 적개심으로 발전되었다. 학교를 떠나 학생들 일부는 결국 감옥에 갇혔고 그런 제도화된 환경에 내재된 폭력과 마주치게 되었다. 이들이 하는 또 다른 모험적 행위는 자동차, 트럭, 오토바이(젊은 남자 셋이 오토바이를 소유했고, 둘은 그것을 타는 데 열광했다)를 과속 운전하는 것이었다. 코넬이 인터뷰한 젊은 남자 중 적어도 한 명은 경찰차에 추격당했고, 도로 봉쇄와 심각한 충돌로 끝났다.

Question
남성이 여성보다 더 많이 참여할 것 같은 모험적 행동의 예들을 더 생각할 수 있는가? 그것은 모든 남성에게 적용되는가? 여러분 생각에는 어떤 유형의 남성이 더 모험을 할 것 같은가? 여성이 모험을 하는 이유는 무엇일까?

남성성은 당신의 건강에 나쁜가?

이런 말은 우리가 아는 남자들에 관한 것일 수도 있고 아닐 수도 있다. 확실히 모든 남자들이 코넬이 인터뷰한 남자들처럼 위험하고 폭력으로 가득 찬 삶을 살지는 않는다(Connell, 1995/2005). 그러나 미국에서 '전형적인' 남자가 하는 가장 기본적인 남성적 행동에는 잠재적 위험과 육체적 상해가 내포된 경우가 많다. 미국에서 누구나 즐기는 미식축구 게임이 그렇다. 미식축구가 가장 위험한 스포츠는 아니다. 가장 위험한 것은 권투와 자동차 경주인데, 이들 또한 확실히 남자들의 스포츠다. 어떤 권투 선수들은 시합 중이나 시합 직후의 부상으로 죽기도 하고, 무하마드 알리 Muhammad Ali 같은 선수들은 장기간 시합의 여파로 건강이 악화되고 수명이 줄어들었다. 그러나 미국에서는 권투나 자동차 경주를 하는 남자들이 미식축구를 하는 남자들보다 훨씬 적고, 많은 사람들이 미식축구가 진정한 미국의 스포츠로서 야구를 몰아냈다고 주장한다. 미식축구는 세계에서 가장 돈벌이가 잘되는 프로스포츠이고, 프라임타임에 방송되는 시합은 미국의 다른 어떤 스포츠보다 시청률 경쟁에서 앞선다(Ozanian, 2007). 어느 연구에 따르면 미국에서 매년 평균 13명의 고등학교 미식축구 선수가 반은 부상으로, 반은 탈진으로 죽는다. 또 다른 연구는 매년 평균 40명이 죽는 것으로 추산한다. 미식축구는 매년 약 30건의 영구 뇌 손상 또는 마비 같은 끔찍한 부상과 그 밖에 다른 종류의 부상 60만 건을 발생시킨다. 보통 대학이나 프로 미식축구 시즌마다 적어도 선수 한 명이 결국 마비되는 부상을 당한다(Kilmartin, 1994). 미식축구는 상당히 위험하지만 미국의 많은 남자들에게는 남자가 되는 것의 의미를 한마디로 말해주는 스포츠다.

남성성과 남성 몸 사이의 연관성과 관련지어보면 미식축구에 대한 이러한 존경은 우연이 아니다. 미식축구 선수들은 자신들의 몸을 승리와 팀을 위해 희생하며 고통도 느끼지 않으리라고 기대된다. 선수들은 종종 부상을 입고도 경기하며, 부상을 변변치 못한 플레이에 대한 변명으로 이용하는 것은 핵심적인 규약을 어기는 것이 된다. 미식축구 문화의 핵심에는 육체의 희생이라는 가치에 대한 믿음과, 자기 보전과 안전에의 욕망을 부정하는 데 대한 믿음이 있다(Kilmartin, 1994). 남성의 몸은 원래 위험에 처하도록 되어 있다는 것이며, 이는 젠더 규범이 남성의 건강에 영향을 끼치는 핵심 방식 중 하나다. 남자가 여자보다 더 관여하는 것 같은 또 다른 모험적 행동에는 습관적 과음, 음주 운전, 마약 거래, 주사 바늘 돌려쓰기, 무기 사용, 조직 폭력 가담, 위험한 일을 하기 등이 있다(Kilmartin, 1994). 술과 마약 남용으로 체포된 사람들 중 90% 이상은 남성이다.

이 모든 통계는 남성과 몸 사이의 중요한 모순 하나를 보여준다. 남성은 상대적으로 자기 몸에 대한 훨씬 큰 주체성을 경험한다. 미식축구는 위험하고 격렬하지만 확실한 권력과 커다란 성취감을 준다. 그러나 동시에 남성이 몸으로 행동하도록 부추겨서 결국 자기 몸에 물리적 해를 입힐 큰 위험에 놓이게 한다. 이런 진실의 가장 극단적인 예는 남자들의 살인과 자살에 관한 음울한 통계에서 발견된다. 미국에서 여성이 자살을 더 많이 시도할 것 같지만 자살의 성공 가능성은 남성이 여성보다 세 배나 더 높다(Kilmartin, 1994). 여기에서 성공적이라는 말은 다소 아이러니하게도 실제 죽음에 이르는 자살 시도를 일컫는다. 남자들은 자신의 삶을 끝내려 할 때 더 과격한 수단을 사용하는 탓에 이러한 결과가 나온다. 여성이 흔히 알약을 먹는 반면, 남성은 총을 사용하거나 목을 맬 가능성이 더 높다(Sabo, 2009). 살인은 미국의 15~19세 남성에게 두 번째로 큰 사망 원인이고, 15~34세 남성은 모든 살인 피해자의 거의 절반을 차지한다(Sabo, 2009). 여러 연구에 따르면 남성은 과도한 비율로 살인을 저지른다. 미국에서 발생한 600건의 살인 사건에 관한 한 연구에 따르면 남성은 이 사건들 중 95%에서 살인을 저질렀다(Barash, 2002).

이렇듯 모험을 하고 공격적이며, 또 가끔은 격렬한 행위를 하는 남성을 이해하는 한 방법은 로버트 브래넌이 개괄했듯이 영미-유럽의 헤게모니를 쥔 남성성의 또 다른 본질적 특징을 통해서다. 처음 두 가지는 우리가 이미 다뤘는데, '계집애처럼 굴지 마'와 '억센 떡갈나무가 되어라'다. 브래넌이 정의한 남자다움의 세 번째 구성 요소는 '내질러 봐Give 'em Hell'인데, 이는 확실히 우리가 남성성과 관련해 논의해온 여러 행위를 설명하는 데 아주 적합하다. **내질러 봐**는 진정한 남자라면 '남자다운 시도와 공격'이라는 후광을 발산해야 한다고 주문하는데, 이는 남자들로 하여금 '해봐'와 '모험하기'를 부추긴다(David and Brannon, 1976: 199). 남자다움과 관련해서 주류를 이루는 이러한 정의는 육체적 과감함과 용기를 고무한다는 점에서 확실히 긍정적이다. 그러나 우리가 보았듯이 남자답게 해보라는 이런 명령은 남성의 전반적인 건강에 커다란 위험을 제기할 수도 있다.

> **Question**
> '내질러 봐'라는 명령이 남성에게 다른 식으로 작동할 수 있을까? '내질러 봐' 취지에 부합하는 다른 규범이나 기대에는 어떤 것이 있을까?

이 '내질러 봐' 이데올로기가 자신이나 다른 사람을 향한 남성의 폭력을 증가시킨다는 사실은, 남성성과 폭력의 연계가 여러 상이한 문화들 속에서 어떻게 제도화되는지를 알면 놀라운 일도 아니다. 남성 폭력은 흔히 군대와 전쟁을 통해 제도화된다. 군 복무라는 의무는 남성의 몸을 통제하려는 수단으로 간주되지만, 살아만 온다면 남자들은 전쟁 참여로 커다란 명예를 얻기도 한다. 군 복무는 남성의 몸이 뭔가 중요한 가치들을 위해 위험을 무릅쓰고 희생하도록 되어 있다는 남성적 규범을 강화하기 때문이다. 시어도어 루스벨트Theodore Roosevelt[11]는 남성성, 스포츠, 전쟁 사이의 연계를 분명하게 만들었다. 루스벨트는 미식축구 같은 '남성적인' 스포츠가 널리 보급되도록 권장했는데, 남성이 산업화로 인해 육체적으로 허약해지는 것을 염려했기 때문이다. 사무실에서 일하는 남자들은 전쟁 때 조국을 방어할 수 없다. 그들의 생활 방식이 활동적이지 않기 때문이다. 미식축구는 전쟁에 필요한 육체적 능력뿐만 아니라 강인함과 자기희생이라는 원칙 또한 계속 발전시키도록 도울 수 있다.

팔레스타인에서의 위험한 남성성

남성의 몸이 남성성의 확립과 핵심적 문화 가치(군 복무의 경우 대개는 애국심 또는 민족주의)의 보호라는 더 큰 목표를 위해 희생하는 특별히 흥미로운 예로서, 줄리 피티트Julie Peteet는 1987년의 인티파다Intifada(팔레스타인 말로 봉기 또는 '뒤흔들기') 기간 팔레스타인 젊은 남성들의 사례를 든다. 이스라엘 군인들에게 구타·투옥·고문당하는 과정에서 그들이 어떻게 의식을 치르듯이 새로운 종류의 남자다움을 얻게 되었는지 연구했다(Peteet, 1994). 이스라엘과 점령지 영토에서 이스라엘 정부의 지배는 주로 팔레스타인 사람들의 몸을 통제함으로써 이뤄졌는데, 팔레스타인 사람들이 매일 통과해야 하는 수많은 검문소를 운영하는 것이 그 단적인 예

---

11 미국 제26대 대통령으로 1901~1909년에 재임했다.

다. 피티트는 이스라엘 내 팔레스타인 사람들에 관한 민족 연구를 통해 특정한 인티파다 기간에 훨씬 더 공개적인 구타가 이뤄졌고, 대부분의 팔레스타인 남성들이 이미 구타당했거나 구타당한 누군가를 알고 있다는 사실을 발견했다. 이스라엘 군인은 구타가 봉기를 통제하고 끝내기 위한 방편이라고 여겼지만, 팔레스타인인에게는 구타당하거나 투옥되는 일의 의미가 사뭇 달랐다.

서양 사람들이 볼 때 팔레스타인 남성 몸에 대한 폭력은 이스라엘 사람들에게 복속되고 무기력했던 역사의 증거였지만, 팔레스타인인의 지속적인 민족주의 투쟁 속에서는 계속되는 저항의 증거로 사용된다는 점이 중요하다. 피티트는 육체적 폭력에 대한 이러한 해석을 어느 팔레스타인 어머니의 경우를 통해 예증한다. 이 어머니는 자기 아들이 이스라엘 군인들에게 돌을 던졌다는 혐의를 받고 달아나던 중에 구타와 발포로 생긴 흉터를 보여주려고 그를 데려왔다. 이스라엘인들에게 구타와 투옥의 경험은, 아랍 사회에서 보통의 나이 많은 남자들에게 주어지는 특권적 지위 이상을 젊은 팔레스타인 남자들에게 주었다. 감옥에서 풀려난 젊은 남자들은 공동체에서 생긴 내분을 중재할 권리뿐 아니라 남자들 모임에서 전통적으로 지위가 높고 나이 많은 남자들의 몫이었던 중앙 자리를 차지할 권리를 얻었다. 피티트는 이 특정한 시기와 문화 속에서 구타와 투옥의 경험은 성인 남성으로의 전환을 표시하는 새로운 의식이 되었다고 주장했다. 이런 점에서 팔레스타인 사람들은 남자들의 용기를 육체적으로 시험해 어른 세계로 입문시키는 의식을 치르는 많은 다른 문화들과 썩 다르지 않게 되었다. 팔레스타인 사람들의 경우 국가의 대의를 위해 구타를 참아낸 명예가 이런 시험이었는데, 이는 위험한 시험이기도 했다.

남성성, 건강, 인종

젊은 팔레스타인 남자들의 사례는 남성성이 문화에 따라 각각 다른 모습을 보이기 때문에 다양한 유형의 남성에게 위험을 가져온다는 중요한 사실을 보여준다. 총에 맞거나 구타당함으로써 남성성을 입증하는 것은 미국에서의 미식축구 시합보다 훨씬 더 위험하다. 미국 남자들에게 몸은 문화에 따라 각각 다른 방식으로 영향을 받고, 그들 몸에는 매우 상이한 의미가 부여된다. 계급, 인종, 남성성의 교차는 단순한 생계유지 행위마저 위험한 일로 만든다. 미국에 이민 온 사람들은 항상 지배 집단이 가장 덜 선호하는 직업을 가질 수밖에 없었고, 이런 일자리들은 대개 가장 위험한 것이었다. 도살장은 남성 이민자 노동력을 오랜 기간 사용해왔는데, 처음에는 시카고 같은 중·서부 지역의 큰 도시에 있었고, 더 최근에는 아이오와의 시골 지역에 생겼다. 업턴 싱클레어 Upton Sinclair[12] 는 노동자, 동물, 그리고 마지막에 그 고기를 먹는 소비자가 모두 관련되는 도살장 작업의 공포를 기록했다(Sinclair, 1906). 오늘날의 도살장이라고 해서 과거에 비해 현저히 개선된 것도 아니고 미국의 다른 어떤 종류의 공장보다 상해율이 세 배나 높다. 매년 이 직종에서 일하는 4만 명의 남녀 중 약 4분의 1은 일과 관련된 상해를 입었거나 응급처치 이상의 의학적 치료가 필요한 질병을 얻는다(Schlosser, 2002). 어떤 도살장에서는 근로자의 50%가 히스패닉인데, 열악한 작업환경에 대항해 싸울 능력이 적은 불법 노동자들도 흔히 포함되어 있다. 도살장을 매일 청소하는 일은 가장 적은 급료를 받을 뿐만 아니라 가장 위험한 일이기도 하다. 다른 곳보다 도살장에 이런 일을 하는 히스패닉 이민자가 많다.

---

12 미국의 소설가(1878~1968)로, 대표작은 1906년에 나온 『정글(The Jungle)』이다.

미국 유색인종의 노동계급 남성이 백인 중산층 남성과 비교해 건강과 복지 면에서 엄청난 격차가 벌어지는 요인 중 하나는 위험한 직종에서 일하기 때문이다. 미국에서 아메리카 원주민, 아프리카계 미국인, 그리고 남미계 미국인Latino[13]들이 직면한 긴 차별의 역사는 문자 그대로 몸에 새겨졌다. 미국에서 흑인 남성의 평균 수명은 백인 남성에 비해 6년이 짧다(각각 69.5세와 75.7세이다). 아메리카 원주민 남성에게는 그 차이가 5년(71세)이다(Arias, 2007). 하나의 집단으로서 아메리칸 원주민의 비만율(36%)과 흡연율(38%)은 가장 높다(Gallagher, 2007). 할렘에 사는 흑인 남성 96%는 아프리카계 미국인인데 이들의 40세 이후 생존율은 방글라데시 남성보다도 낮아서 미국 같은 곳에 사는 사람이 더 건강하다는 발전 모델을 의심하게 만든다. 아프리카계 미국인 남성은 백인 남성보다 알콜 중독, 전염병, 마약 관련 병에 걸리는 비율이 높은데, 이들은 더 질 낮은 의료 혜택을 받는다. 13세 이상의 흑인 남성이 에이즈에 걸리는 비율은 백인 남성의 약 다섯 배다. 이런 숫자들을 보고 어떤 학자들은 아프리카계 젊은 미국 남성을 멸종위기에 처한 종으로 표현하기도 했다(Sabo, 2009).

아프리카계 미국 남성의 몸이 된다는 것은 위험한 일이다. 그러나 흥미로운 아이러니는 도시의 거리를 걸어가는 일처럼 아주 일상적 상황에서 흑인 남성의 몸이 다른 사람들에게도 위험하다고 간주된다는 점이다. ≪뉴욕 타임스≫의 편집자 브렌트 스테이플스Brent Staples는 자신의 에세이에서 그가 흑인 남성으로서 흔히 마주치는 반응 몇 가지와 그러한 반응을 불러일으키는 사람이 된다는 것이 어떤 느낌인지 이야기했다(Staples, 2009). 그는 브루클린에서 밤에 마주친 여자들의 보디랭귀지를 '웅크린

---

13 미국에 사는 라틴아메리카 계통 사람을 가리킨다.

자세'로 표현했다. "그들은 짐짓 태연한 척하며 핸드백 줄을 탄약대처럼 가로질러 매며, 공격에 저항하기 위해 바짝 긴장한 듯 쉬지 않고 앞으로 걸어간다"(Staples, 2009). 몸에 붙어 다니는 상징 때문에 위험한 사람으로 인식되는 것은 심리적으로도 피해를 준다. 스테이플스는 또 자기가 일하는 직장에서 강도로 오인된 이야기를 들려준다. 그는 건물 주위를 돌며 경비원에게 추격당했는데, 자신이 일하는 사무실에 이르러 그를 알아본 누군가가 그가 신문사에서 일한다고 보증을 서주자 그때서야 추격당하지 않게 되었다.

많은 흑인 남성이 자신의 몸을 위험과 폭력의 이미지로 여긴다. 그래서 경찰 단속으로 길가에 차를 세울 때 대개의 백인들은 달갑진 않지만 그저 일상적인 일로 생각하는 반면, 흑인 남성은 그런 상황에서조차 자신의 행동을 주의 깊게 검열하게 된다. 흑인 남성들이 경찰과 마주칠 때 어떻게 행동해야 하는지 조언해주는 논문과 책도 나와 있는데, 충분히 그럴 만하다. 미국의 10대 도시에서 경찰의 총격으로 죽는 흑인 비율은 그 도시 전체 인구에서의 흑인 비율을 능가하는데, 이는 아프리카계 미국 남성이 인구 비율에 비해 훨씬 더 높은 비율로 경찰 폭력에 희생되고 있음을 시사한다. 흑인 남성 몸의 위험에 관한 이런 인식은 아프리카계 미국 남자가 된다는 것 자체를 위험한 일로 만들었으며, 이는 미국 내 인종과 젠더 변화의 긴 역사와 연결된다. 역사의 다양한 지점에서 흑인의 몸은 더 잘 견디고(19세기의 연약하고 창백한 상류층 백인 여자와 대조되는 아프리카계 미국 여자 노예들의 강인한 몸), 병적이며(20세기 초 의학자들은 아프리카계 미국인에 대해 노예제도로 보호해주지 않으면 자연히 멸종할 열등한 인종이라고 예언했다), 초인적(흑인 남녀의 우월한 생물학적·육체적 운동 능력에 대한 현재의 몇몇 인종 이데올로기에서 보듯)으로 묘사되어왔다. 이런 순간들에서 우리는 몸의 젠더가 어떻게 항상 다른 정체성들, 예를 들면 인종·계급·국적·성과 교차하면서 복잡해지는지 관찰하게 된다.

남성성 때문에 남자들은 다양한 방식으로 더 모험적이고 위험한 삶을 살게 된다. 첫째, 바로 이런 이유로 남자가 되면 건강에 해롭다고 생각되는 것이다. 둘째, 의료 문제로 도움을 구하려 할 때 남성성 때문에 건강에 영향을 받을 수 있다. 남성은 건강 문제가 생길 때 도움을 필요로 하거나 도움을 구해야 한다고 인정할 가능성이 적다. 남성은 건강 유지에 필요한 그런 종류의 행위를 수행하지 않는다(Kilmartin, 1994). 남성은 고혈압처럼 만성적이고 생명을 위협하는 병의 약을 복용하다가 멈출 가능성이 더 많다. 아프거나 다쳤을 때도 직장에서 쉬어야 하지만 막상 그러지 않는 경우가 많다. 전립선암과 대장암은 남자 노인들에게 흔한 질병이지만(50세 이상 남자의 약 75%에게 영향을 끼친다) 남성 인구의 50%는 이러한 암들과, 전립선암의 전조가 되는 전립선비대증에 대해 모른다. 한 연구에 따르면 여성은 남성보다 더 급성 질병과 몇몇 만성 질병을 경험하는데, 여기서 만성 질병이 어떤 종류인가가 중요하다. 급성 질병은 호흡기 질환, 전염병, 기생충 질환, 소화기 이상 등을 포함하는데, 이런 병은 남성보다 여성에게 많다. 만성적 질환 중에서 여성은 빈혈, 편두통, 관절염, 당뇨병, 갑상선 질환에 더 걸리기 쉽다(Sabo, 2009).

그러나 생명에 위협적인 만성질환에 걸리는 숫자는 남성이 여성보다 더 많다(Kilmartin, 1994). 가령 심장병이 사망 원인이 되는 비율은 남녀가 101 대 100인데, 이는 심장병으로 죽는 모든 100명의 여성에 대해 101명의 남성이 같은 병으로 죽는다는 뜻이다. 이는 상대적으로 작은 차이 같지만 연령 집단을 들여다보면 상황이 달라진다. 24세부터 44세까지의 사람들 중 심장병으로 죽는 남녀 비율은 283 대 100이다. 미국 인구의 35%

는 결국 심장병으로 죽게 되는데, 이 병으로 일찍 죽을 가능성은 여성보다 남성이 훨씬 높다. 또한 남성은 유방암을 제외하고는 모든 종류의 암에서 여성보다 사망률이 높다.

이런 통계들은 남성이 유전적으로 여성보다 약하고, 북반구 사람들이 걸리는 만성 및 급성 질병의 집중 공격에서 살아남기가 더 어렵다는 것을 다시금 시사하는 듯 보인다. 그러나 좀 더 적절한 설명은 남성성이 남성에게 부과하는 특별한 요구와 관계가 있다는 것이다. 여러분이 아프다는 것을 인정하고 도움을 구하는 것은 상처받기 쉽고 약하다는 표식이다. 남성에게 흔한 고환암에 관한 연구를 보면 병을 부인하는 것이 치료에 중요한 장애가 됨을 알 수 있다. 많은 남자들이 고환암에 대해 알지 못하고, 아는 사람도 증상을 인지하지만 여전히 의사에게 치료를 받으러 가지 않는다(Sabo, 2009). 이런 경향은 여성과 남성 간 질병의 비율에서 생기는 실제 차이를 설명하는 동시에, 여성과 남성 간 전반적 건강 차이가 남성이 자신이 아프다고 인정하지 않으려는 사실을 반영함을 암시한다. 여성이 소화기 질환에 더 많이 걸린다고 알려져 있지만, 이는 여성이 자기들에게 뭔가가 잘못된 것을 인정하기 때문에 그렇게 보일 가능성이 더 많기 때문이다. 공식 통계에 따르면 우울증에 걸리는 비율에는 젠더 차이가 있는 것처럼 보이고, 남성보다 여성이 더 잘 걸린다.

그러나 테런스 리얼Terrence Real은 의학계에서 우울증이 정의되는 고전적인 방식 때문에 남성의 우울증 증상이 상당히 다르게 나타나는 것을 간과할 수 있다고 지적했다(Real, 1997). 젠더 사회화의 결과, 여성은 자신의 정서적·심리적 고통을 내면화하는 경향이 있는 반면, 남성은 이런 감정을 외면화한다. 남성 정신 질환자들은 과격해지는 경향이 있지만 여성 정신 질환자들은 자해를 할 가능성이 더 높다. 우울증은 환자와 의사 모두에게 여성적 질환으로 간주되기 때문에 남자들은 자신의 우울증에 대해 도움을 구하거나 자신의 문제가 우울증에서 비롯되었다고 인정할 가능성이 훨씬 더 낮은 것이다. 우울증은 자살로 이어질 수 있는 치명적 질환인데도 나약해서 생긴 병으로 인식된다. 현대의 남자다움에 대한 정의에서 우울증은 '계집애처럼 굴지 마'의 범주에 속하므로 진짜 남자들이 갖는 뭔가는 아니라는 것이다. 남성이 이런 식으로 상처받기 쉬운 상태를 인정하지 않거나 도움 요청을 꺼리는 것은 잠재적으로 남성의 수명을 짧게 만들며 남성성을 위험한 것으로 보이게 하는 또 다른 요인이 된다.

여성, 의사, 산파, 호르몬

병원에 진찰을 받으러 갈 때 의사가 남성인지 여성인지 의식하는가? 여러분이 의사를 선택할 특권이 있거나 운이 좋아 주치의라고 할 만한 의사를 둘 수 있다면, 의사를 선택할 때 남녀가 문제가 되는가? 일생 동안 만난 대다수의 의사는 남성인가 여성인가? 남성이나 여성은 각각 더 잘하는 전문 분야가 있다고 생각하는가? 여성은 산부인과에, 남성은 비뇨기과나 외과에 능한가? 의사들은 남녀 중 어느 한쪽만을 전문으로 치료해야 하는가, 아니면 이런 구분을 무시하는 의사가 가장 훌륭하고 모범적인 의사인가? 앞서 설명했듯, 남녀의 몸에 젠더가 내면화되는 방식에 따라 그들이 얼마나 오래 살지, 어떤 질병에 걸릴지, 주변 사람들이 어떻게 반응할지가 달라진다. 또한 젠더는 의술의 적용과 건강 유지 등 몸을 보호하는 방법의 문제에서도 중요하다. 젠더는 여성과 남성의 건강에 관한 이야기가 구성되는 데 영향을 끼쳤고, 누가 몸을 돌보는 일을 담당해야 할지 결정하는 데도 중요한 역할을 했다. 의사들이 수많은 질병과 증상이 여성

에게만 나타나고 몸이 여성과 더 밀접한 관계가 있다고 생각할 때도 정신
-몸 이분법은 다시 중요해진다.

　의사들이 존재하기 전에 사람들은 아프면 어떻게 했는가? 그리고 의사
들은 정확히 언제부터 존재했는가? 이 질문의 대답은 의사를 어떻게 정의
하느냐에 달려 있다. 대다수 문화에서는 치료의 책임을 지는 사람들이나
집단을 의사라고 한다. 그러나 의사들이 실제로 하는 일이 병을 고치는
것인가? 초기 미국 역사를 보면 자칭 의사라는 사람들이 있기는 했지만,
아프거나 다치거나 아이를 출산할 때 대개는 이런 사람의 도움을 받지 않
았다. 의사들은 주로 남성이었다. 그들은 그리스나 로마 철학자들의 작
품을 읽거나 라틴어 훈련을 기초로 미국에서 의학 전통을 재창조하고자
했다. 이런 훈련은 아픈 사람들의 실제 경험과는 전혀 관계가 없었으며,
질병의 원인을 공기·물·빛이라고 믿었던 질병 이론에 토대를 둔 것이었
다. 이 이론에 익숙한 의사들은 몸이 물에 젖거나 작은 바람만 불어도 불
안해했다. 그래서 목욕도 거의 하지 않고 집 안 환기도 하지 않았다. 의사
들은 혈액의 순환을 알았지만 어떻게 순환되는지는 몰랐다. 그리고 하나
의 질병이 다른 모든 질병의 원인이 된다고 믿었기 때문에 하나의 질병에
만 초점을 맞추어 연구했다. 이 시기에 의사들의 주요 처방 수단은 피 뽑
기와 관장(토하게 함)이었다. 가장 흔히 사용된 약은 수은 소금인 염화제
일수은이었다. 이 독성 물질은 설사부터 치통까지 모든 심각한 병의 치료
에 사용되었는데, 장기적으로 사용하면 잇몸, 치아, 혀와 턱 전체가 부식
되고 망가졌다(Ehrenreich and English, 1978).

　당시 미국 의사 대다수가 남성이었으며, 많은 사람들은 아파도 의사에
게 가지 않은 것이 거의 분명하다. 18세기까지 미국 사람들은 아프거나
다치면 소위 치유자라는 여성들에게 갔다. 유럽과 마찬가지로 미국에서

도 병을 고쳐준 많은 여성들이 15~16세기에 마녀로 기소되어 살해되었
다. 미국의 여성 치료사들은 수세기 동안 축적된 지혜를 통해 치료 기술
을 배워나갔다. 이 치료사들은 자신들이 가진 치료 도구 목록에 미국 원
주민과 아프리카 노예들로부터 배운 지식을 더했다. 약초 치료제로서 히
드라스티스 파우더goldenseal powder[14]와 페니로열pennyroyal[15]을 이용했는
데 이것은 원주민들로부터 배운 것이고, 카엔페퍼cayenne pepper[16]의 이용
은 서인도제도로 이주한 아프리카인들로부터 배운 것이다. 남성 의사들
처럼 여성 치료사들도 오늘날 우리가 질병에 관한 이성적인 이론이라고
할 만한 것을 전혀 갖추지 못했다.

그럼에도 남성 의사들과 달리 여성 치료사들은 몸이 지닌 자연 치유력
에 주로 의존하는 자연요법을 썼다. 피 뽑기와 관장 같은 남성 의사들의
극적인 '영웅적 의술법'은 오히려 득보다 해가 되기도 했다. 의식을 잃거
나 맥박이 끊길 때까지, 즉 둘 중 어느 하나가 먼저 일어날 때까지 피를 뽑
았다. 이런 방법은 극적이지만, 여성 치료사들의 치료만큼 효과적이지 못
했다. 여성 치료사의 더 섬세한 방식은 아픈 환자에게 덜 해로웠다. 어떤
설명에서는 한 여성 치료사가 열이 심해 죽어가는 환자를 방문한 경우가
있었다. 전에 의사들이 닫으라고 지시한 문과 창문(위험한 질병을 일으키
는 공기가 들어오는 것을 막기 위해)을 열고 환자를 차가운 물로 목욕시켰
다. 이는 지금도 열을 낮추는 평범한 방법이다. 이때 죽음의 문턱에 있던
환자가 5분 만에 좋아져 마침내 회복되기도 했다(Ehrenreich and English,

---

14 미나리아재빗과에 속한다.

15 박하의 일종으로 강한 향을 낸다.

16 고춧가루를 말한다.

1978).

　남성 의사들이 극적이고 위험한 영웅적 의술법을 시행하는 데는 그럴 만한 이유가 있었다. 환자들에게 자신의 시술이 돈을 받을 만한 가치가 있다는 것을 보여주기 위해서다. 여성 치료사들의 치료는 상호작용과 공동체 구성의 시스템으로 간주되었다. 따라서 치료의 대가로 돈을 훨씬 덜 요구하는 편이었다. 또한 여성 치료사들의 치료는 남성 의사들의 프로그램보다 훨씬 더 성스러웠다. 초기 미국 의사들은 치료가 돈과 교환될 수 있는 실제적인 유형의 어떤 것임을 사람들에게 인식시켜야만 했다. 그래서 의사들은 치료를 사고파는 무언가로 변화시킬 수 있는지, 즉 어떻게 **상품화할**commodify 수 있을지 고민했다.

　이는 아직도 의학계가 직면하고 있는 문제다. 그러나 치료의 상품화야말로 역사적으로 여성 치료사들의 우세를 막는 요소다. 여성 치료사들의 치료란 특별한 약이나 기술 그 이상의 것을 포함한다. 그들에게 치료란 환자들이 지닌 강점과 불안에 대해 치료사 마음껏 베푸는 지식과 친절, 격려 같은 것을 포함했다. 산파들은 아기가 출산될 때부터 산모가 회복될 때까지 산모의 집에 거주하기도 했다. 치료는 사람들과의 관계의 그물망에 깊이 엮인 어떤 것이었는데, 새로운 의학에서는 사고파는 복잡한 연결망 속에서 치료가 가능하다고 주장했다(Ehrenreich and English, 1978).

　미국에서 의사와 의학 분야는 20세기 초반까지도 치료를 완전히 통제하지 못했다. 이런 통제가 가능해지자 경제적인 특권층에 속하지 못한 대부분의 사람이나 여성은 의학 분야에서 완전히 배제되다시피 했다. 과학은 민간요법보다 의학의 편을 들었고, 과학적인 의학은 실험실의 필요성을 주장했다. 1900년대까지는 의사들을 수련하는 더 유연한 시스템이 있었고, 여성과 하층민, 아프리카계 미국인 다수가 이 시스템에 속할 수 있었다. 하지만 실험실 비용이 급격히 늘어나 의학 수련 비용이 오르면서 이런 집단 사람들이 감당할 수 없을 정도가 되었다. 여성을 위한 충고의 역사에 관한 책인『그녀 자신을 위한 충고For Her Own Good』에서 바버라 에런라이크Barbara Ehrenreich와 디어드리 잉글리시Deirdre English는 이것이 단순한 우연의 일치가 아니었다고 주장했다(Ehrenreich and English, 1978). 남성 의사들은 의도적으로 의학을 직업으로서, 따라서 상층 백인 남성의 독점적인 영역으로 발전시켜 자신만의 영역을 구축하려 했다는 것이다. 이런 결속이 있기 전에는 여자 의대 10개와 흑인 의대 7개가 있었으나 이런 결속 후에 여자 의대는 3개, 흑인 의대는 2개만 남고 모두 문을 닫아버렸다.

마지막 남은 여성들의 영역은 여전히 출산 분야로, 여성이 하는 것이 당연시되었다. 미국은 1900년대부터 최근까지도 산파가 신생아의 50%를 받아냈다. 산파는 아기를 받아내는 일뿐만 아니라, 때로는 산파가 도움을 준 많은 하층민과 노동자의 출산(때로는 죽음)에 따른 모든 의식 절차까지 도맡았다. 남성 의사들은 산파들에게 관심이 없었는데, 그건 산파들이 경쟁 상대가 되지 않아서라기보다는 과거에 여성 치료사와 비과학적 의술을 퇴치하려는 운동을 벌였기 때문이다. 당시 대부분 의사들은 우리가 지금 말한 산부인과 전문의가 아니었다. 오히려 산파들은 의학이 과학적으로 발전되는 것을 방해했다. 젊은 의사들은 출산할 산모들을 포함해 살아 있는 환자들을 관찰하는 경험이 필요했다. 지나치게 많은 여성들이 산파의 도움을 받았다면, 이 세대의 젊은 의사들이 어떻게 수련을 받을 수 있었겠는가?

이런 딜레마를 통해 오늘날까지 미국에 존재하는 의사 수련병원과 자선병원 사이의 역사적인 관계에 대해 알 수 있다. 그 당시 부유한 사람들은 남성 의사들이 출산 과정을 자세히 지켜보려고 방 안 가득 들어와 있는 것을 원치 않았다. 선택의 여지가 없던 가난한 사람들만이 새로운 의사들의 가장 좋은 실습 대상이 되었으며, 따라서 병원들은 가난한 사람의 아픈 몸과 같은 실습 재료를 제공해주는 자선병원과 아주 긴밀해지기 시작했다. 더러운 비미국인이라는 구체적인 표현을 통해 산파에 반대하는 전반적인 운동이 일어났다. 당시 새로운 이민자 중에 산파가 많았고, 따라서 산파직을 없애는 것은 곧 새로운 이민자들이 '미국인다운' 생활 방식에 동화되도록 도와주는 임무와도 같았다. 일부 산파들의 경우 출산을 도울 때 불결하고 위생적으로 문제가 있을 수 있지만 이에 대한 해결책은 있었다. 영국에서는 산파들을 위한 훈련 프로그램이 있었기 때문이다. 그럼에도 산파들은 1900~1930년에 미국 대부분 주에서 합법적으로 또는 일반적인 괴롭힘 때문에 사라졌다. 이로써 미국에서 몸 건강에 대해 여성이 통제할 수 있는 마지막 흔적조차 없어졌으며, 이후 30~40년에 걸쳐 의학은 현저히 남성의 직업이 되었다. 러시아의 경우 의학이 꼭 남성의 영역은 아니었다. 다른 역사적 환경의 결과로서 의사들이 엄청나게 부족해지자 여성이 의학 분야에 들어갔기 때문이다. 그 직접적인 결과로 오늘날 러시아에서는 의사의 70%가 여성이고, 미국에서는 2006년을 기준으로 의사의 28%만이 여성이다.

Question

의사의 이상적인 자질은 무엇이라고 생각하는가? 그런 자질이 성별과 관련이 있을까? 이상적인 자질이 의사의 유형이나 전공에 따라 달라지는가? 이상적인 자질과 성별의 연관성도 변화하는가?

월경 전 증후군과 젠더

의학계의 이러한 남성 지배 현상을 보면 19~20세기에 의사와 의학 전문가가 여성의 몸을 보는 시각을 이해하는 데 도움이 될 것이다. 의학계에서 젠더를 연구한 페미니스트들은 의학에서 여성의 몸은 흔히 결점이 어느 정도 있거나 질병이 있는 것으로 여겨졌다고 주장한다. 히스테리는 과거의 산물이 되었지만 이제는 여성호르몬 장애가 문제가 된다. **월경 전 증후군**premenstrual syndrome 또는 PMS는 1980년대에 대중의 생각과 대화에 들어왔다. 부분적으로는 영국에서 두 여성이 살인 재판에 대한 변호에 월경 전 증후군을 이용했다는 널리 알려진 사례 때문이다(Rittenhouse, 1991). 그 '증후군'은 원래 **월경 전 긴장**으로 지칭되었으며 1920년대 초 의학 문헌에서 처음 등장했지만, 많은 논란 끝에 1990년대 들어와 미국 정신의학 협회에 의해 장애로 공식 인정되어 『정신질환 진단 및 통계 편람 Diagnostic and Statistical Manual』 또는 DSM에 들어가게 되었다.

DSM은 환자가 치료받을 장애를 의사와 보험회사가 공적으로 지정하는 데 사용하는 것이기 때문에 중요하다. DSM은 장애나 질병을 객관적으로 존재하며 의학계에서 치료받을 수 있는 어떤 것으로 인정한 것이다. 월경 전 증후군을 DSM에 포함할 것인지에 대한 논쟁은 여성만의 고통과 장애라는 점에서 중요한 젠더 문제이기도 하다. 한편 월경 전 증후군이 의학적으로 인정되어 처방이 가능해지자 월경 시작 때 실제로 통증이 존재한다는 여성들의 주장에 합법성이 부여되었다. 월경 전 증후군이 의학적으로 인식되기 전에는 월경에 따른 고통이나 불편함을 신경성으로 치부했다(Markens, 1996). 월경 전 증후군에 대한 공적인 인식과 더불어, 이러한 증상들은 뚜렷한 원인이 있고 의학적 치료가 가능한 실제적인 것으로 인정받았다.

월경에 따른 여성의 경험이 심각하게 받아들여진 것과 월경 전 증후군을 찾아내는 데 공헌한 의학 연구 그 자체는 긍정적인 발전으로 보인다. 그럼에도 페미니스트들은 또 다른 문제를 제기했다. 월경 전 증후군을 심리적·의학적 장애로 인식하면 여성의 몸과 생물학적 과정이 원래 비정상적·병리적이라는 견해가 어느 정도 공고해진다는 것이다. 대부분의 의학 역사에서 여성의 **정상적인** 생물학적 과정이 질병, 증상, 장애로 간주되어온 반면, 남성의 몸은 정상적인 것으로 정의되어왔다. 이런 견해는 1900년대에 재임한 미국 산부인과 협회 회장의 말에 잘 요약되어 있다.

> 많은 젊은 여성이 사춘기의 큰 파도에 휩쓸려 영원히 불구가 된다. 행여 무사히 건너고, 또 출산이란 바위에 부딪혀 산산조각이 나지 않더라도 성적인 폭풍우를 벗어나 잔잔한 바다의 항구에서 보호소를 발견하기 전까지는 여전히 월경의 그림자 속에 계속 정박했다가 마침내 폐경이라는 마지막 장애물에 부딪힌다(Fausto-Sterling, 1986에서 재인용).

이는 여성들이 정상적인 출산 기능을 다한 다음에도 대부분의 시간을 고통 속에서 보내게 된다는 뜻이다. 이처럼 여성과 몸 사이의 강한 연관성은 흔히 여성을 통제하고 남성과의 경쟁에서 여성의 능력 발휘를 제한하는 데 이용되어왔다. 히스테리가 많이 이야기되던 1800년대 후반에도 의사들은 여성이 생물학적으로 교육을 받기에 적합하지 않다고 주장했다. 이런 주장은 교육받은 여성에게 생기는 독립심이 출산 능력을 저해한다는 사고에 부분적으로 기초를 두고 있었다. 실제로 교육이 여성의 출산율을 낮추기는 했다. 그러나 그것은 생물학적 이유에서가 아니다. 전 세계에 걸쳐 교육받은 여성들의 일할 기회가 증가하면서 여성들이 아이를 적게 가지려 한 것이다. 18세기 의사들은 교육이 출산을 방해한다는 것 외에도, 여성이 남성보다 지적이지 못하고 월경 때문에 허약해져서 교육을 받는 것 같은 심한 일을 감당할 수 없다고 주장했다. 의학 전문가들은 여성이 전성기에도 매달 일주일은 완전히 병자가 된다고 지적했다.

이런 역사적 배경 때문에 페미니스트 중에는 여성의 월경을 새로운 증상으로 간주해 의학적 치료가 필요하다는 설명을 다소 불편해하는 사람들도 있었다. 월경이 여성을 감정적으로 불안하게 만들거나 무능력하게 만든다는 관념은 아직도 미국 문화에 널리 퍼져 있기 때문이다. 2008년에 힐러리 클린턴Hillary Rodham Clinton이 민주당 대통령 후보 경선 캠페인을 하는 동안 인터넷에 퍼진 이미지는 대다수 사람들이 여성의 권력 소유에 대해 위험을 느꼈음을 보여준다. 힐러리 클린턴의 얼굴을 묘사한 이 이미지는 핵폭탄의 버섯구름을 배경으로 하며 "한 달에 한 번 그 일을 치르는 그런 사람을 원하는지요?"라는 문구가 적혀 있었다. 여성의 몸이 더 이상 여성의 교육을 방해하는 데 이용되지 않더라도, 이러한 이미지는 월경을 이용해 여성을 권력의 위치에서 끌어내리려고 시도한다. 아직도 기형아 출산 같은 건강상의 위험 때문에 법적으로 여성이 일할 수 없는 직업이 있다. 그러나 한 아기의 유전물질 중 절반을 차지하며 기형아 출산에 여성과 똑같이 일조한 남성에게는 이런 불이익이 따르지 않는다.

월경 전 증후군에 관한 연구에서는 어떤 결정적인 원인도 밝혀내지 못하고 있다. 연구자들 사이에서도 정확히 어떤 것을 월경 전 증후군으로 규정해야 할지 엇갈린다. 여성들은 월경에 따른 여러 증상을 경험하는데, 어떤 여성들은 그런 증상을 좀 더 심하게 겪는다. 그러나 월경 전 '정상적인' 경험이 어떤 것인지에 대한 명확한 기준은 없다. 그러므로 월경 전 증후군에서 어떤 것을 비정상으로 규정할지에 대해서도 불분명하다. 어떤 과학자는 현대 여성의 월경 경험이 사실상 비정상이라고 주장한다. 원시 수렵시대에는 짧은 수명과 지방이 없는 음식 섭취로 인해 여성들이 평생 열 번도 월경을 하지 않았던 반면, 현대 여성들은 보통 평생 400번의 월경을 하는데, 그때마다 이들 모두 생리적으로 비정상적인 상태에 있다는 것이다.

범문화적 관점에서 본 폐경

힐러리 클린턴의 인터넷 이미지를 만들어낸 사람들이 조금만 더 깊이 생각했다면 51세인 클린턴은 폐경이 되었고, 따라서 더 이상 월경을 하지 않는다고 추측했을 것이다(일반적으로 폐경 시기는 45세와 55세 사이임). 여성에게 폐경은 월경주기의 마지막이며, 따라서 임신이 가능했던(그렇지 못한 여성도 많지만) 이전과 달리 이제는 가임의 끝이라는 큰 사건에 맞닥뜨리게 된다. 폐경 후 여성은 더 이상 월경을 하지 않는다. 미국에서는 1960년대 이래로 폐경의 영향을 하나의 질병으로 간주했다. 즉, 오랜 인류 역사에서 다행히 위기를 견뎌낸 여성들이 갖는 자연적 과정인 폐경을 호르몬 결핍으로 간주하기 시작한 것이다. 폐경이란 '성호르몬'인 에스트로겐이 박탈되는 과정으로서 여성은 생명이 없는 좀비와 같은 존재가 된다는 이야기다. 그들은 "삼삼오오 모여 제대로 보지도 관찰하지도 않고 …… (그들에게) 세상은 잿빛 베일을 통한 듯 보이며, 삶의 가치를 상실한 채 무해하고 유순한 동물처럼 살아간다"(Fausto-Sterling, 1986: 110). 월경하는 여성은 위험에 빠질 수 있지만, 이런 관점에서 월경이 끝난 여성은 실제로 혼수상태에 있는 것이다. 어떤 의사는 폐경 후 여성들을 "힘이 다 빠진 암소처럼 나쁜 상태"(Fausto-Sterling, 1986: 110)로 묘사했다. 이에 대한 해결책은 없어진 에스트로겐 대신 호르몬 대체 요법인 HRT Hormone

Replacement Therapy를 이용하는 것이다. 사람들은 폐경을 에스트로겐 결핍의 문제라고 처음 밝혔던 의사와 프레마린premarin이라는 알약 형태로 에스트로겐을 만들어낸 제약 회사가 손을 잡은 것은 행운의 일치였다고 지적한다. 1975년까지 600만 명의 미국 여성이 프레마린을 복용했는데, 이는 미국에서 네 번째 또는 다섯 번째로 인기 있는 약이 된 것이다.

1970년대의 연구는 에스트로겐 치료약과 자궁암에 관계가 있음을 보여주기 시작했다. 여성들과 그들을 진찰한 의사들은 폐경 증상을 치료하기 위한 HRT의 사용을 중단했다. 에스트로겐 약물 사용에 대한 논쟁적 실험이 지속되다가 2002년에야 최종적인 결과가 발표되었다. 여성건강연구소Women's Health Institute의 대규모 연구 프로젝트에서는 여성이 호르몬을 주입받으면 위험에 노출된다는 결과를 내놓으면서 이에 대한 연구를 종료했다. 이 연구는 호르몬 주입이 통계적으로 유방암, 관상동맥 심장병, 뇌졸중, 폐색전 등의 위험을 증가시킬 수 있음을 발견했다. 현재에도 호르몬 대체 치료라고 불리는 HRT는 여성들에게 가능한 한 적은 용량으로 단기간 복용하라고 권고된다. 2002년의 발표 이후로 HRT 치료를 받은 여성의 수는 거의 절반으로 줄었다.

호르몬 대체 이론에서 정확한 치료 대상과 작용 방식은 무엇인가? 이에 대한 대답 속에는 HRT를 지속해온 사고의 결점이 드러나며, 젠더와 연관된 가정이 과학적·객관적으로 여겨진 현상에 어떤 영향을 끼쳤는지 부각된다. 폐경에 따른 대부분의 증상은 여성이 '힘없는 암소'로 변하는 것 외에도 우울증, 골다공증(뼈 조직의 약화와 손실), 안면 홍조, 질 건조 등이 있다. 어떤 연구는 75%의 여성들이 폐경기에도 특이한 증상을 경험하지 않는다고 보고했다. 즉, 여성 대다수는 여기에 열거된 흔한 증상 중 어떤 것도 경험하지 않는다는 뜻이다(Wright, 1982). 범문화적으로도, 예컨대 나바호Navaho 여성들에 관한 연구를 보면 그들의 언어에는 폐경기에 맞먹는 단어가 없다. 영미 문화권에 익숙한 여성 대다수가 폐경기의 증상과 경험을 논했지만, 영미 문화권과 동떨어져 있는 이런 여성들은 실제로 폐경기에 주목하지 않는다. 이는 그들의 언어에 이 '사건'을 묘사하는 단어가 없다는 점에서 드러난다. 나바호 여성들은 대개 월경주기가 끝나는 것을 다행스럽게 여기고 그것을 새로운 의미의 자유와 기회로 받아들였다. 나바호 여성들은 월경주기에 여성을 격리시키는 일련의 의례를 지키므로 폐경은 자유가 늘어남을 뜻한다. 어떤 나바호 여성은 월경을 하는 여성에게 금지된 여성 치료사로서의 새로운 삶을 추구할 수도 있었다.

영미 사회나 나바호 사회에 대한 이런 연구에 따르면, 폐경을 불편하거나 주목할 만한 사건으로서 경험하지 않는 대다수 여성에게 폐경은 실제 의학적 치료가 필요한 상황이 아니다. 여성 중 75%가 현저한 갱년기 증상을 경험하지 않았다는 연구가 있지만, 그럼에도 나머지 약 25%는 이런 경험을 한다. 안면 홍조와 질 건조가 불편하고 짜증나는 증상이라면, 우울증이나 골다공증은 아마 더 심각한 증상일 것이다. 안면 홍조는 HRT를 안 써도 곧 사라질 일시적 현상이다. 질 건조는 안면 홍조보다 오래가지만, 질 크림이나 젤리 또는 윤활제만 사용해도 성행위를 계속하는 데 도움이 될 것이다. 이러한 두 증상에는 HRT가 확실히 효과가 있다. 2002년의 HRT 연구는 골다공증에 의한 고관절 골절이 감소했다고 밝혔다. 그러나 다른 연구는 에스트로겐 치료의 효과가 일시적이라고 지적했다. HRT는 골다공증을 줄이는 데 일시적으로 작용하나 결정적인 효과는 기대할 수 없다는 것이다. 그것 말고도 골다공증을 예방하면서 위험 부담이 더 적은 방법도 있다.

갱년기의 마지막 증상인 우울증을 보자. 어떤 연구도 심한 우울증과 폐경이 시작되는 것의 관계를 밝혀내지 못했다. 어떤 여성들은 폐경기에 몸의 변화 때문에 수면이 부족해져 짜증을 낼 수 있다. 하지만 폐경이 위기의 시간으로서 우울증에 빠지게 만든다는 가설은 많은 지지를 받지 못하는 것 같다. 어린 자녀가 있는 다른 여성들과 비교할 때 이 시기의 여성들은 우울감도 적고 수입이 높아서 상대적으로 더 행복할 수 있다. 이를 고려하면 여성 대다수가 나바호 여성들처럼 폐경 후의 삶을 긍정적으로 받아들일 수 있다.

폐경이 안면 홍조나 질 건조, 골다공증 증상만 일으키고 이것들 모두가 HRT 없이도 쉽게 해결된다면, 왜 프레마린은 그렇게 많은 여성에게 인기 있는 약이 되었는가? 대다수 여성의 삶에 거의 없던 폐경기라는 사건이 어떻게 치료가 필요한 장애로 규정되었는가? 그 대답은 부분적으로 의학계와 제약 산업의 기회주의에 있다. 1940년에 과학자들은 에스트로겐과 같은 **성호르몬**sex hormones을 찾아내 정제할 능력을 완전히 갖추기 시작했다. 그리고 제약 회사들은 이런 성호르몬과 관계된 뭔가를 찾고 있었다. 어떤 연구자에 따르면 제약 회사가 여성과 폐경에 눈을 돌린 것은 여성이 산부인과 의사를 통하므로 산부인과에 해당되지 않는 남성보다 더 접근이 쉬운 환자이기 때문이다. 산부인과 의사들 덕분에 제약 회사들이 여성들에게 HRT를 팔 수 있게 된 셈이다(Oudshoorn, 1994). 20세기 초에 이르러 호르몬의 역할을 젠더로 구분해 이해하면서 HRT의 문화적인 논리가 서게 되었다. 에스트로겐을 더 이상 생산할 수 없는 폐경 후 여성이 에스트로겐을 보충할 필요가 있다는 생각은 과학자, 의사, 환자 모두가 이해할 수 있는 부분이었다. 성호르몬으로서 에스트로겐은 여성들에게 성을 부여해주는 것이며, 이 호르몬의 상실은 생물학적으로 여성의 중요한 부분이 상실되었음을 의미한다.

이런 사고에는 몇 가지 중요한 결점이 있다. 첫째, 폐경과 에스트로겐의 상실을 동일시하며 지나치게 단순화한 점이다. 여성의 월경주기에 관여하는 호르몬은 적어도 여섯 가지(테스토스테론을 포함해서)가 있다. 그중 세 개는 넓은 범주에서 유형만 달리한 에스트로겐이다(Fausto-Sterling, 1986). 폐경이란 여성의 출산 기관뿐만 아니라 뇌하수체와 부신[17]도 관계하는 복잡한 과정이다. 폐경 후에도 에스트로겐은 여성의 몸에서 사라지지 않고, 오히려 폐경 전과는 다른 종류의 에스트로겐으로 변화한다. 즉, 폐경 후 난소에서 생성되는 에스트로겐이 없어지는 대신 부신에서 에스트로겐이 생성된다. 이런 이유로 폐경 후에는 매달 호르몬의 상승과 하강을 겪지 않고 평화로운 황혼을 지낼 수 있다. 엄밀히 따지자면 에스트로겐은 폐경 후 여성의 몸에서 사라지지 않으므로 에스트로겐을 대체한다는 HRT는 논리적으로 모순이다.

둘째, 성호르몬 자체에 대한 인식의 문제다. 남성 성호르몬이나 여성 성호르몬이 각각 남성의 몸이나 여성의 몸에만 나타나는 것은 아니다. 1932년 당시 과학자들은 이런 '불편한' 사실을 알고 있었으며 그들이 그렇게 관심을 기울였던 성호르몬이 출산과 관계없는 많은 신체 과정에 영향을 끼치는 것도 발견했다. 에스트로겐은 성장을 저해하고 지방을 축적시키며 흉선의 파괴를 증가시키고 신장의 무게를 감소시킬 수 있다는 것이다(Fausto-Sterling, 2000: 185). 성호르몬의 영향을 받는 조직에는 뼈, 신경, 피, 간, 가슴이 있다. 이런 과학적인 발견과 별개로 성호르몬 개념은 1930년대의 두 회의에서 성문화되었다. 요컨대 여성 성호르몬은 여성의 가임기에 영향을 줄 수 있는 호르몬이며, 남성 성호르몬은 남성의 2차 성

---

17 좌우의 신장 위에 있는 내분비기관이다.

징[18]을 전담하는 호르몬이라는 것이다. 즉, 여성 성호르몬은 출산과 관련해 규정되고, 남성 성호르몬은 성징의 표현과 연관되어 규정된다. 이런 성징은 수탉의 벼슬 크기나 장식성과 유사하다.

출산이나 2차 성징과 관련 없는 호르몬의 효과에 관한 연구는 크게 줄었다. 이러한 믿음은 과학계, 나아가 대중 사이에 공고해져서 남녀 이분법, 즉 서로 확실히 다른 두 개의 분리된 성 범주의 존재가 우리 생물학의 화학적 수준에도 반영되었다. 과거에는 성호르몬이 남녀의 몸 또는 성적인 신체 과정에만 제한적으로 영향을 미친다고 봄으로써 성호르몬을 성과 직접적으로 연관 짓지 않았다. 20세기 초에 이는 거짓으로 판명되었다. 그러나 남녀 이분법에 대한 믿음은 과학적 증거라 불리는 것들을 형성했고, 성호르몬을 둘러싼 관념은 오늘날에도 여전히 지배적이다. 강력한 사회구성주의자들 또한 성호르몬을 남녀 이분법에 대한 사회적 가치나 믿음이 어떻게 우리가 생물학적 현실을 인식하고 범주화하는지에 대한 또 다른 예로 지적한다. 우리의 문화는 실제로 훨씬 복잡하나 성호르몬의 두 유형인 남성 성호르몬과 여성 성호르몬이라는 두 가지만 있다고 믿게 되었다.

앤 파우스토-스털링Anne Fausto-Sterling은 이런 현상이 우연의 일치는 아닐 것이라고 주장했다(Fausto-Sterling, 2000). 성호르몬에 관한 대부분의 연구는 젠더, 계급, 인종을 둘러싼 논쟁이 격심했던 역사적 시기에 일어났다는 것이다. 호르몬에 대한 이해는 출산을 이해하는 데도 중요한 것으로 인식되었다. 그리고 20세기 초에 하층계급과 소수집단을 중심으로 많은 사람들이 산아제한에 관심을 가졌다. 우생학 운동을 강하게 지지하는

---

18 수염, 체모, 음모와 낮아진 목소리 등이 나타난다.

사람들의 조직인 성 문제 연구 위원회Committee for Research in Problems of Sex
는 호르몬을 연구하는 데 드는 비용을 지원했다. 이어서 언급될 우생학
운동은 출산과 섹슈얼리티에 관련된 것으로서 몸에 대한 마지막 탐구가
될 것이다.

우생학, 불임 시술, 인구 조절

린다 고든Linda Gordon은『여성의 몸과 여성의 권리Woman's Body, Woman's
Right』에서 미국의 산아제한 역사에 대해 "출산의 자율권을 위한 투쟁은
인류의 가장 오래된 일 중 하나다. 즉, 그것은 우리 존재에 대한 생물학적
제한을 바꿔놓은 최초의 집단적 시도 중 하나다"(Gordon, 1976: 403)라고
썼다. 출산권만큼 많은 생각과 논쟁을 불러일으킨 문제도 거의 없다. 아
기를 가질 권리는 미국 권리장전에 없지만 가족을 만들 권리는 유엔 세계
인권선언UN Universal Declaration of Human Rights에 명시되어 있다. 아마 미국
의 역사 수업에서는 다루어지지 않겠지만, 꽤 최근까지도 미국에서는 여
성과 남성의 출산을 제한하려는 시도가 지속되었다. 권리, 정부, 출산과
몸 사이에 일어나는 충돌은 비극적인 결과로 이어질 수도 있다. 이는 영
국과 미국에서 일어난 우생학 운동의 예에서 나타난다.

우생학eugenics이란 단어는 그리스 어원을 지녔고 프랜시스 골턴Francis
Galton에 의해 창안되었다. 그것의 어원은 사람들에게 종족이란 말을 쓰
는 것과 같은 뉘앙스에서 **훌륭한 종족**을 뜻한다(Greer, 1984). 골턴은 찰스
다윈Charles Darwin의 사촌이다. 우생학의 기본 이데올로기 중 일부는 다윈
의 자연도태 이론에서 찾을 수 있는데, 우생학은 이를 인간에게 적용한
것이다. **우생학**이란 선택적인 혈통이나 때로는 제한적 이민정책을 통해

인간의 종족을 개량시키는 연구나 실천을 뜻한다. 하층민의 급격한 증가에 대한 염려로 영국에서 우생학이 개발되었고, 미국에서는 우생학이 하층민과 소수 인종에게 적용되었다. 과학으로서 우생학의 주장에는 해가 될 것이 없다. 그러나 미국과 영국에서 우생학은 많은 사람을 끌어들인 사회운동이 되었다. 그들은 우생학의 이상을 충분히 현실로 만들 만큼 권력이 있었다.

실천적으로 우생학은 '바람직하지 않은' 사람의 출산을 막고 좋은 유전인자를 지닌 사람들이 아이를 더 많이 낳도록 유도하는 것이다. 우생학의 좀 더 온건한 형태로서 1920년에 미국 우생학 협회American Eugenic Society의 후원으로 열린 스테이트 페어state fairs[19]의 '더 나은 아기에 더 훌륭한 가족' 경연 대회와 같은 것이 있었다. 그러나 이 협회는 누가 아이를 낳아야 하는지 아닌지를 결정하기 위해 새로이 개발된 지능지수 사용을 권하기도 했다. 우생학 운동은 20세기 초에 미국과 영국에서 상당한 영향력을 끼쳤다. 옹호자들 중에는 마거릿 생어뿐만 아니라 작가이자 행동주의자인 동시에 '히스테리'의 희생자인 샬럿 퍼킨스 길먼도 있었다. 또한 존 록펠러John D. Rockefeller는 우생학 연구실Eugenics Research Office에 돈을 기부했으며, 알렉산더 그레이엄 벨Alexander Graham Bell은 우생학 논문을 써서 미국 번식 협회American Breeding Association에 전달했다(Greer, 1984). 페미니스트인 마거릿 생어는 미국에서 산아제한이 대부분 불법적으로 시행될 때 이를 정당하게 실시해야 한다고 주장했다. 그러나 우생학 운동과 그녀의 연관은 여성의 출산권을 둘러싸고 빈번하게 발생하는 긴장을 보여준

---

19 미국에서 주 단위로 열리는 축제로 농축산물의 우량 품종 전시, 각종 놀이기구와 다양한 먹거리가 있다.

다. 이런 강력한 우생학 집단들은 1924년에 이민 제한법National Origins Acts 이 제정되도록 정부에 로비까지 할 수 있었다. 이민 제한법은 북유럽을 제외한 다른 나라 사람들의 미국 이민을 제한했다(Solinger, 2007). 당시 인종 과학에 따르면 북유럽이 아닌 유럽인들도 열등한 종족이었고, 여기 에는 이탈리아인, 아일랜드인, 폴란드인, 러시아인도 포함되었다.

우생학이 영향력을 얻자 마지못해 하는 불임 시술이 자주 합법적인 시 술이 되었는데, 이는 대개 여성들이 받았다. 캐리 벅Carrie Buck의 사례는 미국 대법원까지 올라가 국가적인 대사건이 되었다. 벅은 버지니아에서 매독에 걸린 성매매 여성 엄마에게서 태어났다. 벅의 엄마는 정신병원과 유사한, 간질병 환자와 지적 장애인을 수용하는 시설로 이송되었다. 벅은 다른 집으로 보내져 자랐고, 괜찮은 학생이자 가정부라는 평가를 받았다. 1923년에 그녀가 임신하고 이러한 과거가 알려지자 버지니아 경찰관은 즉시 캐리 벅에게 지적 장애아라는 타이틀을 씌워 그녀의 엄마가 있는 곳 으로 보냈다. 당국은 한번 문란하다고 딱지 붙은 여성들을 공식적으로 바 보 천치나 지적 장애인으로 분류했는데, 이것은 매우 흔한 일이었다. 이는 오늘날 정신이상자가 법적으로 다뤄지는 방식과 유사하다.

벅은 시설에서 딸을 낳았는데, 그 아기는 저능아subnormal로 분류되었 다. 이는 부모가 사회 부적응자임을 의미했다. 이 사건은 캐리 벅이 "성적 으로 불임 시술을 시행해야 하며 …… 불임 시술을 통해서만 그녀의 행복 과 사회의 복지가 증진될"(Solinger, 2007: 93) 것임을 주장하는 데 이용되 었다. 벅의 사례는 대법원까지 올라갔다. 대법원에서는 우생학적으로 불 임 시술을 하도록 주장한 주의 권리를 옹호했다. 유명한 대법관인 올리버 웬들 홈스Oliver Wendell Holmes는 벅의 불임 시술을 지지하는 견해를 내놓 았다. "저능한 자손이 범죄를 저질러서 처형되거나 저능으로 말미암아 죽을 때를 기다리는 것보다 그런 출산을 금지하는 것이 사회적으로 유익하다. 3대에 걸쳐 저능으로 판명된 것은 출산을 금지할 충분한 이유가 된다"(Solinger, 2007: 94). 1918년 당시 22개의 주에서 불임법이 성문화되었으나, 실제로 적용되는 정도는 주마다 달랐다.

캐리 벅의 사례는 현대인의 관점에서 덜 문명화된 것이자 매우 부당한 사례로 보인다. 그러나 세계 곳곳에서 불임 시술이나 다른 방법을 통해 여성의 출산을 통제하려는 시도가 지속적으로 이어졌다. 최근에도 미국의 인디언 건강 보호소Indian Health Service 의사들은 흔히 1970년대처럼 원주민 여성들의 동의를 얻거나 알리지도 않은 채 불임 시술을 해버린다. 15세의 두 소녀가 맹장 수술로 입원하는 동안 불임 시술을 당한 사례도 있다(Lawrence, 2000). 종족 우생학이라는 인종주의적 학문은 20세기 초에 미국에서 발전되었고 이후 독일 나치에 의해 비극적으로 이용되었다. 즉, 유대인과 기타 '바람직하지 않은' 종족들을 말살하기 위해 불임 시술 프로그램을 시행했다. 1974년에 인도 총리 인디라 간디Indira Gandhi는 비상사태를 선포하고 민주주의를 중단시켜 저소득층의 남성들과 여성들에게 대규모의 강압적 불임 시술을 실시했다. 미국에서 널리 행해진 자궁 절제술도 이와 유사한 형태를 띤다. 인종과 계층에 따라 어떤 여성이 자궁을 제거해야 할지를 결정했다. 저소득층과 유색인종 여성들의 자궁 절제술이 더 많았으며, 따라서 그들은 출산이 불가능해졌다(Elson, 2004).

이 때문에 가족계획으로 인구과잉을 막으려는 시도조차 세계 여성들이 의심의 눈으로 본 것은 놀랄 일이 아니다. 토머스 맬서스Thomas Malthus의 시대 이후로, 즉 지구가 지탱할 수 있는 능력의 한계에 달했으며 자원의 한계 속에서 버텨나가야 한다는 맬서스의 예측 이후로 인구의 성장은 세계적인 위기로 인식되었다. 세계 인구의 성장률은 20세기까지 아주 빨리 올라갔다. 1960년부터 1974년까지 14년 동안 3억 명에서 4억 명이 되었고, 13년 후인 1987년에는 5억 명으로 증가했다. 12년 후인 1999년에는 6억 명에 달했다(Bell, 2004). 2013년에는 증가 추세가 덜하긴 했다. 문제는 인구 증가의 대부분이 저개발 국가에서 발생하고 그곳들은 정부나 국민을 위한 자원이 비교적 적은 나라라는 점이다.

미국과 영국의 소규모 우생학 운동에서는 가난한 사람들의 출산을 제한하려고 했다. 그들을 '바람직하지 않은' 부류로 인식했기 때문이다. 한 사회를 놓고 보면 인구 증가에 대한 지속적인 통제는 유익하지만, 저개발 국가에서의 산아제한 시도는 우생학 운동과 유사한 것으로서 우려를 불러일으킨다. 이런 상황에서 중요하게 생각해야 할 사실은 미국이 세계 전체 인구의 5%를 차지하면서 세계 자원의 25%를 소비하고 있다는 점이다. 동시에 미국 정부는 세계 인구 프로그램에 가장 많은 자금을 지원한다(Dixon-Mueller, 1993). 많은 인구 전문가나 환경학자들은 인구 증가가 세계적인 자원 배분의 불평등보다는 덜 심각한 문제라고 주장한다. 출산을 제어하려는 노력은 그것이 보통 여성의 몸에서 실행된다는 점에서 젠더화된 함의를 갖지만, 국가적·세계적으로 권력을 배분하는 다른 시스템을 환기시킨다는 점에서 중요한 교훈을 준다.

여자아이처럼 던지기

젠더와 몸 사이에 연관이 있다고 생각하는 것은 어떤 측면에서 아주 당연해 보인다. 생물사회적으로 젠더에 접근해보면, 우리에게 젠더를 부여하는 것은 부분적으로 우리 몸이다. 남자와 여자의 신체적 차이에는 다수의 사회적 의미가 각인되어 있다. 그러나 실제 남성과 여성의 차이점은 결국 우리의 몸에서 기인한다. 당연히 몸은 젠더 연구에서 중요하다. 여성과 남성 사이에 추정된 생물학적 차이와는 별도로, 또 다른 면에서 우리 몸에 젠더가 각인되는 방식은 놀라우면서도 때로는 불편하다. '여자아이처럼 던지다'라는 표현을 많이 들어보았는가? 남녀 누구에게라도 여자아이처럼 던진다는 말은 대개 칭찬이 아니다. 쉽게 말하면, 여자아이처럼 던진다는 것은 던지는 방법을 모른다는 말로서, 남성 스포츠와 남성성 전반을 중요한 윤리 중 하나로 제시하는 것이다. 어쨌든 여자아이처럼 하지 말라는 것은 다른 말로 '계집애처럼 굴지 마'라는 뜻이다. 여기에는 뚜렷한 성차별주의적 요소가 들어 있다. 그러나 잘 보면 사람들은 서로 다른 스타일로 던진다. 왜 그럴까? 여성과 남성은 어째서 다르게 던질까?

몸이란 눈에 가장 잘 보이는 장소다. 그래서 우리는 남성과 여성의 몸의 구조는 실제로 다를 수 있다는 것과 남녀가 어깨나 회전근의 구조가 다르다는 것을 추측한다. 그러나 이는 잘못된 말이다. 남성과 여성의 어깨와 팔은 해부학적으로 정확히 똑같다. 어떤 사람들은 생물학적 개념의 설명을 덧붙여 성호르몬이나 힘 또는 근육량에서 차이가 난다고 말한다. 그러나 특정 호르몬 때문에 그런 결과가 생겼다고 하는 것은 지나친 과장이다. 사실상 어떤 남성들은 '여자아이처럼 던지기'도 하며, 어떤 여성들은 그렇지 않다. 여성 소프트볼 선수들도 경기장에서는 남성 야구 선수들처럼 공을 세게 던진다. 남성에게 평소 사용하는 손이 아닌 다른 손으로 던지기 동작을 해보라고 하면(그가 양손잡이가 아니라면), 아마 '여자아이처럼 던질' 가능성이 크다. 예를 들어 오른손잡이로서 어릴 때부터 야구를 한 배우 존 굿맨은 영화에서 베이브 루스Babe Ruth 역을 연기하기 위해 왼손으로 공 던지는 법을 배워야만 했다. 당시 굿맨은 처음 공 던지기를 익힐 때처럼 배워야만 했으며 왼손으로 처음 던진 공은 자랑할 만한 것이 못 되었다고 했다(Fallows, 1996).

왜 많은 소녀와 여성들이 소년이나 남성들과는 다른 방식으로 던지는 것일까? 생물학적 차이와 상관없이 젠더가 우리 몸을 그렇게 만들었고 우리는 그런 식으로 움직여왔기 때문이다. 소녀는 던지는 방법에 대한 훈련을 덜 받았으며, 그래서 스스로 투구 동작을 이해할 기회도 훨씬 적었다. 이 외에도 어떤 이들은 투구 동작 자체가 여성들이 몸을 움직이도록 배우는 방법과 반대라고 주장한다. 여성들은 앉을 때에도 남성들보다 공간을 덜 차지한다. 일반적으로 남성들은 보폭이 큰 반면 여성들은 걸을 때에도 줄타기를 하듯이 보폭을 작게 해 종종걸음을 한다. 남성과 여성이 움직이는 방법의 미묘한 차이는 **젠더 속성**gender attributions을 만드는 부분이며, 따라서 그것을 보고 누가 남성이며 여성인지 알아맞힐 수 있게 된다. 이는 남성에서 여성이 된 많은 트랜스젠더가 여성처럼 움직이는 것을 배우려고 댄스 강사에게 수업을 듣는 이유이기도 하다. 모든 움직임에 젠더화되는 방법이 부여된다면, 던지기 위해 어떤 것을 줍는 단순한 동작에도 젠더가 숨어 있는 것이 그렇게 놀랄 일일까?

공 던지기는 젠더가 우리와 몸의 관계를 중재하는 방법 중 하나일 뿐이다. 앞에서 살펴보았듯이 젠더는 몸으로 할 수 있는 것(공 던지기나 두려움 없이 길 걷기)에 영향을 준다. 몸의 이미지와 몸의 신화를 통해 젠더는 몸을 어떻게 느껴야 하는지 정해준다. 젠더는 남성성과 건강의 관계처럼 몸을 돌보는 방법에도 영향을 미친다. 그리고 자궁 절제술이나 다른 출산권의 사례에서처럼 우리 몸에 대해 우리가 가질 수 있는 통제의 정도는 대개 젠더에 의해 정해진다. 이런 모든 방식에서 우리 몸은 일상생활 속 젠더가 복합적으로 작용하는 중요한 장소다.

- 이 장의 서두에서 강력한 사회구성주의자들은 몸을 사회가 젠더를 투영할 수 있는 빈 스크린으로 제시했다. 이런 생각에 동의하는가? 이런 의견을 반박할 증거가 있는가?

- 정신-몸 이분법이 성차별주의의 주된 특징이며, 성차별주의를 없애기 위해 마음과 몸의 구분을 재고해야 한다고 주장하는 페미니스트들이 많다. 이 장의 내용을 참조할 때 정신-몸 이분법이 성차별주의를 이해하는 데 중요한가? 몸과 젠더에 대한 이런 특별한 사고방식이 없다면 사회는 어떻게 달라질까?

- 정신-몸 이분법에서 대체로 여성은 몸, 남성은 마음을 재현하는 것으로 자리매김된다. 이렇게 젠더화된 정신-몸 이분법을 반박할 증거가 있는가? 남성이 여성에 비해 몸과 더 밀접한 관계를 맺는 경우가 있는가?

- 이 장에 따르면 몸이 젠더 행하기를 위한 자원이 되는 방법으로 어떤 것이 있는가?

- 이 장에서 다룬 많은 논쟁의 공통 관심사는 사람들이 사회 내 권력의 정도에 따라 자신의 몸을 더 통제할 수 있는지, 아니면 덜 통제할 수 있는지에 대한 것이다. 앞서 읽은 내용에 따르면, 몸을 얼마나 통제를 할 수 있는가에 젠더가 영향을 주는가? 사회 계급, 인종, 국적과 같은 범주도 영향을 주는가?

- 이 장에서 몸을 통제하는 여러 방법(몸 이미지, 출산, 건강)은 일반적으로 사람들에게 권력을 행사하는 방법이 된다고 했다. 몸이 사회에서 권력을 행사하는 중요한 방법이 된다고 믿는가? 이를 적용할 수 있는 다른 예가 있는가?

- 근처 체육관이나 스포츠센터에 등록했거나, 스포츠나 운동을 할 수 있는 곳에 갔을 때, 남녀에 따라 신체 운동이 어떻게 다른지 특히 관심을 갖고 관찰해보자. 체육관에 남성을 위한 공간이 더 많은가, 여성을 위한 공간이 더 많은가, 아니면 공용 공간이 더 많은가? 이곳에서 운동의 종류는 젠더 비중에 따라 어떻게 달리 구성되어 있는가? 이런 운동에 대해 여성과 남성이 관심을 갖는 동기가 서로 다르다고 보는가? 어떤 점에서 남녀가 유사한가? 당신이 본 광경이 이 장에서의 몸 이미지에 대한 논의와 어떤 관련이 있는가?

- 근처 박물관이나 미술관에 가서 예술 작품에 나타난 젠더 이야기에 주목해보자. 예술가들 자신의 주된 젠더는 무엇인가? 성별 구분의 붕괴는 그림, 사진, 조각에 어떻게 묘사되는가? 그러한 묘사 중 어떤 것이 무성(無性)이며, 왜 그렇게 보이는가? 이런 이미지로 묘사되는 여성과 남성은 어떤 점에서 다른가? 예술가의 젠더에 따라 남녀가 묘사되는 방법이 다른가? 당신의 관찰은 이 장에 묘사된 몸의 젠더와 어느 정도 일치하는가?

- 사람들의 몸을 바꾸도록 고안된 젠더 상품을 조사해보고, 그 목록을 만들어보자(창의적인 사고를 하는 사람들은 꽤 긴 목록을 만들 것이다). 그런 후에 어떤 것이 주로 남성용이고 여성용인지, 또는 남녀 공용인지 생각해보자. 이런 상품에 대한 잡지, 텔레비전, 인터넷의 광고를 살펴보자. 성별에 따라 다른 메시지가 전달되는가? 여러분의 조사에 따르면 남성과 여성은 각각 자신의 몸을 어떻게 느끼는 것처럼 보이는가?

- 월경과 폐경에 대한 현대의 의학적·문화적 이데올로기는 무엇인가? 여성의 월경과 폐경을 언급하는 책, 잡지 기사, 칼럼, 웹사이트를 찾아보자. 월경과 폐경을 문제나 장애로 다루고 있는가? 이와 관련된 다른 건강 서적도 찾아보자. 월경과 폐경에 대한 접근이 책마다 서로 다른가?

- 이 장에서 논의된 나바호 문화처럼 월경 기간에 할 수 있는 일과 없는 일에 대한 월경 금기가 있다. 다른 문화들이 월경을 어떻게 생각하는지, 그리고 생물학적 과정에 관해 어떤 규범이 있는지 찾아보기 위해 온라인 자료나 도서관을 이용해보자. 그런 관습과 여러분 문화의 관습을 비교해보자.

- 몸에 대한 여성과 남성의 생각을 직접 인터뷰하거나 조사해보자. 몸 이미지 이슈나 몸을 바꾸기 위한 행동, 정신-몸 이분법에 대한 남녀의 생각에 초점을 맞춰도 좋다. 이러한 질문의 대답에서 남녀가 유사한가, 아니면 남녀에 따라 다른가? 여기에 나이, 인종, 사회 계급, 국적과 같은 다른 정체성도 고려될 수 있는가?

정신-몸 이분법 mind-body dualism

영미-유럽 사회에서 물리적 몸과, 마음이라고 부르는 비물질적 존재 사이의 분리를 지칭하는 것으로 여러 면에서 마음이 몸보다 우월하다고 인식하는 것을 말한다.

몸 이미지 body image

자신의 몸 외형에 대한 인식과 평가를 가리킨다.

미의 신화 beauty myth

생물학적·성적·진화론적 요인들이 결합한 결과로 생겨난 현실적·보편적 미에 대한 믿음이다. 여성들은 그런 미인이 되길 원하는 반면, 남성들은 미의 이상을 구현한 여성을 욕망해야 한다고 믿는다.

히스테리 hysteria

19세기 후반 미국과 유럽에서 백인 여성들이 처방받기 시작했던 병으로, 일차적으로는 상류층 여성, 유명하고 뛰어난 여성들이 환자였다(두통, 근육통, 쇠약, 우울, 생리불순, 소화불량 등이 있다).

자궁의 심리학 psychology of the uterus

여성의 인격 전체가 자궁에 의해 지배된다는 믿음을 말한다.

신체 이미지 왜곡 증후군 Body Image Distortion Syndrome: BIDS

거식증의 표식이 되는 몸 크기 인식의 혼란을 가리킨다. 이 병을 진단하는 의사나 대중문화 둘 다에게 책임이 있다.

신체 변형 장애 Body Dysmorphic Disorder: BDD

거울을 자주 보거나 지나치게 꾸미는 것, 얼굴을 재확인하거나 제모하는 행동, 제모뿐아니라 화장품을 지나치게 많이 바르거나 헤어 제품을 지나치게 많이 사는 것 등의 심리적인 장애에서 오는 증세를 말한다.

메트로섹슈얼 metrosexual
남성성에 관한 규준에서 벗어날 정도로 스스로 자신의 외모에 관심을 가지는 이성애
남성을 말한다.

남성의 시선 male gaze
페미니스트 영화 이론의 용어다. 관객이 이성애적 남성이라는 가정에 의해 카메라의
움직임이 통제됨으로써, 여성이 (관객과 영화 등장인물 모두의) 시선에서 전반적인 대
상으로 인식되는 방식을 말한다.

'계집애처럼 굴지 마' No Sissy Stuff
진짜 남자는 조금이라도 여성성이 암시되는 일을 하지 않는다는 의미로 남자됨의 규
칙 중 하나이다.

대결하는 남성성 face-off masculinity
광고 이미지에서 남자가 직접 카메라와 관객을 보는 방식으로서, 무장되어 있고 강력
하며 정서적으로 강단 있다는 느낌을 준다.

'억센 떡갈나무가 되어라' Be a Sturdy Oak
남자는 나약하고 상처받기 쉽게 보여서는 안 되며, 상처받기 쉬운 위치에 있을 때조차
결코 그렇게 보여서는 안 된다는 생각으로서 남성성의 규율 중 하나이다.

'내질러 봐' Give 'em Hell
남자는 공격적으로 나아가면서 위험을 무릅써야 한다고 부추기면서, 진정한 남자는
대담하고 씩씩하다는 아우라를 풍긴다는 생각을 말한다.

상품화하다 commodify
사고팔 수 있도록 만드는 것이다.

월경 전 증후군 premenstrual syndrome
월경주기 직전에 여성들에게 나타나는 것으로, 진단된 여성호르몬 장애를 말한다.

성호르몬 sex hormones

에스트로겐이나 프로게스테론처럼 성 특징과 섹슈얼리티에 관련되는 것으로 여겨지는 호르몬들을 말한다.

우생학 eugenics

선택교배나 제한적인 이주 정책을 통해 인종을 개선하려는 관행이나 연구를 말한다.

젠더 속성 gender attributions

누가 남자이고 누가 여자인지 추측을 할 수 있게 해주는 것을 말한다.

몸과 젠더

Arthurs, J. and J. Grimshaw. 1999. *Women's bodies: Discipline and transgression*. London, England: Cassell.

Bordo, S. 1999. *The male body: A new look at men in public and in private*. New York, NY: Farrar, Straus and Giroux.

Bordo, S. 2003. *Unbearable weight: Feminism, western culture, and the body*. Berkeley: University of California Press.

Burton, J. W. 2001. *Culture and the human body: An anthropological perspective*. Prospect Heights, IL: Waveland Press.

Fausto-Sterling, A. 2000. *Sexing the body: Gender politics and the construction of sexuality*. New York, NY: Basic Books.

Schiebinger, L. 2000. *Feminism and the body*. Oxford, England: Oxford University Press.

Silliman, J. and A. Bhattacharjee. 2002. *Policing the national body: sex, race and criminalization*. Cambridge, MA: South End Press.

Wolf, N. 1991. *The beauty myth: How images of beauty are used against women*. New York, NY: William Morrow.

몸 이미지

Cash, T. and P. Henry. 1995. "Women's body images: The results of a national survey in the U.S.A." *Sex Roles*, 33, pp.19~28.

Gimlin, D. L. 2002. *Body work: Beauty and self-image in American culture*. Berkeley: University of California Press.

Jeffreys, S. 2009. "Making up is hard to do." in E. Disch(ed.). *Reconstructing gender: A multicultural anthology*(pp.165~185). Boston, MA: McGraw-Hill.

Jhally, S. (Director) and J. Kilbourne (Writer/Director). 2000. *Killing us softly III* [Motion Picture]. United States: Media Education Foundation.

Muth, J. and T. Cash. 1997. "Body-image attitudes: What difference does gender make?" *Journal of Applied Social Psychology*, 27, pp.1438~1452.

Peiss, K. 2001. "On beauty ··· and the history of business." in P. Scranton(ed.). *Beauty and business: Commerce, gender, and culture in modern America*(pp.7~23). New York, NY: Routledge.

Shields, V. R. and D. Heinecken. 2002. *Measuring up: How advertising affects self-image*. Philadelphia, PA: University of Pennsylvania Press.

Stinson, K. M. 2001. *Women and dieting culture: Inside a commercial weight loss group*. New Brunswick, NJ: Rutgers University Press.

Wykes, M. and B. Gunter. 2005. *The media and body image: If looks could kill*. Thousand Oaks, CA: Sage.

몸, 건강, 과학

Dixon-Mueller, R. 1993. *Population policy & women's rights: Transforming reproductive choice*. Westport, CT: Praeger.

Ehrenreich, B. and D. English. 1978. *For her own good: 150 years of the experts' advice to women*. New York, NY: Anchor/Doubleday.

Elson, J. 2004. *Am I still a woman? Hysterectomy and gender identity*. Philadelphia, PA: Temple University Press.

Gordon, L. 1976. *Woman's body, woman's right: A social history of birth control in America*. New York, NY: Penguin.

Greer, G. 1984. *Sex and destiny: The politics of human fertility*. New York, NY: Harper and Row.

Maines, R. P. 1999. *The technology of orgasm: Hysteria, the vibrator and women's sexual satisfaction*. Baltimore, MD: Johns Hopkins University Press.

Markens, S. 1996. "The problematic of 'experience': A political and cultural critique of PMS." *Gender & Society*, 10(1), pp.42~58.

Oudshoorn, N. 1994. *Beyond the natural body: An archeology of sex hormones*. London, England: Routledge.

Rittenhouse, C. A. 1991. "The emergence of premenstrual syndrome as a social problem." *Social Problems*, 38(3), pp.412~425.

Sabo, D. 2009. "Masculinities and men's health: Moving toward post-Superman era prevention." in E. Disch(ed.). *Reconstructing gender: A multicultural anthology* (pp.585~602). Boston, MA: McGraw-Hill.

4

젠더의 정치학과 권력

누가 권력을 쥘 것인지를 결정하는 데
젠더는 어떻게 개입하는가?

권력power이란 무엇이며 어떻게 작동하는가? 당신이 젠더로 인해 갖게 되는 권력은 무엇이며, 그러한 권력을 소유한다는 사실을 우리는 어떻게 알 수 있는가? 당신에게 권력을 행사하는 사람들을 젠더 기준으로 구분해 보면 어떻게 나뉠까? 남성적 권력과 여성적 권력이라는 것이 존재할까? 존재한다면 서로 어떻게 다른가? 서로 다른 젠더 간 권력의 균형은 시대에 따라 어떻게 변하는가? 과거에 비해 여성이 남성보다 상대적으로 많은 권력을 획득한 것인가, 아니면 단지 다른 종류의 권력을 얻은 것인가? 누군가를 돌보고 키우는 권력은 타인에게 폭력을 행사하는 권력과 어떻게 다른가? 개인이 행사하는 권력은 기관이나 단체에서 행사하는 권력과 어떻게 다른가? 사람들은 어디에서 어떻게 권력을 갖게 되며, 남자와 여자가 권력을 갖는 방식은 어떻게 다른가? 성폭행과 성희롱 문제는 권력관계를 어떻게 보여주는가? 권력과 젠더는 어떻게 우리 삶의 다양한 기관 속으로 스며드는가? 한 기관의 권력은 어떻게 다른 기관의 권력으로 이양되는가? 평등한 젠더 개념을 이끌어내는 데 어떤 정부 형태가 더 유리한가? 민주 사회에서 여성이 권력을 쟁취하는 데 장애물은 무엇인가? 남녀 간 권력이 균형을 이룬 사회는 어떤 사회일까? 페미니스트들이 말하는 것처럼 우리는 남성이 대부분 지배하는 사회에 살고 있는가? 만약 여성이 지배하는 사회에 산다면 당신의 삶은 어떠할까?

짚고 넘어가기

이런 질문들은 젠더와 권력 간 연계를 둘러싼 문제들을 생각하는 데 단초를 제공해준다. 사회학자뿐만 아니라 누구든 권력에 대한 언급 없이 젠더를 논하는 것은 불가능하다. 앞서 모든 장마다 젠더와 권력을 언급한 것도 바로 그 때문이다. 미시적 차원에서 개인이나 집단이 행하는 일상적인 결정과 이들이 속한 사회의 주요 기관들이 이들에게 영향을 미치는 방식에도 권력은 존재한다. 이 장은 특정 상황과 기관에서 젠더와 권력의 관계에 초점을 맞출 것이다. 여기에는 정부나 종교 단체 같은 대규모 기관도 포함된다. 또한 성폭행, 성희롱, 현대판 노예제나 인신매매 같은 구체적인 경우에서 권력이 어떻게 드러나는지도 알아볼 것이다.

이것은 누가 리모컨을 선점하는가 또는 남녀 간의 데이트는 무슨 의미를 갖는가의 문제보다 훨씬 무거운 주제다. 이 장은 다른 장과 달리 여러 이유들로 당혹스럽게 다가올 수 있다. 많은 페미니스트와 젠더 학자가 보기에 젠더를 말하면서 권력을 언급하지 않을 수 없는 것은 젠더의 모든 것이 결국 권력이기 때문이다. 여기서 젠더 범주는 결국 특정 방식, 즉 일반적으로 여성보다 남성에게 혜택을 주는 방식으로 권력을 배분하기 위해 존재하는 것이다. 이런 시각에서 보면 '젠더란 왜 있는 것인가?'에 대한 대답은 아주 간단하다. 젠더는 한 집단에게 권력을 만들어주고 보존해주는 한편, 다른 집단에게는 그런 권력에 다가설 기회를 박탈함으로써 차이를 조장하는 범주로 존재한다. 젠더의 목적은 남자가 여자 위에 군림하는 것을 보장해주기 위함이다. 이는 차이를 다루는 다른 범주들, 예컨대 인종, 종족, 계급에서도 마찬가지다. 이런 시각에서 젠더 범주가 가정하는 남녀 간의 차이는 좀 더 큰 차원에서 불평등과 분리될 수 없다. 이 같은 관점에 동조하다 보면, 젠더가 긍정적이고 좋은 개념이라고 주장하기 어려워질 것이고, 불평등을 줄이는 데 전력투구하는 사람이 논리적으로 취할 행동 역시 범주로서의 젠더를 없애버리는 일이 되고 말 것이다.

하지만 어떤 사람들에게는 이런 논리가 그대로 받아들이기 쉽지 않을 수 있다. 남성이거나 여성이라는 것, 여성적이거나 남성적이라는 것은 우리에게 매우 중요한 의미를 띠는 정체성의 일부이기 때문이다. 많은 여성은 립스틱을 바르거나, 보정용 팬티스타킹을 입거나, 머리 스카프나 히잡을 걸치거나, 또는 뒤에서 다시 언급할, 여성 할례에 동참하는 등의 여성적인 일을 매우 편하게 생각하기도 한다. 하지만 앞서 언급한 시각에서보면 여성들이 즐겁고 편한 마음으로 하는 이런 일들은, 다름 아닌 자신들에게서 권력을 박탈하려는 목적으로 고안된 일이다. 많은 여성이 여성성이라는 공통점을 공동체 의식과 유대감, 연대감을 형성하는 잠재적 자원으로 여기는데, 여성성이 단지 권력에 복종하게 만드는 수단이라면 이것을 과연 어떻게 받아들여야 할까? 이 같은 틀 안에서 남성은 소위 악역을 맡은 지배자가 되고 여성은 아무 생각 없이 지배받는(소위 허위의식의 좋은 예가 되는) 바보가 된다. 다른 권력 구조 안에서 남자들은 그들의 위치에 따라 상이한 혜택을 받지만 젠더 안에서만큼은 다르다. 젠더가 권력 배분 시스템일 경우 남자들은 주된 수혜자가 된다. 젠더에 대한 이런 시각은 결국 남성과 여성 어느 쪽에도 특별히 좋다고 말할 수 없는 것이 되고 만다. 다양한 방법으로 젠더의 이런 견고한 경계에서 벗어나려고 하는 개인들, 이른바 **젠더 이탈자**gender outlaw들은 젠더의 모순이나 단점들을 드러냄으로써 이런 권력의 범주를 해체하려고 하는 용감한 사람들이다.

Question

젠더 이탈자들은 어떻게 생겼을까? 어떤 행동을 보일까? 당신은 젠더 이탈자로 여겨지는 사람에 대한 글을 읽어본 적이 있는가? 또 당신은 젠더 이탈자라고 할 만한 사람을 한 명이라도 알고 있는가?

젠더와 권력의 관계를 바라보는 특정 시각을 격하할 목적으로 이렇게 말하는 것은 분명 아니다. 아마 젠더는 동화 속 임금님의 새 옷에 견줄 수 있을 것이다. 우리는 자신들이 걸친 젠더 의상이 훌륭하다고 믿지만, 이 의상은 실상 타인뿐 아니라 자신에게도 상처를 주곤 한다. 아마도 젠더와 관련해 권력을 균등하게 배분하는 유일한 방법은 모든 범주를 없애는 것이 될 것이다. 이것이 바로 이 장에서 다룰 중요한 이슈다. 문제는, 젠더와 관련된 권력 문제를 정면으로 다룰 때, 우리의 대화 주위를 맴도는 이슈들을 회피할 수 없게 된다는 점이다. 권력은 사람들의 삶에 중대한 의미를 지니며, 대개 추하고 폭력적이며 불쾌하다. 어떤 사람들은 운 좋게도 젠더와 권력 간 관계의 단면인 폭력으로부터 직간접적 피해를 입지 않았지만, 그렇지 않은 사람도 있다. 이러한 문제와 관련해 사람들은 어떤 경험을 겪으며, 이런 경험이 어떻게 우리의 시각을 만들어나가는지 눈여겨보는 것이 중요하다.

나쁜 권력, 좋은 권력

소위 슈퍼 악당들supervillains이 추구하거나 슈퍼 영웅들superheros이 마지못해 받아들이는 그러한 막연한 권력 개념 말고, 우리는 권력을 과연 어떻게 이해해야 할까? 사회학자들은 설득, 권위, 또는 강압으로 타인의 행동에 영향을 주는 어떤 행위자의 능력을 **권력**이라고 정의한다. 슈퍼 악당과 슈퍼 영웅이 등장하는 세계에서 권력은 나쁜 인물들이 무자비하게 추구하고 착한 인물들은 대개 귀찮은 짐으로 받아들이는 것으로 정의된다. 이는 '절대 권력은 절대 부패한다'라는 격언의 대중적 버전이기도 하다. 이는 19세기 영국의 정치가 액턴 경Lord Acton의 1887년 글에서 인용한 것인데, 그는 이렇게 말했다. "권력은 부패하곤 한다. 절대 권력은 절대 부패한다. 고로 위대한 사람들은 언제나 대부분 악당인 것이다"(Hill, 2000). 이런 악당이 되지 않으려는 모습이 고전적인 영웅들의 모습이며, 결국 우리는 '권력이 과연 나쁜 것인가?' 하는 철학적 회의에 빠지게 된다.

이런 질문에 답하기 위해 우선 모든 종류의 권력에 대해 생각해보자. **강압적 권력**coercive power은 무력, 위협, 사기 등의 방법으로 자신의 의지를 남에게 강요하는 능력을 말한다. 슈퍼맨의 최대 적으로 등장하는 렉스 루터Lex Luthor가 대표적이다. 그러나 사회에는 권력이 있지만 대개 악당으로 분류되지 않는 사람들도 많다. 당신에게 권력을 행사하는 모든 사람들을 떠올려보자. 악당에 속하는 사람은 몇 안 될 것이며, 오히려 많은 사람들은 당신이 사랑하고 신뢰하는 부류에 속할 것이다. 당신이 성장한 문화나 가정에 따라 그 크기나 강도가 다르겠지만, 분명 당신의 부모도 당신에게 권력을 행사한다. 비행기 안에서 승무원이 권력을 행사하듯, 축구 시합에서 심판이 권력을 행사하듯, 여러분의 선생님도 여러분에게 권력을 행사한다. 심판이 당신에게 레드카드를 내보이면 당신은 운동장에서 퇴장해야 한다. 기분이야 상하겠지만 운동장 밖으로 나가야 한다.

권력을 생각하면 처음 마음속에 떠오르는 것이 강압적 권력 같은 개념이다. 하지만 소위 선진국이라는 나라의 사람들이 가장 많이 직면하는 권력은 이런 것이 아닐 수도 있다. 부모나 교사, 비행기 승무원, 심판의 권력은 제도화된 권력institutionalized power 또는 권위authority라고 한다. **권위**는 합법적인 어떤 단체나 기구 내에서 차지한 위치로부터 나오는 권력이라고 할 수 있다. 당신이 새로운 규칙을 적용하는 흥미진진한 축구 경기를 한다면 몰라도, 축구 경기에서 심판은 협박이나 강제 또는 사기 등의 방법으로 선수를 퇴장시키지 않는다. 특정 단체에 속한 심판의 위치나 당신이 속한 축구 리그가 심판에게 이런 권위를 부여하는 것이다. 이는 제한된 형태의 권위라 할 수 있다. 축구 심판이 당신에게 하라고 해서 당신이 따르는 것은 그다지 많지 않기 때문이다. 그렇지만 이런 권위도 권력의 한 종류이며, 사회가 제대로 돌아가려면 이런 식의 권력은 필요하다. 선수들이 심판의 말을 듣지 않는다면 모든 시합이 무질서해지고 말 것이며, 이는 사회의 경우도 마찬가지다. 권위는 **제도화된 권력**으로 불리기도 하는데, 이는 제도의 힘에서 비롯되기 때문이다. 제도에서 벗어난 사람의 경우, 예컨대 해당 경기가 끝났거나 특정 리그 또는 조직에서 이탈한 경우, 심판의 권력은 사라지게 된다.

자식에 대한 부모의 권력이나 학생에 대한 교사의 권력, 그리고 승객에 대한 승무원의 권력은 나쁜 형태의 권력이 아니다. 그렇다고 제도를 통해 나오는 권력의 한 형태인 권위가 항상 긍정적인 것은 아니다. 이런 권위에 잠재적인 불평등의 요소가 없는 것도 아니다. 이 장에서는 먼저 젠더와 관련해 강압적 권력을 살펴본 후, 제도화된 권력 또는 권위로서 젠더가 갖는 의미를 살펴볼 것이다. 우선 젠더와 권력에 관해 일반적으로 논란의 대상이 되는 몇 가지 문제점들을 파헤쳐보는 것이 중요하다.

남성성과 권력

우리는 액턴 경의 글에서 권력이 결국 위대한 사람great men을 타락시켜 악당bad men으로 만든다는 사실을 알게 되었을 것이다(혹자는 위대한 사람이 이미 악당이었다고 볼 수도 있겠지만). 액턴 경은 이 글을 1887년에 썼는데, 당시 영국에서는 이미 20년 전에 여성의 참정권 운동에 대한 의회 청원이 있었고 빅토리아 여왕이 50년간 여왕의 자리에 있었음에도, 그는 'men'이라는 표현을 보편적 의미의 인류가 아닌 말 그대로 오직 남성만을 염두에 두고 사용했을 것이다. 엘리자베스 1세나 빅토리아는 가장 막강한 권력을 지닌 영국의 지도자들이었지만, 1887년 당시 정치와 경제 영역의 진정한 권력 문제는 전적으로 남성들의 사안이었을 것이기 때문이다. 빅토리아 시대 사람들에게 남성성이란 권력을 갖는 것과 동일시되었다. 그렇다면 오늘날 남성성과 권력의 관계는 얼마나 변했을까?

Question

권력을 가진 사람을 묘사할 때 사용하는 형용사나 특징적인 어휘의 목록을 작성해보자. 남성적임을 의미하는 어휘나 표현이 얼마나 되는가? 또 어느 정도가 여성적인 것을 의미할까? 이런 조사 결과는 남성성과 권력의 관계에 대해 무엇을 보여주는가?

이런 질문에 접근하는 또 다른 방법은 권력을 갖는다는 것이 남성적이라는 의미의 핵심 부분인지를 알아보는 것이다. 이런 노력은 다시 젠더와 권력의 관계에 대한 생각을 환기시키고, 사회 시스템으로서 젠더가 그룹 간 권력을 배분하는 방식은 아닌지 묻게 만든다. 남성이 된다는 것은 과연 여성이 된다는 것에 포함되지 않은 어떤 권력을 갖는 것일까? 권력을 조사하는 많은 구체적 방법들은 여기에 넓은 의미로 '예스'라고 답하는 것 같다. 제도화된 권력을 논하며 살펴보겠지만 여성에게 허용된 권력은 시대와 문화에 따라 그 정도가 변한다. 그럼에도 우리가 아는 가장 평등한 사회에서조차 남성이 여성에 비해 더 많은 권력을 갖는 것으로 보인다.

우리는 남성들이 법을 만들어 집행하고 정부를 운영하며 전쟁을 일으키는 것, 그리고 신의 말씀을 전달하며 해석하고 부를 축적하는 등의 방법에서 이런 사실을 직접 확인할 수 있다. 물론 특정한 시간과 공간에서 여성들이 이런 일을 도맡아 권력을 행사한 적도 있지만 남성에 비해 수가 적을뿐더러 남성처럼 시종일관 권력을 행사한 적은 없다. 오늘날에도 전 지구적 차원에서 법정이나 기관의 이사회, 컴퓨터 랩, 병원, 대학 강의실 등에서 남성들이 더 많은 지배력을 갖고 있다(Bonvilliain, 2007). 회사의 전문 경영인이든 선출된 공무원이든 고위 종교 지도자이든, 특정 부류(대개 백인이고 중·상층에 속하며 이성애적임)의 남성은 우리 삶의 바탕이 되는 많은 부분들, 예컨대 어디에 살고, 어떻게 먹고살며, 어떻게 여가를 보낼지를 결정할 권력을 갖고 있다.

이렇듯 남성들에게는 소위 슈퍼 악당형 권력이라 할 엄청난 권력이 주어졌다고 할 수 있다. 하지만 우리는 실제 권력의 양이나 권력의 행사에서 슈퍼 악당으로 지칭할 남성들이 그리 많지 않다는 것도 알고 있다. 혹여 슈퍼 악당으로 보이는 남성들이 있다 해도 자신을 포함한 가족, 친구들은 그들을 악당으로 여기거나 특별히 권력을 가졌다고 보지 않을 것이다. 많은 남성들은 스스로 권력이 없고 전혀 슈퍼 악당 같지도 않다고 고백한다. 그렇다면 이 모든 것은 복잡하고 악의적인 슈퍼 악당의 말장난에 불과한 것인가? 그렇지는 않은 것 같다. 말장난이라고 해도 이런 각본에서 과연 누가 슈퍼 악당인지도 분명치 않다. 많은 다양한 집단에서 남자가 권력을 가진 듯 보이지만 개인 차원에서는 아무 권력도 없다고 느끼는 남성들이 많다. 이를 어떻게 설명해야 할까?

과연 누가 권력을 가진 것인가? 헤게모니를 쥔 남성성

이 물음에 대한 대답은 하나의 사회 체계이자 정체성으로서 남성성이 작동하는 방식과 관계가 있다. 또한 이 질문은 헤게모니를 쥔 남성성의 문제와 연결된다. 모든 남성들이 평가되는 하나의 잣대를 우리는 헤게모니를 쥔 남성성이라 하는데, 이런 이상적인 잣대에 부합하는 남성은 사실 많지 않다. 백인이자 중산층이며 젊은 이성애적 남성은 헤게모니를 쥔 남성성의 일반적인 구성 요소인데, 이는 권력이 모든 유형의 남성에게 동일하게 부여되지 않는다는 것을 보여준다. 유색인 남성이나 노동계급 남성, 동성애 남성이나 트랜스젠더 남성 등은 자신들의 여러 불리한 위치 때문에 남성성이 지닌 권력에 가까이 다가가지 못한다. 그럼에도 **남자다움에 대한 헤게모니적 정의**hegemonic definition of manhood 또는 남성적이라는 것의 정의는 "권력을 잡은 자, 권력을 지닌 자, 그리고 권력자"(Kimmel, 1994)라는 의미를 갖는다. 마이클 킴멜Michael Kimmel은 남성들이 이를 몸소 보여주려고 노력하는 가운데 이런 권력을 추구한다고 보았다(Kimmel, 1994: 122). 헤게모니를 쥔 남성성은 여성적이라고 인식되는 모든 것에 대립적인 의미로 정의되기 때문에 남성은 실제 여성뿐 아니라 여성적인 모든 특징에도 지배적인 권력을 행사해야만 한다. 남성성을 과시할 때 주된 대상은 다른 남성일 경우가 많은데, 이런 경우에도 조금의 애정이나 사랑의 감정 또는 성적 관심을 보여줘서는 안 된다. 이런 행위는 자신의 남성성을 의심받게 하기 때문이다. 즉, 남성성은 필연적으로 이성 간 사랑으로 여겨지기에 동성애는 진정한 남성성을 얻지 못한다. 동성애 혐오증이 남성성의 부수적인 면이 아니라 본질적인 면이 되는 것은, 남성성을 입증하는 과정에 동성애로 암시되는 것에 대한 두려움이 항상 수반되기 때문이다. 킴멜이 지적하듯, 미국의 대다수 어린 남학생이나 남성에게 '계집애 같다sissy'라고 하는 말이 가장 심한 비난으로 들리는 것은 이 말이 자신의 섹슈얼리티와 남성성에 대해 숨은 의미를 담고 있기 때문이다.

킴멜은 하나의 정체성으로서 남성성이 구축되는 이러한 방식 때문에, 거의 모든 남성들은 평생 어떤 형태의 **남성성 제거**emasculation 시도(자신의 남성성을 박탈하거나 축소하려는)도 회피하려 한다고 보았다. 남성들은 자신의 남성다움을 보여주려고 할 때 여성이나 유색인 남성, 노동계급 남성이나 동성애 남성을 대상으로 삼는다. 바로 이들이 바로 남성성을 상대적으로 정의해주는 타자적인 '비남성nonmen'이 된다. 남성성 제거에 맞서기 위해 끝없이 노력하는 사람이 남성이라고 할 때, 남에게 폭력을 행사하거나 기꺼이 남과 싸우려는 모습이 이러한 남성성의 주된 표식이 되는 것은 당연하다. 제프리 캐나다Geoffrey Canada는 미국 뉴욕 시 브롱크스Bronx 구역 소년들의 통과의례를 설명하면서, 싸움에 대한 소년들의 태도가 유니언 가 거리Union Avenue의 삶에 속한 구성원으로서 필수적인 표식이라고 지적했다(Canada, 1995). 동네 형들이 잡아놓은 소년들 간의 싸움에서 누가 승자인지는 중요하지 않다. 중요한 것은 기꺼이 싸울 준비가 되어 있음을 보여주는 것이다. 캐나다 자신도 형으로부터 이런 규칙을 강요당한 적이 있다고 고백했다. 적극적인 폭력 의지와 이를 수행할 능력을 갖고 있다는 것은 대개의 남자들에게 자신의 남성성을 증명하고 지켜주는 중요한 방법이 된다.

남성성을 하나의 정체성으로 보는 시각은 개인 남성이 왜 아무런 권력이 없다고 느낄 수 있는지를 설명해준다. 남성성을 증명하는 힘겨루기 과정에서 특히 그렇다. 캐나다가 형들이 시켜서 어쩔 수 없이 싸움질을 하게 되었을 때 그는 이를 거절할 수 있는 권력이 없었다(Canada, 1995). 싸움을 회피한 소년들에게 무슨 일이 벌어졌는지 이미 알고 있었기 때문이다. 그들은 또래 친구들과의 싸움에서 구타당한 것보다 형들에게서 더 많은 구타를 당했다. 많은 남성들이 권력이 없다고 느끼는 것도 부분적으로는 이런 이유 탓이다. 이들은 보통 다른 남성들에게 강요당하기 때문이다. 2장에서 살펴보았듯이, 이런 모순은 개인적 문제와 공적 이슈의 차이, 또는 개인의 경험과 사회제도에 대한 지식 간 괴리라는 사회적 역학과 관련된다. 제2 페미니즘 운동의 혁명적인 측면은 페미니스트들이 여성 개인의 삶과 이보다 큰 규모의 사회구조, 즉 개인적 문제와 공적 이슈를 연계시켰다는 데서 비롯되었음을 기억하자. 여성들의 경우 개인적 경험과 공적 상황이 일치한다는 것을 어렵지 않게 볼 수 있다. 페미니스트들은 그룹으로서의 여성이 구조적 차원에서 사회 내 권력이 없다는 점을 밝혔다. 개인 차원에서도 많은 여성들은 자신의 삶 속에서 권력의 부재를 경험한다. 예를 들어, 성폭행은 상대적으로 남성보다 여성이 주로 경험하는 범죄행위이고, 강간당할 수 있다는 두려움 역시 일상적 상황에서 많은 여성이 겪는 두려움이다. 성폭력 행위를 담당하는 법 집행관의 처리 방식에서도 볼 수 있듯이, 구조적 차원에서도 우리 사회의 많은 기관들은 여성이 느끼는 이런 두려움을 더욱 강화시킨다. 법원 역시 구조적으로 성폭력 범죄에 대한 유죄판결 비율이나 가해자에 대한 처벌 형량이 낮다. 이렇게 볼 때, 성폭력에 대한 두려움을 통해 여성들 개인이 느끼는 권력의 부재, 그리고 성폭력 관련 법과 법 절차, 성폭력에 대한 처벌 형량 등을 정할 때 그룹으로서의 여성이 느끼는 권력의 부재에는 분명한 연계가 있다는 것을 알게 된다.

비교적 분명하게 드러나는 이러한 연관성을 남자의 경우에는 찾아볼 수 없다. 그룹으로서의 남성이 사회적 차원에서 더 많은 권력을 갖는다는 증거가 있지만, 개인 차원에서 특별한 권력이 있다고 느끼는 남자는 많지 않다. 권력의 부재를 표현하는 인상적인 비유는 로버트 블라이Robert Bly 등을 중심으로 한 사회운동의 일환으로서 신화시적 남성 운동mythopoetic men's movement[1]에서 찾을 수 있다. 이들은 '전사에 가까운warrior within' 남성성을 되찾자고 주장하거나 '강렬한 남자다움deep manhood'의 내적인 힘을 찾아 나서자고 강조하면서, 전래 동화나 시 속 남성성의 신화나 전형을 개발하고 각색했다. 이 운동의 주창자 가운데는 권력에 대한 현대 남성의 이런 모순적인 상황을 운전기사에 빗댄 사람도 있다. 밖에서 보면 정복을 입은 운전사가 행선지를 분명히 알고 차를 모는 것처럼 보인다. 그러나 우리는 그가 다른 사람의 지시를 받고 있으며 책임자가 아니라는 사실을 안다. 이러한 비유는, 차 바깥의 페미니스트들이 보기에 차 안의 남성들은 모든 권력을 쥐었다고 생각하지만 남성들은 사실 타인의 지시를 받고 있을 뿐임을 알려준다(Kimmel, 1994).

그렇다면 운전사에게 지시를 내리는 사람은 과연 누구일까? 신화시적 남성 운동의 주창자들은 남성 개개인들이 겪는 경험을 보여주지는 않는다. 몇 가지 예를 들자면, 개인적 차원에서 남자들은 부인, 자녀, 회사 상사, 정부 등에 의해 이리저리 휘둘릴 수 있다. 하지만 킴멜이 지적하듯이, 이 비유에서 운전사에게 지시를 내리는 자는 실상 다른 남자일 가능성이 크다(Kimmel, 1994). 남자들이 실제 체험하는 권력의 부재는 넓은 사회구조 차원에서 하나의 그룹으로서의 남성에게서 박탈된 권력이라기보다는 다른 남자들과의 관계에서 빚어진 결과다. 어떤 남자는 다른 남자보다 많거나 적은 권력을 가졌고, 어떤 남자는 특정 그룹 남성에게 허용된 권력에 더 또는 덜 접근할 수밖에 없다. 예를 들어, 어떤 노동계급 백인 남성은 직장 상사나 의사, 지주, 은행가, 교사, 법 집행관 등 자신이 접촉하는

---

1   1980년대 초에 제2 페미니즘 운동에 반대해 발생한 남성주의 운동으로, 남성의 여성화를 극복해 참된 남성성을 회복하자고 주장했다.

대부분의 중산층 남성에 비해 권력이 약하다는 것을 안다. 그렇지만 이 노동계급 백인보다 많은 권력을 가진 대부분의 사람들 역시 주로 남성이기에 권력 투쟁은 남성들 내에서 벌어지는 셈이다. 개인 남성이 느끼는 권력의 부재에 대한 해결책으로 이들에게 더 많은 권력을 주는 것이라고 결론짓는 것은 권력관계가 구축되는 방식에 대한 올바른 이해가 아니다.

킴멜은 남성다움이 하나의 정체성으로 구축되는 방식 자체 때문에 대부분의 남성들은 스스로가 권력이 없다고 느낀다고 결론짓는다(Kimmel, 1994). 남자다움에 대한 헤게모니적 정의의 이상적인 모습은 너무 협소한 데다가 성취하기도 쉽지 않다. 따라서 실제 자신이 완전히 확실하게 남성적이며, 그래서 권력을 갖고 있다고 느끼는 남자는 거의 없다. 백인이나 중산층이 아니고 젊거나 이성애적이지도 않은 남성은 자신이 남성적이지 않고 권력도 없다고 느낄 것이다. 킴멜은 최소한 미국에서만큼은 "남성성이라는 것이 남성으로서 자신의 역할을 성공적으로 완수했다는 사실을 다른 남성들이나 여자, 궁극적으로는 자신에게 증명해야 하는 냉혹하고도 무자비한 검사가 되고 말았다"(Kimmel, 1994: 129)고 결론짓는다. 이 결론이 옳다면, 과연 미국 남자 가운데 얼마나 남성다움에 대한 검사를 완전하게 통과할 수 있을지 의문이다. 전반적으로 남성이 여성보다 많은 권력을 가진 듯하지만, 실상 큰 의미가 있는 것 같진 않다. 이 문제는 다시금 슈퍼 악당과 슈퍼 영웅에 대한 이야기를 환기시킨다. 이 이야기에서 남자들은 사실상 슈퍼 영웅에 더 가깝다. 특히 현대판 이야기에서 그런 영웅들은 보통 우리가 기대하는 방식의 결말로 달려가지 않는다. 스파이더맨 같은 현대판 슈퍼 영웅 이야기에서 그는 여자를 쟁취하지도 못하고, 경찰에게 쫓기거나 악당으로 오인되며, 심지어 자신이 슈퍼 영웅이라는 사실조차 숨겨야 한다. 이처럼 남성이 소유하는 권력은 슈퍼 영웅의 권력

처럼 엄청난 짐으로 다가온다. 이것이 앞으로 우리가 다루게 될 중요한
내용이다.

Question

사회에서 남성들이 흔히 권력이 없다고 느끼는 방식이 허위의식의 한 예가 될까? 이것
이 허위의식의 한 예라고 한다면 그것은 과연 무슨 의미일까?

강압적 권력

앞서 논의했듯이, 강압적 권력은 무력, 협박, 사기를 통해 남의 행동에
영향을 주는 능력을 말한다. 남녀 관계에서 강압적 권력은 대부분 폭력이
나 폭력적 위협의 형태를 취한다. 몇몇 페미니즘 전문가들은 이런 형태의
강압적 권력이 다른 모든 젠더 권력이 구축되는 기반이 된다고 보았다.
여성(또는 다른 남성)에게 폭력을 휘두를 가능성이 많은 쪽은 분명 여성보
다 남성이다. 이런 경향은 사회의 다양한 기관에도 스며들어 있으며, 모
든 남녀 관계에도 영향을 미친다. 어느 사회에서든지 적극적인 폭력성이
나 폭력을 범할 수 있는 능력은 권력을 취하는 확실한 수단이다. 이런 시
각에서 볼 때 남성들의 폭력성은 그들이 지닌 권력의 주된 원천이 된다.

미국에서 다양한 폭력 행위의 책임이 남성에게 있다는 것은 분명한 사
실이다. 지난 10년 동안 폭력 범죄에서 남성 가해자의 비율이 줄어들었지
만 강간죄의 99%, 가중 폭행의 79%, 강도죄의 88%, 기타 폭행의 75%, 가
정 폭력의 75%, 풍기문란죄의 74%는 남성이 저질렀다(U.S. Department
of Justice, 2005). 일반적으로 남성이 폭력 관련 범죄를 범할 가능성이 높

은 셈이다. 제2 페미니즘 운동이 시작되면서 남녀 차별과 관련한 모든 범법행위가 처음으로 범죄행위로 규정·인식되었다. 페미니즘 전문가들은 최근에 와서야 남성이 가한 대부분의 강압적 권력이 범죄행위이자 잘못된 행위로 인식되었다고 주장한다. 미국에서는 1950년대까지 처녀가 아닌 여성은 강간죄로 남성을 고소할 수 없었고, 결혼 생활에서 벌어진 **부부 강간**marital rape은 1976년에 비로소 범죄행위가 되었다.

1976년까지 강간 관련 법은 부부에게 적용되지 않았는데, 이는 결혼 행위가 부인의 동의와 별개로 자신이 원할 때 언제든지 성관계를 맺을 수 있는 권리를 남편에게 부여했다고 보았기 때문이다. 제2 페미니즘 운동이 전개되기 전, 많은 나라에서 가정 폭력, 아내 구타, 성희롱 같은 것을 범죄행위로 여기지 않았다. 1960~1970년대까지 남편의 아내 폭행은 심각하게 받아들여지지 않았고 범법행위로 인식조차 되지 않았다. 폭력적인 남편의 부인 살해 행위는 신문 머리기사에 흔히 "흥분한 남편, 정신 나간 아내를 살해하다"(Del, 1976)라고 실렸으며, 살인에 이르기까지 지속된 폭행도 무시해버렸다. 1960~1970년대까지 **헤드 앤드 마스터 법**head and master laws은 미국 전역에서 부인에 대한 남편의 절대적인 권한을 규정했으며, 아내에 대한 남편의 폭력과 아이에 대한 부모의 폭력은 법 제도의 범위에 포함되지 않았다. 헤드 앤드 마스터 법은 가구 내 모든 결정과 부부의 공동재산에 남편이 최종 권한을 가지며 아내의 동의 없이 또는 아내가 모르는 상태에서 이런 결정을 내릴 수 있다고 규정했다. 런던 경찰청의 1954년 보고서는 가정 폭력을 대하는 지배적인 분위기를 보여준다. "런던에서 1년 동안 발생하는 20건의 살인 사건 모두가 심각한 것은 아니다. 일부는 남편이 자기 아내를 살해하는 단순한 경우이다"(Coontz, 2005). 이처럼 역사적으로 여성들에게 주어진 권리가 워낙 없었기에, 이들에 대

■ ■ ■ **문화적 사실 1 _ 성희롱과 〈매드맨Mad Men〉**

옳고 그름에 대한 우리의 생각이 역사적·문화적으로 변할 수 있음을 드러내는 것은 권력과 젠더 연구의 필수적인 부분이다. 지금의 영미-유럽 사회에서는 누구도 아내나 자녀에게 폭력을 가하는 남편을 용서하지 않는다. 또한 대부분 사람들이 자기 지휘하에 일하는 여성에게 성적인 호의를 기대하는 것이 적절하지 않다는 것을 알고 있다. 그렇지만 약 50년 전만 해도 이런 행위들은 가정 폭력이나 성희롱으로 여겨지지 않았고, 흔히 아무런 잘못이 없는 것으로 보였다. AMC 텔레비전 드라마 〈매드맨〉은 옳고 그름의 생각이 얼마나 빨리 바뀌는가를 보여주는 훌륭한 예다. 광고 회사 남자 임원들, 이들의 아내, 여비서들의 삶을 그리는 이 프로그램이 1960년대 광고업계의 모습을 제대로 비추는지에 대해서는 논란의 여지가 있다. 그럼에도 이 프로그램은 과도한 흡연과 음주, 여색 탐닉, 반유대적 태도 등이 아직 불법이 아니었던 시대의 인간 공동체 모습을 보여준다. 이 프로그램이 보여주는 와스프(WASPish: 백인, 영국계, 개신교계 사람들)의 세계에서 여성이 대부분인 비서직은 도발적인 의상을 한 채 직장 상사에게는 거의 두 번째 아내 역할을 하는 것으로 그려진다. 회사 복도를 어슬렁거리는 남자 임원들은 비서들에게 추파를 던지고, 직장 내 성관계는 아무런 문제가 없는 정도가 아니라 은근히 기대되는 것으로 받아들여진다. 첫 방송에서 남자 임원은 착하게 생긴 동료에게 이렇게 말한다. "자네가 어떤 남자인지를 그들이 알게 해주라고. 그러면 자신들이 어떻게 행동해야 하는지 알게 될 테니까"(Witchel, 2008). 주인공 돈 드레이퍼(Don Draper)의 이웃으로 이사 오게 된 한 이혼녀는 동네 부인들에게 수치스러운 여자로 여겨진다. 한편 돈의 아내 베티(Betty)는 대학을 졸업한 여자로서 교외에 위치한 집에 살면서 맥 빠진 생활을 하다가 결국 심리 치료사를 찾게 된다. 이 심리 치료사는 그녀와의 면담 내용을 돈에게 모두 알린다. 페기 올슨(Peggy Olson)이라는 적극적 성격의 여비서는 "여자가 원하는 게 무엇인지"에 대한 통찰력을 일깨워주는 능력 때문에 첫 에피소드에서 카피라이터로 승진한다. 다른 에피소드에서는 임신한 여자와 산부인과 의사가 흡연을 즐기는 모습이 계속 방송된다. 반면 돈의 상사는 버터와 우유를 섭취하며 위암을 치료하다가 결국 심장마비에 걸리고 만다(오늘날의 시청자들에게는 별로 놀랄 만한 일도 아니다). 종종 역사적 시점을 정하기 어려운 경우가 있지만, 〈매드맨〉은 대개 그리 멀지 않은 과거를 배경으로 한다. 그럼에도 마치 전혀 다른 세계인 듯 보인다. 옳고 그름에 대한 판단의 역사적·비교 문화적 성격은 우리 시대에 무엇이 적절하고 무엇이 부적절한 행동인지를 생각할 때 과연 어떤 의미를 가질까? 우리가 정상이라고 여기는 행동 중 과연 어떤 것들이 미래에는 매우 부도덕한 행동으로 받아들여질까?

한 많은 폭행 사건들도 범죄행위로 인식되지 않았다.

여성들은 산업화 초기부터 직장의 유급 노동에 참여했다. 성희롱 문제는 페미니즘 운동가들이 성희롱 문제에 대한 대중과 기업, 그리고 정부의 관심을 촉구하던 1970년대에 처음 등장한 것이 아니다. 1970년대에 와서야 비로소 직장에서 정상적인 여성적 삶의 단면으로 여겨지는 부분들이 비도덕적이고 불공평하며, 나아가 불법적인 것으로 인식되기 시작했다. 1950년대까지 일부 미국 법은 고용주의 여성 고용 거부를 합법적인 것으로 보았다. 특히 결혼한 여성이 직업을 갖는 것은 자신이 먹고살기 위해 필요한 것이 아니라고 보았고, 나아가 가족을 부양할 기혼 남성의 일자리를 빼앗는다고 여겼다. 직장 내 깔려 있는 이런 여성 혐오증을 고려하면, 직장에서 여성을 성적 대상으로 여기거나 여직원에게서 성적 혜택을 바라는 행위가 얼마 전까지도 허용된 것이 크게 놀랄 만한 일은 아니다.

1990년대에 페미니즘은 일부분 비판을 받았고, 젠더 불평등에 관한 이런 강압적 권력에 대한 해석을 두고 내부적으로 입장이 갈렸다. 페미니즘 운동 안팎에서 일부 여성들은 페미니스트 운동이 성폭력, 가정 폭력, 성희롱 등을 너무 강조한다고 생각했다. 이들은 폭력이 더 이상 남녀 간 불평등의 핵심적 요소가 아니라고 주장했다. 시대가 바뀌면서 부부 강간 자체가 불법이 되었고, 이제는 처녀가 아니어도 상대 남성을 성폭력으로 기소할 수 있게 되었으므로 폭력은 더 이상 남녀 간 불평등의 주된 원인이 아니라는 것이다. 하지만 강압적 남성 권력에 초점을 맞추는 페미니즘 전문가들은 여성에 대한 폭력이 직접적 희생자인 여성 당사자에게만 영향을 끼치는 것은 아니라고 보았다. 이들은 여성이 성폭력, 가정 폭력, 성희롱의 직접적인 피해를 입지 않았어도 그러한 폭력의 희생자가 될 수 있다는 공포감 자체는 여성의 삶의 일부로 스며들었다고 주장했다.

이런 공포감은 여성들에게 허용된 모든 기회나 이들이 내리는 모든 결정에 영향을 준다. 법 집행과 같은 남성 위주의 직업에 대한 여성 취업 금지가 이제는 불법이지만, 경찰과 같이 여성들이 성희롱을 당할 가능성이 높은 직업군은 많은 여성들에게 외면당했고, 나아가 많은 여성들에게 이런 직업군을 선택해도 될지에 관해 심각하게 고려하도록 만들었다. 가정 폭력을 행사하는 남성은 광범위한 지배와 강요를 조성하기 위해 학대 위협을 한다는 연구 결과가 있다. 가정 폭력 희생자는 끊임없는 폭행 위협 속에 결국 자신의 선택권이나 기회를 스스로 제한하는 세계에서 지내게 된다. 일부 여성들이 자신과 자녀의 생명까지 위협받는 상황에서도 그러한 폭력에서 벗어나기를 주저한다는 사실은, 폭력의 낌새만으로도 여성 스스로 자유를 인식하는 데 영향을 준다는 것을 분명하게 보여준다. 폭력을 권력 분석의 핵심으로 보는 일부 페미니스트들은 모든 남녀 상호 관계의 바닥에 폭력의 가능성이 놓여 있다고 주장한다. 물리적 충돌에서는 남성이 이길 수밖에 없다는 것이다(Kaye/Kantrowitz, 2009). 급진적 페미니스트인 엘런 윌리스Ellen Willis는 이런 시각에 대해 "남성이 여성을 진지하게 생각하지 않는 이유는 여자를 무서워하지 않기 때문"(Kaye/Kantrowitz, 2009에서 재인용)이라고 언급했다. 이런 맥락에서 볼 때 폭력의 가해자가 아닌 피해자로서 여성의 위치는 남녀 불평등의 핵심이 된다.

Question

여러분은 남성이 여성을 두려워하지 않기 때문에 여성을 가볍게 여긴다는 엘런 윌리스의 견해에 동의하는가? 이 견해는 권력의 핵심에 폭력이 있다는 주장과 관련해 어떤 의미를 갖는가? 이런 주장에 동의할 때 남성이 여성을 진지하게 여기도록 하려면 어떻게 해야 할까?

두려움의 지리학

페미니즘 전문가들에 따르면 성폭력의 대상이 될 수 있다는 두려움은 여성들에게 다양한 의미로 수용된다고 한다. 몇몇 전문가들은 이런 두려움이 여성들에게 소위 **두려움의 지리학**geography of fear을 만들어낸다고 보았다. 여성들은 성폭력, 성폭행, 성희롱을 당할 수 있다는 두려움 때문에 어쩔 수 없이 특정 공간에 대해 안전이 취약하다거나 두렵다거나 하는 것을 가늠하게 된다는 것이다(Valentine, 1989). 여성에 대한 폭력은 대개 가정 내, 즉 사적 공간에서 발생하지만(Dobash and Dobash, 1992; Hollander, 2001), 여성들은 공공장소도 피하라고 교육받는다(Bynum, 1992; Duncan, 1996; Valentine, 1992). 공공장소에서 여성은 자신의 사생활이나 안전이 여러 형태의 위협, 예컨대 선정적인 농담의 대상이 되거나 신체적 추행 등 폭력 범죄의 희생양이 될 수 있다고 느낀다(Wesely and Gaarder, 2004). 공공장소보다 사적 공간이 실제로 더 위험하다는 것을 알면서도, 많은 여성들은 과연 어느 공간이 더 안전한지 평가하기 위해 계속 의심하고 캐묻는다. 또한 공공장소에서 벌어지는 다양한 폭력의 희생자가 될 수 있다는 두려움은 여성들에게 공사가 구분된 젠더 특성을 강요한다. 공적 영역을 남성에게 더 양보하도록 장려하면서 말이다. 대중적 공간에서의 성폭력에 대한 두려움은 말 그대로 여성들을 '자신의 자리', 즉 집 또는 사적 공간에 가둬놓는 수단으로 작용한다.

여성들의 야외 도심 공원 사용에 대한 연구에서 제니퍼 웨슬리Jennifer K. Wesely와 에밀리 가더Emily Gaarder는 그런 공간에서 발생할 수 있는 성폭력·성희롱에 대한 두려움과, 거기서 얻는 진정한 오락과 휴식 간 균형을 맞추기 위한 여성들의 전략과 협상 방안을 조사했다(Wesely and Gaarder,

2004). 이들은 사우스 마운틴 파크(가명)를 찾는 여성들에 대한 직접 조사와 심층 면접을 통해 야외 여가 시설을 어떻게 즐기는지 살폈다. 여성들은 공원에서 보내는 시간을 "영적인", "해방적인", "평화로운" 등으로 표현했는데(Wesely and Gaarder, 2004: 653), 이는 집 밖의 여가 활동이 지닌 치유의 가치를 강조하는 입장과 일치했다. 또한 여성들은 헬스장이라는 사교에 부정적인 공간을 벗어나 신체적 활동을 할 수 있음을 장점으로 꼽았다. 야외 공원과 달리 헬스장은 애인을 구하려고 찾거나 남성들이 자신들을 훔쳐보면서 평가하는 곳처럼 느껴진다고 했다. 사우스 마운틴 파크에서 운동할 때는 헬스장의 바람직하지 못한 면들을 피할 수 있다고 했다.

야외 공원이 지닌 이런 장점들은 동시에 사우스 마운틴 파크 같은 지리적 공간에서 여성들이 느끼는 두려움과 균형을 이룬다. 조사 결과 여성의 약 40%는 야외 휴가 중 괴롭힘을 겪었으며, 2.4%는 신체적인 폭행을 당했다고 응답했다. 사우스 마운틴 파크의 경우 성희롱이나 성폭력 발생률은 비교적 낮았지만 여성들이 불안해하는 지역이나 호젓한 산책로가 여전히 많다고 보고되었다. 어떤 여성은 "사람이 덜 오가는 길에서 강간당하거나 아무도 발견하지 못하는 곳에서 살해당할 수 있다는 불안감을 느낀다"(Wesely and Gaarder, 2004: 654)고 응답했다. 한편 여성들은 이렇듯 호젓한 산책로에서 자연의 평온함을 즐기고 자전거족이나 다른 산책자들을 피할 수 있다는 점을 최고의 즐거움으로 꼽았다.

공원 내 특정 지역이나 산책로에서 여성들이 느끼는 공포심은, 웨슬리와 가더의 면접과 조사에서 볼 수 있듯이 여성들이 겪은 특정 경험에 기인한다. 모나Mona라는 여성은 밤에 공원에서 혼자 조깅하던 중 웬 젊은 남자가 가슴을 더듬고 도망쳤다고 했다. 이 사건 이후 그녀는 언제 어디서나 야외 활동을 할 때 조심스럽다고 했다.

또 다른 여성은 사우스 마운틴 파크에서 성적 대상으로 전락한 듯한 느낌 때문에 자신의 사생활이 침해받았다고 응답했다. 케이티Katie는 그 경험에 대해 이렇게 말했다. "종종 고양이 울음소리로 야유하거나 저를 두 번씩 흘끔거리는 시선을 느꼈어요. 누군가 옷 속을 들여다본다는 느낌 없이 다니고 싶어요"(Wesely and Gaarder, 2004: 655). 어떤 여자는 산책로에서 만나는 남자가 의심스러울 수밖에 없다고 하면서 이들이 뒤돌아서 자신을 쳐다보거나 "옳지 않은" 시선으로만 보지 않았으면 좋겠다고 했다. 그녀는 으슥한 산책로에서 만난 남자들은 공원에서 보통 여자를 마주칠 때처럼 여자를 쳐다보거나 생각하지 않는다고 말했다. 이런 사건을 통해 사우스 마운틴 파크의 공적 공간은 남성들의 폭행이나 침해 행위와 연결되고, 여성들은 두려움의 지리학을 구성하게 된다. 일부 여성은 공원에서 당한 성폭행 때문에 이런 지리학을 그리기도 하지만, 대다수의 경우 "교류 상대나 의사소통 상대를 선택할"(Wesely and Gaarder, 2004: 655) 권리가 없다는 점에서 안전에 위협을 느낀다.

그렇다면 과연 여성들은 사우스 마운틴 파크라는 대중적 공간에서 느끼는 두려움을 어떻게 해결할까? 가장 공통적인 전략은 공원에서 혼자 여가를 즐기지 않는 것, 즉 다른 여성이나 남성 또는 개와 함께하는 방식으로 즐기는 것이다. 또한 호젓한 산책로를 피하고, 해가 질 무렵과 저녁에는 공원에 가지 않는다. 대개 휴대폰 같은 안전 수단을 소지하기도 한다. 최루가스를 소지한 여성도 있었다. 공원 안에서의 행동 패턴을 바꾸기로 결정한 여성도 있었다. 리사Lisa라는 여성에게는 공원에 갈 때마다 자신을 따라와 말을 거는 남자가 있었다. 다른 시간대에도 가보았지만 계속 나타났기에 리사는 그 남자가 "잘못된 생각"(Wesely and Gaarder, 2004: 656)을 품기 전에 결국 공원에 가는 것을 중단해버렸다. 이런 경우 성폭력의 피해에서 벗어날 책임은 분명 리사 자신에게 씌워졌다. 그녀는 공원에 가지 않음으로써 남자가 엉뚱한 생각을 품지 못하게 한 것이다.

자신의 안전보장을 위한 책임의 문제는 웨슬리와 가더가 밝힌 대로 사우스 마운틴 파크에서 여성들이 겪는 중요한 난제 가운데 하나다(Wesely and Gaarder, 2004). 여성들이 아무리 경계 태세를 취하고 특단의 조치로 자신을 보호하려 해도, 공원에 있는 한 폭력에 대한 두려움을 완전히 제거할 수 있는 방법이 없었다. 자신들을 안전하게 지켜야 한다는 책임의 대부분도 여성을 불안하게 만드는 그런 남자들이 아닌 여성 자신에게 있었다. 하지만 자신들이 뒤집어쓴 안전보장 책임을 다른 사람들에게 넘길 가능성 또한 새로운 문제를 불러왔다. 몇몇 여성들은 공원에 조명 시설과 비상전화 또는 공중전화를 설치하거나 산책로에 공원 경찰이 상주하는 방법을 통해 여성 안전을 보장하는 방안을 논의했다. 그러나 이런 해결책은 공원에서의 공간 사용과 자유로운 행동반경을 제한했던 폭력의 자리를 감시로 대체한 것에 지나지 않는다(Wesely and Gaarder, 2004). 성폭력과 성희롱에 대한 두려움에서 비롯된 사회적 통제를 이제는 자신들의 안전을 보장해주는 새로운 사회적 통제로 바꾼 셈인데, 결국 둘 다 사회적 통제임은 매한가지다. 게다가 조명 시설, 비상전화, 공원 경찰의 존재는 여성들을 포함한 공원 이용자들이 추구하는 자연 속 삶이라는 장점을 상쇄해버린다.

Question

여성들의 두려움에서 비롯된 지리학의 다른 예를 생각할 수 있는가? 그런 곳에서 여성들은 두려움의 지리학을 어떻게 처리하는가? 두려움의 지리학은 모든 여성에게 해당되는가? 남자의 경우도 마찬가지인가? 그렇거나 그렇지 않다면 이유는 무엇인가?

이번 연구는 도심 공원이라는 구체적인 공간에서 생기는 폭행, 강간, 괴롭힘에 대한 두려움이, 위험을 무릅쓰고 산보를 하거나 자전거를 타기로 결정하는 것과 같은 여성들의 기본 행동 패턴에 실제로 영향을 끼친다는 것을 보여준다. 강압적 권력이 젠더 불평등을 유지하는 중요한 도구가 된다는 주장도 어느 정도 사실임을 알 수 있다. 자신에게 무슨 일이 생길지 두려워하는 마음은 여성을 대중적 공간에서 몰아낸다. 대중적 공간은 사회의 중요한 결정들이 내려지는 곳이다. 공원은 비교적 사소한 곳일지도 모른다. 그러나 강압적 권력 때문에 여성이 들어가지 못하는 대중적 공간에 대한 다른 예들을 생각해보면 그 여파는 더 클 수 있다. 경찰은 대부분의 시간을 대중 공간에서 일한다. 만약 어떤 여성이 이에 대한 두려움 때문에 이 직업을 선택하지 않는다면 대중의 안전보장과 범죄 수사라는 중요한 일이 주로 남성의 임무로 떨어지게 된다. 주식시장이라는 경쟁적인 장소와 상품 교환 시장도 대중적 공간의 일부다. 만약 강압적 권력의 한 형태인 성희롱으로 인해 여성들이 이런 직업군에 들어가지 못한다면 우리 경제를 움직이는 많은 힘을 남성이 거의 좌우하게 된다.

또한 여성의 사우스 마운틴 파크 활용은 여성에 대한 강압적 권력이 주로 여성의 문제로 인식되는 방식들을 조명했다. 물론 피해를 받는 대상이 주로 여성이라는 점에서 여성의 문제라고 할 수 있다. 그러나 이런 시각은 등식의 다른 한쪽, 즉 여성에 대한 폭력·괴롭힘·강간에는 책임자가 있다는 사실을 무시하는 것이다. 웨슬리와 가더가 지적하듯이, 이는 여성들이 공공장소에서의 성희롱을 아무 문제가 없는 것으로 여기는 전반적인 구조에 대항하기보다는 자신의 안전을 스스로 책임져야 하는 부담만 지도록 만든다(Wesely and Gaarder, 2004). 여성에 대한 강압적 권력의 사용을 여성의 문제로 보는 것은 남성, 그리고 더 큰 차원의 젠더 체계 또한 이런 역학의 일부라는 사실을 그냥 덮어버리는 것이다. 여성의 안전에 대한 책임이 여성에게만 있다고 하는 것은, 여성이 강압적 권력을 행사하는 일부 남성들의 행태에 맞서 아무것도 할 수 없다고 묵시적으로 가정하는 것과 같다. 여기서 남성성과 폭력의 관계는 당연시되며 바뀔 수 없는 것이 되고 만다. 이런 시각은 남성들의 강압적 권력 사용에 대한 문제 해결을 오로지 여성의 몫으로 넘기는 것일 뿐 아니라 남성들 자신에게도 별반 도움이 되지 않는다. 특히 여성에 대한 괴롭힘, 폭행, 강간을 범하지 않는 대부분의 남성들에게는 아무런 도움이 되지 않는다.

강간이 일어나기 쉬운 문화와 강간이 일어나지 않는 문화

페미니스트들은 강압적 권력과 젠더의 관계에 대한 이런 시각이 우리 사회의 강간 문화를 대변한다고 본다. **강간 문화**rape culture에는 여성·남성·섹슈얼리티·동의 같은 요소들의 본질, 그리고 강간이 일어나기 쉬운 환경으로 이끄는 **강간 신화**rape myth의 본질에 대한 여러 생각이 특징적으로 포함되어 있다(Armstrong, Hamilton and Sweeney, 2006). 강간 신화란, 강간과 성폭력 사건에서 피해 여성의 의상 스타일 또는 여성 스스로 위험한 상황에 처하게 만들거나 위험한 지역에 가는 행동이 '피해를 자초'했다고 믿는 것이다. 여기서 범죄의 책임은 가해자가 아니라 피해자에게 전가된다. 또 다른 강간 신화는 앞에서 논한 바 있는 신념에 관한 것인데, 남성이 공격적인 성적 행동을 하는 것은 지극히 자연스러우며 성희롱은 남성에게 잠재된 이러한 성향이 극대화되어 나타난 행동이라는 것이다.

강간 문화에 관한 이러한 시각은 강간 신화 형성에서 (생물학이나 개인 심리학보다) 문화의 역할을 강조하는 한편, 이러한 신화가 남자나 여자에게 어떤 피해를 주는지 보여준다. 하지만 강간 문화에 관한 이러한 시각이 이런 문화적 신념이 퍼져 있는 특정 상황을 가리키는 것은 아니다. 강간 신화는 우리 문화를 지배하고 있을지도 모른다. 그러나 앞서 지적했듯이, 남자라고 해서 모두 성폭행이나 강간을 하는 것은 아니며, 여성을 희롱하지도 않는다. 몇몇 연구에 따르면, 남성이 여성에게 강압적 권력을 행사하는 정도는 문화마다 다르며, 때로는 일개 단과대학 캠퍼스 안에서조차 조금씩 다르다. 대다수 젠더 학자는 여성이 당하는 폭력 문제를 정말로 해결하고 싶다면, 이 특정한 역학 관계에서 남자와 여자가 각기 맡은 역할이라는 동전의 양면을 살펴봐야 한다고 주장한다. 이런 연유로 폭력 문제의 조사나 궁극적 해결에 관심이 있는 학자들은 문화나 사회 속에서 여성에게 폭력을 가하는 구체적 상황에 세심한 주의를 기울이고 있다.

인류학자 페기 리브스 샌데이Peggy Reeves Sanday는 자신의 연구에서 강간이 많이 일어나는 요인, 그리고 강간이 일어나기 쉬운rape-prone 문화와 강간이 일어나지 않는rape-free 문화의 차이에 영향을 미치는 요인을 알아내려고 했다(Sanday, 1981, 1990). **강간이 일어나기 쉬운** 문화에서는 강간 발생 건수가 높게 보고되는데, 이런 문화에서는 강간이 남성성을 나타내는 의식 또는 여자에게 벌을 주거나 위협하는 행동으로 옹호된다(Sanday, 2004). **강간이 일어나지 않는** 문화에서는 강간이 거의 일어나지 않거나 전혀 일어나지 않는데, 그렇다고 해서 실제로 전혀 일어나지 않는다는 뜻은 아니다. 강간이 일어나지 않는 문화에서는 강간을 사회적으로 용인하지 않으며, 심하게 처벌한다(Sanday, 2004). 샌데이의 95개 부족사회 비교에 따르면, 18%에서는 강간이 일어나기 쉬운 반면에, 47%에서는 강간이 잘 일어나지 않았다고 한다(Sanday, 2004). 어떤 요인 때문에 이처럼 다른 두 가지 문화가 생겼다고 설명할 수 있을까? 강간이 일어나기 쉬운 문화에서 강간이란 대인관계에서 흔한 폭력, 남성 지배, 남녀 분리라는 더 큰 문화 제도의 일부에 불과하다.

샌데이의 주장에 따르면, 강간이 일어나기 쉬운 부족사회가 더 안전하지 못한 곳일 가능성이 크며, 그곳에서 여성은 환경을 지배하려는 남성 투쟁의 일환으로서 남성의 통제 대상이 되었다. 이곳의 남성과 여성은 대부분 생활 방식이 다르며, 이곳 남자는 강간이 없는 문화권의 남자보다 자신의 남성다움을 스스로 입증하는 데 관심이 많다. 반면 강간이 없는 문화에서는 여성에게 의식적 중요성이 많이 부여되며, 더 크고 조화로운 사회 형성에 대한 여성의 특수한 기여를 높이 평가한다. 여기서 의식적 중요성과 존경이란 남녀가 서로 세력 균형을 이룬다는 뜻이며, 따라서 **상호 보완적 평등**equality through complementarity을 그 특징으로 한다. 이는 그 문화에서 여성과 남성이 정확히 똑같이 일한다는 뜻은 아니지만, 남녀가 기여하는 바를 똑같이 가치 있는 활동으로 여기며 "여성과 남성은 각각 상대의 활동에 꼭 필요한 존재"(Sanday, 2004: 65)라고 보는 것이다. 이런 관점에서 보면, 여러 문화에서 강간이 자주 일어나는 현상은 남녀의 성별보다 문화적 신념의 영향이 더 크다고 할 수 있다. 이 특별한 남성 폭력에 불가피한 요소란 없다. 오히려 강간은 특별한 문화적 배경의 영향을 받는다고 볼 수 있다.

Question
남자와 여자가 서로 부족한 점을 보충해주는 존재라는 생각이 남녀 차이와 남녀 불평등 간의 긴장 상태에 어떤 영향을 미치고 있는가? 이런 생각이 지배적인 상황에서 남녀는 서로 다르지만 여전히 동등한 존재로 인식되는가? 당신의 문화권에서 남녀가 서로 보충적인 역할을 하는 예를 생각해볼 수 있는가?

샌데이와 다른 학자들은 영미-유럽 사회의 사람들에게 더 익숙한 배경이자, 성폭력이 긴급한 현안으로 자주 부각되는 대학 캠퍼스 같은 곳에 이러한 관점을 적용해보았다(Sanday, 1990). 미국 법무부 산하 사법 연구소National Institute of Justice에 따르면 20~25%의 여학생이 재학 중에 강간이나 강간 미수의 피해자가 되는 것으로 추정된다(Fisher, Cullen and Turner, 2000). 즉, 여대생의 경우 나이가 비슷한 다른 여성보다 성폭력이나 강간의 피해자가 될 위험이 더 많다는 것이다. 샌데이가 보기에 대학 캠퍼스는 대체로 강간이 일어나기 쉬운 문화권에 속한 듯하다. 왜 그럴까?

몇몇 연구자들은 많은 대학 캠퍼스 내 남학생 사교 클럽의 문화적 배경과 대학생 클럽활동의 몇몇 특징이 성폭력을 얼마나 많이 증가시켰는지에 초점을 맞춘다. 가령 남학생 사교 클럽들은 흔히 구성원 개개인 간뿐 아니라 다른 남학생 사교 클럽과 경쟁하기를 좋아하는데, 때로는 이 경쟁이 성적 정복의 모습일 때도 있다. 많은 남학생 사교 클럽에서는 술을 이용해 여성을 정복하려 한다. 일부 남학생 사교 클럽의 구조는 (신입 회원을 끌어들이기 위해) 미끼나 봉사자(여동생 조직이라는 형태로) 또는 성적 희생자로 여학생을 내세운다(Martin and Hummer, 1989). 이런 특별한 조직이나 규범이 도처에 있으면 남학생 사교 클럽은 강간이 쉽게 일어나는 환경이 될 수 있다.

물론 남학생 사교 클럽이라고 해서 모두 강간이 쉽게 일어난다는 뜻은 아니다. 남학생 사교 클럽의 문화는 제각기 천차만별이기 때문이다. 일례로 샌데이는 자신의 연구에서 강간이 없는 문화에 훨씬 어울리는 사교 클럽을 묘사한다(Sanday, 2004). 샌데이가 QRS라는 익명으로 명명한 이 사교 클럽에서는 폭음을 거의 하지 않는다. 파티에서 음주 후 일어나는 강간 사건을 예방하려고 몇몇 남학생이 책임감을 갖고 순찰하기도 한다.

이런 사교 클럽에서는 여학생을 성적 대상으로 여기지 않으며, '파티 걸'을 끌어들이려고 하지도 않는다. 솔직한 페미니스트 활동가들과 더불어 여성학을 공부하는 학생들이 이 사교 클럽의 고정 멤버였다. 한편 그 사교 클럽의 한 남자 회원은 젠더 문제를 토론하는 남학생 동아리를 조직하기도 했다. 또한 샌데이의 지적대로, 동성애와 양성애에 대한 QRS 사교 클럽의 개방적인 태도는 특이하다. 그 사교 클럽은 종종 '게이 클럽', '게이 사교 클럽'이나 '호모 숙소'로 불렸지만, QRS 소속 남학생들은 그런 꼬리표에 크게 개의치 않았다(Sanday, 2004: 68). 이 연구에 따르면, 일부 남학생 사교 클럽 문화 때문에 여학생에 대한 성폭력이 많아진 것은 사실이지만, 남성 사교 클럽의 구조 자체에 본래 그런 요소가 있었던 것은 아니다. 각 남학생 사교 클럽 문화의 미묘한 차이가 더 문제다.

캠퍼스 내 성폭행

어떤 상황에서 강간이 잘 일어나는지 그 문화 속 다양한 맥락과 구조가 미치는 영향력에 대한 보고서가 있는데, 그 보고서는 어떻게 개인적·문화적·구조적 요인이 결합해 대학 캠퍼스 내 '파티 강간'을 일으키는지 살핀다. 엘리자베스 암스트롱Elizabeth Armstrong과 로라 해밀턴Laura Hamilton, 그리고 브라이언 스위니Brian Sweeny의 이 연구는 젠더에 대한 통합적 접근법을 잘 보여준다(Armstrong et al., 2006). 통합 이론은 세 가지 차원의 분석을 모두 활용해서 몇 가지 젠더 현상을 설명하려고 한다. 세 가지 차원이란 개인, 상호작용, 제도를 가리킨다. 더욱이 이 연구자들은 애초 남녀 차별이 없었던 과정과 특징이 어떻게 남녀 차별적 의미를 갖도록 변질되었는지도 검토했다.

이들은 많은 대학 캠퍼스 파티의 일반적인 모습과 파티 참석을 원하는 남녀 대학생의 동기부터 연구했다. 연구진의 주장에 따르면, 대학에 입학하기 한참 전부터 대다수 학생은 대학 생활에서 기대해야 할 것들을 잘 알고 있었다. 기대 항목 가운데 파티는 중요 요소다. 외출과 음주, 놀이는 대학 생활에 필요한 활동이자 거대한 대학 생활에서 소속감을 느낄 수 있는 중요 요소다. 암스트롱 등의 연구에 따르면, 인터뷰에 응한 대다수 학생은 고등학교 시절에 인기가 있었으며, 인기를 얻고 대학 생활에 새롭게 적응하는 방법으로 대학 파티를 꼽았다(Armstrong et al., 2006). 이러한 파티 참석 동기에는 남녀를 막론하고 별다른 차이점이 없었다. 하지만 다른 요인과 합쳐지면, 이러한 파티 참석 동기에 남녀 차별적 의미가 생긴다.

대학 파티에 참석하는 동기는 남녀의 성과 무관하지만, 파티 자체는 그렇지 않아서 남녀 차별적인 측면이 드러난다. 암스트롱 등이 연구한 미드웨스턴 대학교의 사례를 보면, 파티는 이성애 성향의 여학생이 남학생을 만날 수 있는 중요 수단이다(Armstrong et al., 2006). 연구자들이 연구 대상으로 삼은 기숙사는 남녀 공용 기숙사지만, 남학생은 여학생의 안내를 받아야 여학생 층에 갈 수 있고, 기숙사에 거주하지 않는 학생은 여학생 층에 갈 수 없다. 여학생은 대형 강의실에서 남학생과 만나거나 대화를 나눌 기회가 별로 없다. 따라서 많은 여학생이 익숙한 남녀공학 고교에 비해 대학교에서는 평소 남학생과 친해질 기회가 없다고 불평한다.

따라서 파티는 여학생이 남학생에게 호감을 주는 존재로 인정되는 데 따른 지위와 자존감을 얻을 뿐 아니라, 남학생도 만날 수 있는 중요 장소가 되었다. 연구에 따르면 여학생은 파티에서 춤을 추거나 키스하기를 좋아했다. 그들이 남학생의 관심을 받으려면 "신체적·문화적 이점을 잘 활용"(Armstrong et al., 2006: 488)해야 할 필요가 있었기 때문이다. 여기에는 여대생이라는 '이상적인' 이미지를 나타내는 것뿐 아니라, 때와 장소에 따라 잘 차려입기('핫'하지만 '천박'하지 않게)가 포함되어 있다. "균형 잡힌 흰 이목구비, 날씬하지만 풍만한 가슴과 햇볕에 적당히 그을린 피부, 긴 생머리, 세련된 화장에 최신 스타일로 잘 차려입는"(Armstrong et al., 2006: 488) 것이 '이상적인' 여대생의 이미지다. 파티에서 남학생의 흠모 대상이 되는 것에 따른 심리적 효과는 워낙 강해서, 이미 남자 친구가 있는 여대생의 경우 남자 친구의 질투 때문에 남자 친구를 화나게 하지 않고는 이런 주목을 받을 수 없다는 사실이 가끔 슬퍼질 정도이다.

파티 참석의 동기나 여대생들이 파티를 경험하면서 특별히 여성화되는 방식은 파티에서 일어나는 강간을 개인적 차원에서 이해할 수 있는 중요한 측면이다. 기관이나 조직 차원에서는 정해진 내부 규율이 중요하다. 가령 대학은 주에서 정한 금주법을 얼마나 엄격하게 적용할지, 또 어떤 상황에 적용할지에 관해 몇 가지 재량권이 있다. 특별히 음주법을 엄격히 시행하던 기숙사에서, 암스트롱 등은 기숙사 상주 사감resident assistants과 기숙사 순찰 경관이 금주 위반을 적발하는 모습을 목격했다(Armstrong et al., 2006). 금주 위반은 대개 엄격하게 제재되는데, 300달러의 벌금, 8시간의 금주 교실, 4년간 집행유예 등이 그것이다. 당연히 학생들은 기숙사에서는 술을 최소한만 마신다. 이에 비해 남학생 사교 클럽에서는 술을 맘껏 마신다. 술을 마시지 않는 모임은 기숙사 내에서 모임 장소를 찾기 힘들다. (자정에 월마트 가기 같은) 술 마시지 않는 모임은 재미없어한다.

사교 클럽들은 몇 가지 활동에 대해 대학 당국의 동의가 필요하지만, 대학 당국은 클럽에서 일어나는 사건들을 충분히 통제할 수 없다. 사교 클럽은 개인 소유이며, 일부는 사교 클럽 위원회Interfraternity Council: IFC뿐 아니라 전국 차원의 규정에 따라 운영된다. 암스트롱 등에 따르면, 이런 상황이기 때문에 파티에서 벌어지는 모든 일은 사교 클럽이 관장한다(Armstrong et al., 2006). 파티 주제를 정할 때 남학생 사교 클럽은 흔히 여학생이 옷을 거의 안 걸친 듯 섹시하게 입는 파티를 주관해서 여학생이 남학생에게 종속적인 입장에 놓이게 만든다. 연구자들이 연구 기간에 본 파티로는 '포주와 창녀Pimps and Hos', '빅토리아 시크릿Victoria's Secret',[2] '플레이보이 맨션Playboy Mansions', 'CEO/창녀 비서CEO/Secretary Ho' 등 많은 예가 있었다. 어떤 남학생 사교 클럽은 특별히 1학년 여학생을 파티 장소까지 태워주겠다고 약속하면서, 귀가 차량은 제공하지 않는다.

남학생 사교 클럽에서는 파티 참석자를 결정한다. 그 클럽에서는 대개 클럽과 무관한 남학생을 따돌리면서, 1학년 여학생에게는 확실하게 호의를 베푼다. 사실 여대생, 특히 매력적인 여대생을 파티에 데려오는 것은 신입 회원을 모집하는 남학생 사교 클럽의 아주 중요한 능력이다. 대학과 남학생 사교 클럽의 규정은 둘 다 이런 식으로 남학생 사교 클럽에 자율 음주를 허용해 파티 강간이 일어날 만한 분위기를 조성한다.

실제로 개인과 기관의 이러한 여러 요소가 모여, 많은 남학생 사교 클럽 하우스 파티에서 남녀 교류와 파티 강간이 일어날 법한 분위기가 조성된다. 아이러니하게도 이런 역학 관계의 핵심은 서로 재미있게 즐기자는 것이다. 암스트롱 등은 연구에서 이 대학 내 파티의 중요 요소인 상호 교류 패턴interaction routines을 밝혀냈다(Armstrong et al., 2006). **상호 교류 패턴**이란 언행의 양식이나 규범 또는 상호 교류에서 어떤 과업을 달성하기 위해 규칙적으로 따라야 할 행동이다. 대학 파티에 이런 상호 교류 패턴이 있다는 것은, 파티에서 재미를 얻으려면 당연히 따라야 할 규칙이 있

---

2 유명한 속옷 브랜드의 이름이다.

다는 뜻이다. 예를 들어, 거리에서 지인을 만나면 "어떻게 지내?"라고 물을 것이다. 우리는 이것이 특별한 질문이라기보다 일상적인 인사라는 걸 안다(당신은 그들이 어떻게 지내는지 상세한 설명을 기대하지도 않는다). 이 상호 교류 패턴에 따르면 "좋아"처럼 간단한 대답이 좋다. 재미를 얻는 데 규칙이 있다는 생각은 어쩌면 모순처럼 보인다. 그러나 최근 충격적으로 별거를 시작했거나 질병에 걸린 사람이 파티에서 자신의 개인사를 자세히 설명하려 들면 당신이 어떤 반응을 보일지 생각해보라. 파티의 젠더 중립적인 상호 교류 패턴은 참석자가 "그/그녀 자신을 내던져, 마시고 흥겨운 분위기를 보이며 다른 사람에게도 흥청망청하는 분위기를 불러일으키는 것"(Armstrong et al., 2006: 490)이다. 자기 불행을 크게 드러내거나 긴장을 주는 사람은 파티에 필요한 상호 교류 패턴을 위반하는 것이다.

> **Question**
> 상호 교류 패턴의 다른 예를 생각할 수 있는가? 남녀에게 달리 적용되는 일상적 상호 교류 패턴이나 남녀 차별적인 일상적 상호 교류 패턴에는 어떤 것이 있을까?

대학 파티의 다른 일상적 상호 교류 패턴은 남녀 차별적이다. 암스트롱 등에 따르면, 사교 클럽 파티에서 여자는 몸매가 드러나는 의상을 입도록 기대된다. 여성들은 남성 사교 클럽 회원들에게 파티 통제권과 교통 편의, 술에 대한 통제권을 양보한다(Armstrong et al., 2006). 남성이라면 반드시 그럴 필요가 없지만, 여성이라면 남성 호스트에게 대체로 '예의 바른 태도'를 가질 뿐 아니라 감사하도록 기대된다. 파티에 참석한 여성에게 기대되는 이러한 '예의 바름niceness'은 존중deference받고 싶은 여성의 기대를 다른 방식으로 나타낸다. 그러한 여성은 남성에게 종속된 자신의 지위를 받아들이고, 자신들에 대한 남성의 통제에 도전하지 않는다. 존중은 다른 상황, 예컨대 여성이 정말 화가 났거나 불행을 느낄 때도 자신의 감정을 감추려고 미소를 짓거나, 위협이나 도전, 모욕에 직면했을 때도 분위기를 깨트리지 않으려고 침묵을 택하는 형태로 나타날 수 있다. 이 연구에 따르면, 대학 사교 클럽 파티에서 존중이란 파티를 망치지 않으려고 여성이 남성의 부적절한 행동에 별다른 신경을 쓰지 않는다는 뜻이다. 일례로 아만다Amanda라는 여학생이 술집에서 마이크Mike라는 선배 남학생과 술을 마시던 상황으로 들어가보자.

술집에서 만났지만, 그녀는 마이크의 집까지 따라갈 생각이 없다고 자기 의사를 분명히 밝혔다. 아만다가 귀가 차량이 없어 술집에 남게 되자, 마이크는 술 취하지 않은 자기 친구가 그녀를 집까지 데려다줄 거라고 약속했다. 그러나 그 친구는 아만다를 그녀의 집이 아닌 마이크의 집에 내려줬다. 그녀에게 삼각관계에 관심이 있느냐고 물으면서 말이다. 아만다는 두려워서 밤새 잠을 못 이루었고, 다음 날 아침 일찍 마이크를 깨워서 집에 데려다달라고 했다. 이렇게 고생했는데도 그녀는 마이크를 "정말 좋은 사람"이라고 하면서 전화번호를 교환했다. 아만다는 남들이 자신을 말썽꾸러기로 볼까 봐 두려움을 감췄으며, 마이크나 그의 친구 행동이 잘못되었다고 암시할 만한 조치를 전혀 취하지 않았던 것이다.

> **Question**
> 여성이 존중을 보인 다른 예를 들 수 있는가? 이런 일이 아직도 자주 일어난다고 생각하는가? 존중과 기사도의 관계는 무엇일까? 다른 하위 그룹도 이러한 존중에 대한 기대감을 보이는가? 종업원이나 소수집단, 아이들의 경우는 어떤가?

암스트롱 등의 연구에 따르면, 여성이 당하는 파티 강간은 대개 칼이나 총, 주먹 같은 물리적 힘에 의해 일어나는 것이 아니다(Armstrong et al., 2006). 오히려 성폭력은 여러 가지 사소한 강요가 결합해 일어난다. 아마 이러한 사소한 강요 중에서 술을 많이 마시라는 압력이 가장 클 것이다. 한 사교 클럽 회원의 언급처럼, 남자 회원들은 여자에게 어차피 파티니까 술을 마시라고 권한다. 하지만 그들은 술이 자제력을 없앤다는 사실 또한 알고 있다. 음주 여성들은 대개 성관계가 어떻게 일어났는지 기억하려 애 쓴다. 이는 분명 그들이 성관계에 동의할 만큼 제정신이 아니었다는 사실을 암시한다. 남자 대학생은 알콜의 힘을 빌릴 뿐만 아니라 설득하거나 환경을 조작하기도 한다. 여기서 환경 조작이란 대개 문을 잠그거나 큰 체구로 문을 막아서거나, 여자가 일어나지 못하게 육중한 체중으로 누르는 것 같은 아주 간단한 행동이다. 이런 상황에서 '존중'에 대한 관념은, 여성 스스로 자신이 원하는 것을 마음대로 표현하지 못하게 만들 수 있다. 싫다고 거부하거나 도망치는 것, 누군가를 때려눕히고 문으로 나가거나 잠긴 문을 두드리는 것, 자기 몸으로 반격하거나 비명을 지르는 것 등의 행동 말이다.

암스트롱 등은 연구를 진행하면서 이성애 여성을 포함한 모든 관심 집단에서 적어도 한 번씩은 이런 식의 성폭력 사례를 마주했다(Armstrong et al., 2006). 대부분의 여학생들이 파티에서 마음대로 움직이지 못하게 하는 남성이나, 억지로 술을 마시도록 강요당한 경험에 대해 불평을 털어놓았다. 연구진이 조사한 두 여학생의 경우 학기가 시작된 첫 주에 성폭력을 당했다. 조금 더 지나서, 다른 여학생은 자신의 친구에게 강간을 당했다. 또 다른 여학생은 자신이 사교 클럽 파티에서 억지로 마약을 복용한 것 같다고 했다. 이러한 파티 경험을 감안할 때 이 여학생들은 왜 다른 대다수 여학생처럼 계속 파티에 참석하는 걸까? 이런 부정적인 경험에도 불구하고 여대생에게도 파티가 재미있다는 것이 그 대답일 것이다. 파티는 여학생이 새로운 사람을 만나고, 소속감을 경험하거나 소속감을 드러내며, 자신의 사회적 지위를 높이는 장소다(Armstrong et al., 2006).

이 연구는 많은 여성이 파티에 참석하며, 그렇기에 여성 자신도 즐기는 파티에서 뭔가 흠을 잡기 어렵다는 사실을 보여준다. 그래서 많은 여성들은 파티에서 여성이 피해를 입는 현실에 대해 그들이 높이 평가하는 파티를 비난하기보다 여성을 비난하는 반응을 보인다. 많은 캠퍼스의 성폭력 방지 캠페인은 이렇듯 피해자를 비난하는 경향이 있다. 많은 캠페인이 여학생 스스로 성폭력에서 자신을 보호하도록 주의사항을 강조한다. 성폭력 피해 여학생은 지켜야 할 성폭력 방지 전략을 따르지 않은 데 대해 호된 책망을 받는다. 암스트롱 등이 조사한 캠퍼스 내 페미니스트 여성 그룹조차 강간당한 여성이 "모두 한결같이 한 가지 실수를 저질렀는데, 거의 모두가 알콜과 관계가 있다"고 주장했다. 성폭력 피해 여성에 대한 비난은 캠퍼스 내 여학생들이 자신과 피해 여학생의 처지가 다르다고 생각하는 방식이기도 하다. 파티에서는 '핫'한 여성으로 여겨지도록 강조됨에도 불구하고, 대다수 여성은 자신을 성적으로 존중할 만한 가치가 있는 존재로 여기는 남성들의 인식 때문에 자신은 희생되지 않을 거라고 확신한다. 성적으로 문란하다고 여겨지는 여학생은 남자에게 성적으로 제대로 존중받지 못했기 때문에 그들이 당한 성폭력에 스스로 책임이 있다고 여겨진다.

이러한 현실에 대한 암스트롱과 동료 연구원들의 요약을 고려할 때(Armstrong et al., 2006), 자신을 보호하기 위해 여성은 무엇을 선택할 수 있을까? 일부 여학생은 아예 파티에 참석하지 않기도 한다. 하지만 이 때문에 그들은 파티가 많이 열리는 기숙사에서 사회 부적응자가 된다. 파티에 참석하는 여학생은 계속 위험에 직면하게 된다. 음주나 재미, 자신이 남학생에게 매력 있다는 느낌을 비롯해, 많은 파티에 참석하는 데 수반되는 위험 말이다. 암스트롱 등의 연구에서 나왔듯이, 성폭력 문제가 여러 요인이 합쳐져서 일어나는 결과가 아니라 다른 문화적 상황이나 그저 개인의 결정 때문에 일어나는 것으로 보는 한, 대학 파티에 참여하는 여학생은 계속 위험을 무릅써야 할 것이다(Armstrong et al., 2006). 이는 여성에 대한 폭력을 계속 여성의 문제로 취급하는 것이다. 이러한 연구 결과는 성폭력의 위협이 남성의 경우와 달리 어떻게 여성의 공공장소(여기에서는 대학 파티) 참여를 복잡하게 만드는지에 관해 또 다른 예를 보여준다.

폭력의 교차점: 인신매매와 젠더

최근 몇 년간, 오래전에 사라졌다고 알고 있는 낡은 강압적 권력이 다시 등장해서 현저하게 남녀 차별적인 모습을 보이게 되었다. 대다수 사람들에게 노예제는 1865년에 미국이 아프리카계 미국인의 노예제도를 공식 폐지할 때 세상에서 사라져버린 과거사다. 그러나 두 사람 간의 폭력이 핵심인 경제적·사회적 관계로서 **노예제**slavery는 결코 사라진 적이 없다(Bales, 2004). 세계 인구와 부패 정부의 증가는 전 세계의 급속한 사회적·경제적 변화와 짝을 이루어 유엔 등이 소위 **인신매매**human trafficking라고 칭하는 사업의 호황을 가져왔다(Bales, 2004; United Nations Population Fund, 2003). **인신매매**의 형태는 다양하지만, 그 핵심은 착취를 목적으로 사람을 강제로 파는 것이다. 인도의 많은 지역에서는 채무 때문에 인신매매가 생겼다. 채무자는 빌린 돈 때문에 그/그녀의 노동력을 제공하겠다고 맹세하는데, 대출 상환을 위해 얼마나 오래 일할지, 정확히 어떤 일을 할지는 명시되지 않는다. 게다가 노동을 제공한다고 해서 원래 채무액이 실제로 줄어들지도 않는다. 여기서 채권자는 채무자를 법적으로 소유할 권한이 없지만, 채무자나 그 가족을 무기한 노예 상태에 묶어두려고 강제력을 행사함으로써 채무자를 신체적으로 완전히 통제할 수 있다(Bales, 2004).

현대판 노예제를 증가시킨 대부분의 권력은 남자와 여자에게 제각각 다른 영향을 미쳤기 때문에, 인신매매는 젠더 문제가 된다. 20세기 중반 이후의 급속한 사회적·경제적 변화 때문에 남반구와 북반구 간의 불평등은 더욱 심화되었다. 남반구 국가의 여성과 아동이 짊어진 불평등의 짐은 점점 무거워졌으며, 따라서 인신매매에 더 취약한 계층이 되었다. 이는 부분적으로 **빈곤의 여성화**feminization of poverty 또는 남성 가구주 가정이나 부부 가구에 비해 여성 가구주 가정이 받는 경제적 불이익 때문에 야기된 현상이다.

선진국과 남반구의 빈곤 연구에 따르면, 여성 가구주 가정의 경제는 더욱 어렵고 빈곤하다. 물론 빈곤의 여성화와 여성의 심화된 경제적 취약성 또한 명백한 남녀 차별 및 세계 도처에서 나타나는 여성 교육과 취업 기회의 부족 현상에서 비롯된 것이다. 전 세계적으로 빈곤 여성의 증가는 여성을 인신매매 그물에 더 걸리기 쉽게 만든다. 이 은밀한 매매의 특성상 여성 인신매매의 양과 규모를 정확히 추정하기는 어렵지만, 유엔에서는 대략 20~200만 명의 여성이 매년 본국 국경을 넘어 인신매매된다고 보고 있다(United Nations Population Fund, 2003). 특정 국가의 국내 인신매매 여성을 포함하면, 매년 그 숫자는 대략 400만 명에 이를 것이다.

여성은 남성보다 현대판 노예제의 피해자가 되기 쉽다. 또한 남자와 여자가 하는 노동의 종류도 각각 다르다. 국제 인신매매 조직에 걸려든 여성은 결국 가정부가 되거나, 여러 성매매에 관여되기 쉽다. 이러한 두 가지 상황 모두에서 성폭력의 피해자가 될 가능성이 크다. 미국 중앙정보국Central Intelligence Agency: CIA의 추정에 따르면, 매년 속임수에 넘어가 미국으로 온 5만 명의 여성이 결국 성매매 여성이나 학대받는 노동자 또는 하녀가 된다(Goodey, 2004; United Nations Population Fund, 2003). 유럽 위원회European Commission는 최근 약 50만 명의 동유럽 여성이 강제로 성매매 여성이 되었다고 추정한다. 방글라데시에서는 약 20만 명의 여성이 자국에서 파키스탄으로 팔려나갔다. 이보다 더 많은 여성들은 결국 중동에 팔리기도 한다(Paul and Hasnath, 2000).

인신매매 그물에서 도망쳐 살아남은 몇몇 여성의 폭로 덕분에 어두운 세계경제 희생자들의 다양한 배경이 드러났다. 2003년에 디트로이트 교외의 쇼핑몰에서 17세 소녀가 가게에 뛰어들어 경비에게 도움을 요청한 일을 계기로 여러 주에 걸친 성매매 고리가 드러났다(Bales, 2004). 그녀는 오하이오 주 클리블랜드 시내의 버스 정류장에서 버스를 기다리던 중 납치되었다. 납치범들은 그녀를 디트로이트로 데려가서 다른 여자들과 함께 가두고 강제로 남성 손님과 성관계를 갖게 했다. 여자들은 집 주변에서 내내 감시받았고, 나이 든 여자들이 젊은 여자들을 일렬로 세워 위협하거나 때리기도 했다.

소녀들은 보통 성매매를 강요받았으나, 다른 소녀들이 강제로 춤과 개인 파티용 스트립을 하는 동안 디트로이트 지하철 쇼핑센터로 보내져 보석과 장신구 판매를 해야 할 때도 있었다. 경찰은 헨리 데이비스를 비롯한 납치범들이 성매매를 위해 1995년부터 미국 중서부에서 소녀들을 납치해온 정황을 발견했다. 이들은 보상과 처벌을 통해 소녀들을 관리했다.

명령에 순종하면 외출해서 네일아트나 머리 손질 등을 받도록 소녀들에게 보상해주었다. 그러던 중 탈출한 한 소녀 덕분에 그 성매매 고리가 사법부의 주목을 받게 된 것이다. 명령에 따르지 않을 경우, 소녀들은 강제집행자 역할을 하는 나이 많은 여자들과 함께 단체로 매를 맞기도 했다.

매우 다르긴 하지만, 힐다 도스 산토스Hilda Dos Santos는 수년간 브라질에서 보네티스Bonnettis 집안의 가정부로 일했다. 1979년 보네티스 집안은 그녀에게 미국으로 함께 이주하자고 요청했다. 미국에 도착하자 보네티스 집안은 돈을 주지도 않고 힐다를 워싱턴 DC 교외 자택의 노예로 만들었다(Bales, 2004). 20년 동안 힐다는 집 안 청소와 정원 일, 요리를 담당했고 애완동물을 돌봤다. 장갑과 부츠, 코트도 입지 않은 채 삽으로 눈을 치우기도 했다. 그녀는 지하실에 놓인 매트리스에서 잤고, 집 안 샤워기나 욕조도 사용하지 못했다. 먹다 남은 음식이나 찌꺼기로 배를 채웠고, 실수하면 두들겨 맞았다. 다리에 입은 상처가 세균에 감염되었을 때도 보네티스 집안에서는 의학적 치료를 받게 해주지 않았다. 위장 종양이 축구공만큼 커져서야, 힐다는 겨우 그 집을 탈출했다. 보네티스 집안에서 치료해주지 않자 이웃에서 그녀를 병원에 데려갔던 것이다. 그제야 비로소 사회복지사가 발 빠르게 대처했고, 힐다를 보호하기 위해 법이 개입되었다.

39세의 샨티 데비Shanti Devi는 병든 남편과 세 자녀를 먹여 살리려고 도시의 일자리를 찾아 방글라데시의 마을을 떠났다. 그녀의 경우는 여성 가구주 가정으로서 빈곤의 여성화를 대변한다. 이웃 마을의 몽카르Monkhar라는 남자는 오래전 행방불명된 그녀의 오빠가 인도에서 일자리를 얻어 그녀를 데려오라고 했다며 샨티 데비를 설득했다. 그러나 인도에 도착하자, 몽카르는 그녀를 인도 델리의 빈민가로 데려가 포주에게 60달러(2000루피)를 받고 팔아버렸다. 자신이 포주에게 팔렸다는 사실을 깨달았을 때운 좋게도 그녀는 탈출해서 방글라데시의 빈민가에 쉼터를 얻을 수 있었다. 인도의 비정부기구NGO에서 그녀의 방글라데시 귀국을 주선해준 것이다(Paul and Hasnath, 2000). 샨티 데비의 경우는 노예 구입 비용이라는 측면에서 과거 노예제와 새로운 노예제 간의 끔찍한 가격 격차를 보여준다. 1850년 당시 미국 농업 노동자의 평균 비용은 1000~1200달러 정도였다. 오늘날 가격으로 환산해보면 4만 달러 정도가 될 것이다. 그러나 샨티 데비는 고작 60달러에 팔렸다. 세계의 몇몇 지역에서는 10달러라는 싸구려 가격으로도 노예를 구할 수 있다.

미국 10대 소녀의 경우처럼 납치된 몇몇 여성은 강제로 노예가 되지만, 대부분의 여성은 샨티 데비와 힐다 도스 산토스처럼 절망적인 경제 상황 때문에 인신매매에 걸려들어 옴짝달싹도 못한다. 또한 인신매매 문제에는 남녀 불평등, 그리고 개발도상국과 선진국 간의 불평등이라는 더 큰 문제가 반영되어 있다. 섹스 관광의 호황 속에서 넉넉한 재산이 있는 부자는 현대판 노예제를 이용하려고 남반구로 자주 여행을 떠난다. 그러나 자신의 성적 만족을 얻기 위해서든 아니면 자기 집 청소부를 구하기 위해서든, 특정 경로와 상관없이 부자들의 욕망 때문에 인신매매가 운영된다. 인신매매는 최상위 부자와 극빈자가 모두 관련된 문제이다. 2000년 미국 의회에서 통과된 인신매매 반대법과 2004년 유엔의 인신매매 특별 조사관(기자) 임명을 포함해, 최근 몇 년간 이 문제에 대한 관심이 점차 커졌다(Bales, 2004). 그러나 여성의 인신매매는 아주 해묵은 문제, 즉 여성에 대한 강압적 권력의 체계적인 행사 또한 보여준다. 이는 기존의 남녀 불평등이 국제적 현상으로 새롭게 등장한 것이다.

젠더의 권리인가, 인간의 권리인가?

　도덕적 이슈로서 인신매매는 매우 분명하고 적나라한 문제로 보인다. 앞서 언급한 몇몇 사례를 누군가가 도덕적으로 변호할 것이라고 상상하기는 어렵다. 여성을 사창가나 성매매 집단에서 일하게 하거나, 원치 않는 결혼을 억지로 시키는 것은 분명 인간의 기본권에 위배되는 행동으로 보인다. 그러나 샌데이가 강간에 대한 사회적 용인의 기준을 세울 때 문화적 맥락의 중요성을 강조했듯이(Sanday, 2004), 어떤 행동을 도덕적으로 잘못된 행동이라고 인식하는 정도는 문화나 이데올로기에 따라 다양하다. 성매매 자체는 그저 하나의 예에 불과할 따름이다. 우리가 논의해온 여성들에게는 강제로 성매매의 삶을 사는 것 말고 다른 선택의 여지가 없었다. 그러나 일부 여성의 경우, 스스로 성매매 여성이 되겠다고 결심했는지가 분명하지 않다. 이 논쟁에 관해 한쪽에서는 성매매가 전부 노예제나 마찬가지며, 어떤 형태의 성매매든 없애야 한다고 주장한다(Barry, 1995). 그러나 다른 한편에서는 강제 성매매나 상호 합의가 안 된 성매매만이 불법이므로 그런 경우에만 부도덕한 행위로 인식해야 한다고 주장한다. 이런 관점에 따르면 여성을 격하하는 것은 성매매 자체가 아니라, 외부 세계가 성매매 여성에게 부여한 추방자라는 지위다. 추방자라는 지위만 빼면, 어떤 상황의 여성에게는 성매매가 남성에게서 벗어나 경제적 독립을 얻는 수단이 될 수도 있다는 것이다(Davidson, 2002; Kilvington, Day and Ward, 2001; Songue, 1996). 그러한 관점에서는 이 추방자 지위를 제거해야만, 성매매 여성의 인권이 철저히 보호받을 수 있다.

　이런 특별한 주장은 선택이라는 의미를 어떻게 정의하느냐에 달려 있다. 어떤 형태든 성매매가 잘못이라고 주장하는 사람들은, 성매매 여성의 입장에서 그 결정이 실은 선택이 아니라고 주장한다. 여성들은 폭력뿐 아니라 경제적 압력 때문에 **강제로** 성매매 여성이 되었다는 것이다. 가족을 부양하거나 자녀를 대학에 보내기 위해, 또는 집을 사려고 성매매 여성이 된 것은 사실 선택이 아니다. 다른 경제적 수단이 거의 없기 때문에 억지로 성매매를 하는 것이다. 남녀에게 경제적 기회가 똑같다면, 어떤 여성도 자기 몸을 팔려고 하지 않을 것이며, 결국 성매매는 사라질 것이다.

이런 논쟁은 정부와 기타 기관이 성매매에 어떻게 접근할지를 정할 때 영향을 준다는 점에서 중요한 의미를 갖는다. 성매매를 불법으로 규정한 나라에서는 대부분 성매매를 이용하는 남자보다 성매매를 제공한 여성을 고발한다. 이는 기관의 도덕적 잘못을 야기한 것이 바로 성매매의 추방적 지위라는 주장을 뒷받침한다. 섹스 산업이 합법적이라면, 여성이 체포되어 벌금을 지불할 필요가 없을 것이다. 각 국가들은 각기 상반된 입장에 따라 성매매를 다루는 방식을 만들었다. 스웨덴에서는 섹스를 사는 것이 불법이지만, 섹스를 파는 것은 불법이 아니다(Bales, 2004). 이는 섹스를 제공하는 성매매 여성이 여성의 약함을 악용하는 남자보다 보호가 필요하고 취약한 사람이라는 가정에 따른 것이다. 한편 독일과 네덜란드에서는 성매매를 합법화하고 성매매 여성에게 건강하고 안전한 작업환경을 보장하기 위해 성매매 업소 심사 프로그램을 제정하기도 했다.

히잡과 자민족 중심주의

성매매는 인권의 정확한 의미와 그것을 정의해나가는 방법에 관해 더 큰 논란을 보여주는 하나의 예에 불과하다. 여성은 생계를 위해 성을 팔 권리가 있는가, 아니면 생계를 목적으로 성을 팔 권리조차 없어야 하는가? 인권은 이 장에서 논의한 강압적 권력과 정반대되는 개념이다. 정부와 유엔에서 규정한 기본 인권은 대부분 강압적 형태의 권력에서 해방될 권리에 초점을 맞춘다. 그러나 인권에 관한 논란은 위험한 자민족 중심주의 문제와 옳고 그름을 결정할 사람을 정하는 복잡한 문제와 연결된다.

자민족 중심주의는 자신의 문화라는 렌즈로 타인의 문화를 판단하는 경향이 있다. 2001년 9월 11일에 있었던 테러 공격의 여파로 아프가니스탄과 탈레반이 주목받기 시작할 때, 많은 사람이 부르카burka를 쓴 아프간 여성의 모습에 충격을 받았다. 부르카란 여성의 몸을 뒤덮은 텐트 같은 히잡hijab으로서, 바깥세상을 내다보고 세상과 협상할 때 필요한 투명한 작은 천을 남겨둔 것이다. 미국은 아프가니스탄 침공 당시 공공장소에서 **부르카**를 쓴 여성을 이상하고 잔인하며 잘못된 현상이라고 주장하면서 많은 여성을 부르카에서 해방시켰고, 이를 명백한 도덕적 승리로 여겼다. 이 특별한 억압에서 여성들을 해방시켰다고 본 것이다.

그러나 이런 관점은 자민족 중심적 견해를 제대로 보여주는 예로서, 일반적으로는 히잡 문제에 관한 더 큰 논란을 보여준다. **히잡**에 대한 믿음은 "시선을 낮추고 겸손하며 적절한 장신구로만 장식하고 가슴 위에 베일을 쳐라"(Brooks, 1995: 21)라는, 예언자 무함마드가 무슬림 여성에게 내린 지시에서 나온 것이다. 이슬람 문화권에서는 코란 경전에서 유래한 이 구절을 저마다 달리 해석했다. 일부에서는 그저 여성이 당시 기준에 맞춰 옷을 얌전하게 입어야 한다는 의미로 여겼다. 프랑스에 거주하는 많은 알제리 여성은 공개 석상에서 머리를 가려야 하므로 머리 스카프를 써야 한다는 의미로 해석했다. 팔레스타인과 이집트 여성은 흰색 머리 스카프와 함께 바닥까지 치렁치렁 늘어진 코트를 입는 한편, 사우디아라비아 여성은 온몸을 뒤덮는 검은 망토를 입는다. 다른 팔레스타인과 이집트 여성은 무릎까지 내려오는 스커트와 머리 스카프를 착용한다. 미국 내의 무슬림 여성은 가끔 머리 스카프를 쓰기도 하지만, 어쩌다 비교적 얌전해 보이는 서양 옷도 입는다. 이슬람 세계에서 히잡이 해석·적용되는 방식은 매우 다양하다는 것이 사실인 듯하다.

이슬람 세계 밖 대다수 국가의 관점에서, 아프가니스탄의 푸른 부르카든, 사우디아라비아의 검은 히잡이든 여성의 몸을 강제로 가리는 것은 분명 억압으로 보인다. 그러나 많은 이슬람 국가 여성은 이런 관습을 옹호한다. 오히려 몸을 가릴 능력을 빼앗는 것이 진짜 억압의 예라고 주장한다. 그들이 히잡 관습을 옹호하는 이유는 남녀가 다르다는 뿌리 깊은 믿음을 비롯해, 히잡이 서구인의 중동 식민 지배를 비판하는 수단이라는 인식에 이르기까지 다양하다. 후자의 관점에서 보면, 히잡은 서양 여성의 옷에 숨어 있는 제국주의뿐 아니라 서양 패션이 여성의 미를 "사고파는 자본주의 상품"(Brooks, 1995: 25)으로 변모시키는 방식에 대한 하나의 도전이라고 할 수 있다. 이런 식으로 보면, 이란 같은 나라에서 히잡을 쓴 여성은 영미-유럽 사회의 안드레아 드워킨Andrea Dworkin 같은 전투적인 페미니스트와 비슷하다. 드워킨은 서양 자본주의의 강한 동질화 경향에 항거하기 위해 데님 작업복를 입었었다. 이슬람 세계의 많은 여성은 히잡 덕분에 미국 사우스 마운틴 파크의 여성이 겪었던 명백한 괴롭힘과 폭력의 위협에서 벗어났다며 감사해한다.

Question

여러분 문화의 젠더와 관련해 외부 관점에서 강압적으로 보이는 관습의 예를 들 수 있는가? 외부 문화권 사람에게 이런 관습을 어떻게 설명하거나 옹호할 수 있을까? 당신은 이런 관습을 옹호할 것인가?

우리가 히잡을 대하는 방식은 자민족 중심주의의 위험을 더욱 분명히 드러낸다. 우리 기준으로 이슬람 문화를 판단할 때, 강제로 온몸을 가리는 것은 분명 이상하고 잘못된 것처럼 보인다. 그러나 이슬람 세계의 많은 여성은 그들 자신의 민족 중심적 관점을 통해 무엇이 이상하고 잘못된 것인지 판단할 따름이다. 그들 기준에서는 미국과 유럽 여성이 공공장소에서 성적 대상화되는 것이 이상하고 잘못된 것이다. 과연 어떤 기준이 '옳은' 것인가?

흔히 자민족 중심주의가 부정적으로 여겨지지만, 나쁜 의도의 사고방식이라고는 할 수 없다. 오히려 그러한 관점은 성공적인 사회화 과정에 자연스레 배어나온 것이라고 할 수 있다. 이는 당신이 해당 문화의 구성원이 되는 법을 배울 때 학습하는 것으로, 사회에서 일어난 어떤 일을 마땅히 이렇게 처리해야 한다고 느끼는 그런 것이다. 이는 우리가 자신의 민족 중심주의 경향을 인지하지 못하니 다른 방향으로 움직여야 한다는 뜻은 아니다. **문화적 상대주의**cultural relativism란 우리 관점 대신 그들의 관점으로 다른 문화를 보게 하는 것이다. 히잡에 대한 우리 생각을 묻는 대신, 아랍 문화권 사람들이 그 히잡 관습을 어떻게 생각하는지 살펴보아야 한다. 이는 누가 맞고 틀리다고 말할 수는 없지만, 어떤 결론을 도출하는 데 확실히 더 낫고 풍부한 정보를 얻게 해준다.

남녀평등과 권력을 논의할 때 자민족 중심주의의 딜레마는 특히 중요하다. 페미니즘 그리고 여권에 대한 다른 담론들은 주로 서구 세계와 사고방식의 소산이다. 그러므로 그것들은 남녀평등의 의미에서 자신의 관점을 강요하는 경향이 있다. 남반구 사람들에게는 때로 페미니즘 자체가 서양 제국주의의 변형으로 받아들여진다. 미국 같은 국가가 다른 국가의 '민주적 변화'를 위해 그 나라를 침략할 때처럼, 개발도상국과 선진국 간의 권력 역학 구조에는 때로 강압적 권력이 내포되어 있다. 평소에 미국과 국제기구는 세계경제 체계가 그들에게 부여해준 권위적인 입장에서 제도화된 권력을 통해 발언한다. 많은 사람들이 서구 국가의 번영과 민주적 제도가 그들에게 개발도상국의 일에 관여할 수 있는 일종의 도덕적 권위를 부여했다고 주장한다. 그러나 권위에서 나온 권력도 권력이다. 또한 행동의 변화를 요구받는 대상은 그런 권력을 싫어할 수도 있다.

제도화된 권력: 국가와 젠더

현대 세계에서 제도화된 권력의 중요한 원천은 **국민국가**nation-state인데, 이는 정치적·지리적 실체로서의 국가state를 정체성과 공동체 의식으로서의 국민과 연결시키는 개념이다. **국가**는 보통 정부라고 여겨지는 것으로서, 법을 세우고 지리적 경계 안의 삶을 통치하는 기관institution이다. **국민**nation은 국경 안에 거주하거나 거주하지 않는 사람들을 묶는(또는 묶으려는) 문화적 관계를 정의한다는 점에서 민족ethnicity에 가깝다. 미국 사람들은 국민국가에 살고 있다. 일반적으로 그들은 하나의 그룹으로서 미국인이 된다는 것이 무슨 뜻인지 알고 있으며, 미국인이라는 특정 그룹을 지배하는 정치적 실체가 있다. 많은 팔레스타인 사람에게는 민족주의의 느낌이 있다. 즉, 사람으로 이뤄진 국가 구성원이라는 민족주의 말이다. 하지만 그들에게는 그들을 조직하는 국가가 없다. 유대인들은 이스라엘 건국과 더불어, 민족에 대한 생각이 하나의 국가가 되었음을 알고 있다. 국민과 국가는 둘 다 사람들의 생활에 젠더화된 함의를 가지며, 제도를 통한 권력의 작용 방식을 보여주기 때문에 둘의 구별은 중요하다.

이 장의 앞부분에서, 우리는 많은 젠더 학자와 함께 젠더 정체성으로서 남성성의 확립이 폭력과 남성성의 동일시에 기여하는 방식을 탐구했다. 우리는 이런 방식으로 개인적·심리적 차원에서 남성다움과 폭력의 관계를 살펴보았다. 또한 젠더 학자들은 국민국가의 군인 정신과 남성성 간의 중요한 연관성을 지적한다. 대다수 국가의 역사 속에서 국가에 귀속되는 것은 남성만의 특권이었다. 20세기 초까지 대다수 국민국가는 여성에 대한 완전한 시민권을 보장을 거부했다(Hartstock, 1984). 역사상 국민국가가 주로 남성으로 이루어졌다면, 국민국가가 본질적으로 남성적 집단이라는 주장은 틀린 것이 아니다.

내 미사일은 당신 미사일보다 더 크다

국가가 본질적으로 남성적이라는 주장을 입증하기 위해, 많은 학자들은 대부분의 정치가 군사주의와 얽혀 있음을 지적한다. 역사적으로 미국 대통령은 남성적 언어와 이미지를 정치가와 결합시켰는데, 조지 W. 부시 George W. Bush 전 대통령은 가장 대표적인 최근 인물이다(Hartstock, 1984; Kimmel, 2006). 부시 대통령은 자신을 새로운 시대의 카우보이로 연출하는 데 텍사스 배경과 크로퍼드 목장을 십분 활용했다(그는 주로 말 대신 트럭의 앞 유리를 통해 목장을 살폈기 때문에 그의 아내는 남편을 '유리 카우보이'라고 불렀다). 부시 대통령은 정치가가 정체성 확립 차원에서 남자다움을 어떻게 활용해야 하는지를 분명하게 보여준 인물이다. 9월 11일의 다음 날, 그는 옛 서부 언어를 상기시키며 테러리스트를 "구멍에서 색출해 태워죽이겠다"고 약속하고, 오사마 빈 라덴Osama Bin Laden의 죽음을 바라느냐는 질문에 "지명수배: 시체든 생포든"(Coe, Domke, Bagley, Cunningham and Van Leuven, 2007)이라는 옛 서부의 현상금 포스터를 인용해 답했다.

부시 대통령은 이후 재임 기간에도 유명한 군복 복장을 한 채 항공모함에 승선했는데, '미션 완수'라는 현수막을 배경으로 등장한 미국 역사상 최초의 대통령이 되었다. 몇몇 평론가는 영화 〈탑 건Top Gun〉에 나오는 장면처럼 부시가 군용기 야전복 차림으로 등장하자 이를 "남성적 미를 부각하는 공연"이라 불렀다. 이렇게 평한 사람 중에는 과거에 군 복무했던 남자들도 있었다. 웨슬리 클라크Wesley Clark 장군은 부시 대통령을 "항공모함의 갑판에서 말 타고 활보하는"(Kimmel, 2006: 250) 모습에 비유했다. 어떤 정치가가 "누구나 바그다드에 갈 수 있다. 진짜 사나이는 테헤란으로 간다"(Kimmel, 2006: 250)고 언급했을 때, 이는 분명 남성적 용어를 사용해 부시 행정부의 군사적 개입을 주장한 것으로, (군사적 가능성이 있을 것으로 논의된 바 있는) 이란 침공 때 받을 저항이 이라크 침공 때 받게 될 저항보다 훨씬 더 클 거라는 믿음을 반영한다.

그러나 부시 대통령이나 그가 남성다움과 정치적 언어를 사용한 것 자체가 특별히 남다른 것은 아니다. 군사주의와 남성다움에는 장구한 역사가 있다. 1952년에 에드워드 텔러Edward Teller는 히로시마를 파괴한 폭탄보다 1000배나 더 파괴력이 있는 핵폭탄을 실험한 뒤 친구들에게 전보를 보냈다. 그 전보에는 "이건 대단한 녀석이야It's a boy"(Kimmel, 2008: 323)라고 쓰여 있었다. 린든 존슨Lyndon Johnson 전 대통령의 측근 고문의 주장에 따르면, 존슨은 베트남에 밀리지 않음으로써 '진짜 사나이들'의 존경을 받고 싶은 욕심에 베트남 전쟁을 단계적으로 확대했다고 한다. 진짜 사나이란 매우 호전적인 사람이라고 존슨은 상상했던 것이다. 존슨 대통령은 반전론자들에게 그들의 남성다움에 대한 공격으로 반응했다. 그는 종전에 찬성하는 온건파 행정부 직원에 대해 "제기랄, 그놈은 쪼그리고 앉아서 오줌을 눠야 한다니까"(Kimmel, 2008)라고 말했다. 지미 카터Jimmy Carter 전 대통령이 남성적이지 못하다고 여기는 어느 보안 전문가는 "지미 카터의 영도 아래 미국은 소련에게 두 다리를 쫙 벌리고 있다"(Cohn, 2004)고 언급했다고 한다. 심지어 국제기구 차원에서도 남성적인 유엔안전보장이사회와는 달리, 사회·인도주의·문화 문제를 다루는 유엔총회 세 번째 위원회의 별명은 '숙녀 위원회ladies' committee'(Cohn and Enloe, 2003: 1189)였다.

캐럴 콘Carol Cohn은 북미 핵 방어 지식인과 보안 문제 분석가의 세계에서 열심히 일했다. 그 단체의 구성원은 대부분 백인 남성이었으며, 그 특성상 매우 남성적인 스타일의 교류와 대화를 이어갔다(Cohn, 2004). 콘은 연구를 통해 그곳에서 통용되는 특별한 젠더 담론을 확인했다. 본래 이 단체는 미국의 국가 안보 정책 보증을 도왔고, 따라서 미국 정부의 결정에 중대한 영향을 미치고 있었다. 많은 페미니스트들이 '미사일 선망missile envy'을 지적한 바 있는데, 그들에 따르면 이러한 '선망'은 군인과 정부 관리가 핵무기나 다른 무기에 관해 이야기할 때 이들의 언어에 분명하게 나타난다. 또한 이런 '선망'의 역학 관계가 최고의 핵무기나 더 큰 핵무기 소유자에 대한 경쟁심을 바탕으로 어떻게 대부분의 냉전 담론을 지배했는지도 지적했다.

콘은 방위산업 전문가들이 **미사일 선망**의 언어를 널리 사용하는 데 놀랐다. 그들은 무기와 그 효과를 설명하기 위해 섹스와 해부학 언어를 끌어왔던 것이다. 예컨대 "돈을 내고 더 짜릿한 성적 만족을 얻을 수"(Cohn, 1987: 693) 있기 때문에 미국은 어쩔 수 없이 핵무기에 의존해야 한다고 묘사된다. 또한 그들은 수직 발사 장비vertical erector launchers, 추력 중량비 thrust-to-weight ratios, 미사일의 부드러운 하강soft lay downs, 침투deep penetrations, 그리고 "하나의 오르가슴에서 우리 메가톤megatonnage[3]의 70~80% 사정whump" 등의 용어를 사용했다(Cohn, 1987: 693).[4] 콘의 주장에 따르면, 이런 언어가 논의 중인 무기의 막강한 효력을 약화하거나 경시하는 데 도움이 되므로 이런 특별한 언어를 사용한다는 것이다. 방위산업 전문가들은 흔히 문자 그대로 핵탄두나 폭탄, 군용 항공기를 만진다는 뜻에서 무기를 "애무한다"고 말한다. 위험하고 치명적인 무기는 이런 식으로 유아나 애완동물처럼 어루만지는 대상이 되었다. 무기 경쟁을 소년들의 소변 멀리 누는 내기로 설명하는 동안, 자신들의 대화에 많은 이들의 생사가 달렸다는 심각성이나 그런 함의에서 스스로 거리를 둔 것이다.

비슷한 맥락에서 콘은 이런 대화 중 빠지거나 언급되지 않은 것들 중에서 젠더 담론이 중요하다는 것도 알아냈다(Cohn, 2004). 이런 대화에서 특정 스타일의 의사소통과 토론은 여성적이라고 간주되며, 따라서 규범에 어긋난다고 여겨진다. 그녀는 적의 핵 공격이 이루어진다면 죽게 될 사망자 숫자를 논하던 어떤 물리학자의 예를 들었다. 그 그룹에서 연구한 예상 사망자 수는 3600만 명에서 3000만 명으로 줄었다. 방위산업 전문가들은 모두 3000만 명이라는 숫자를 놓고 사망자 수가 많이 줄었다고 이야기하던 중이었다. 그 물리학자는 전문가들의 말을 듣다가 무심코 이렇게 말했다고 한다. "잠깐, 방금 우리가 뭐라고 말했는지 알아? 단지 3000만

---

3 핵무기의 파괴력을 측정하는 단위이다.

4 '수직 발사 장비'에서 'erector'는 남성 발기를 뜻하며, '침투'에서 'penetration'은 삽입을 가리키는 단어다(구글에서 'deep penetrations'를 이미지 검색하면 대부분 포르노와 관련된 결과가 나온다). 또한 핵무기의 폭발 자체는 오르가슴에 비유하는 등 무기의 발사 과정 자체를 남근 중심의 성관계 과정에 빗대고 있는 것이다. 이는 미사일 선망 언어가 방산 업계 내에서 광범위하게 공유되고 있음을 보여준다.

이라고! 단지 3000만 명의 인간이 즉사한다고?" 그 물리학자가 이렇게 말하자, "방 안에는 침묵이 흘렀다. 전문가 중 누구도 아무 말도 하지 않았다. 그들은 나를 쳐다보지도 않았다. 끔찍했다. 나는 여자가 된 듯한 기분이었다"(Cohn, 2004: 397~398).

사례 속 물리학자는 연구의 잔인한 결과에 주의를 환기시킴으로써 단체의 규범을 어겼다. 방위산업 전문가들은 전문 영역 밖에서라면 이런 문제를 제기했겠지만, 전문 영역에서는 이런 문제를 제기하면 안 되는 것이다. 일상에서 매일 이런 문제를 고려한다면 업무를 수행하지 못할 것이다. 그러나 이야기 속 물리학자는 젠더 담론을 위반했다. 인간 생활에 대한 충동, 감정, 구체적 관심을 보이며 무심결에 말했다는 점에서 그렇다. "여자가 된 기분이었다"는 말은 그가 물리학자로서 비전문가처럼 행동했을 뿐 아니라, 여성스럽게 행동했다는 것이다. 콘의 주장에 따르면, 이처럼 젠더 담론은 그 방에 있는 사람들의 젠더 구성이나 젠더 성향 이상의 것이다(Cohn, 2004). 젠더 담론은 할 수 있는 말과 해서는 안 될 말의 유형, 그리고 다른 사람의 말을 얼마만큼 듣거나 듣지 말아야 할지를 정한다. 여성처럼 말한 물리학자의 경우, 그의 말은 무시되고, 그 결과 들리지 않은 것처럼 취급되었다. 이처럼 방어 전문가 사회는 주로 백인 남성으로 이루어져 있을 뿐만 아니라, 특정한 표현과 주제를 남성적인(적절한) 또는 여성적(부적절한)인 것으로 간주하는 방식에서 남성성을 드러낸다.

Question

방위산업 전문가들에게 이런 젠더 역학 관계가 주어진다면, 이런 배경에서 일하는 여성에게는 어떤 의미가 함축되어 있을까? 그 여성은 어떤 벽에 직면할까? 또한 그녀는 이런 상황에 어떻게 대처할까? 이럴 때 여성은 어쩔 수 없이 다른 관점을 갖게 될까?

젠더와 정치 기관

방위산업 전문가들 사이의 젠더 담론에 관한 콘의 조사는 제도화된 권력의 의미를 살펴보는 것으로 시작한다(Cohn, 2004). 군대는 대개 남성적 기관으로 인식되기 때문에, 군사 문제를 다루는 사람들이 그러한 이슈를 다룰 때 남성적인 접근을 할 것이라고 보는 것은 일리가 있다. 강압적 권력 행사는 힘으로 작동하기 때문에 이를 거부하기란 어려운 일이다. 성폭력, 강간, 성희롱, 여성 인신매매가 도덕적으로 정당하다고 주장하는 사람은 거의 없으며, 피해자 여성들의 이야기에 우리는 동정심을 느낀다. 혹자는 폭력의 위협이나 성희롱이 여성 통제의 수단이므로 이는 결국 남성 지배를 유지하기 위한 수단이라는 식의 주장을 한다. 그럼에도 강압적 권력의 피해자들에게 미치는 부정적 영향을 부인하기 어렵다. 제도화된 권력은 포착이 어렵고 그 효과뿐 아니라 작동 여부의 식별이 때로는 더 어렵다는 점에서 강압적 권력과는 다르다. 제도화된 권력은 그 폭력이 강압적 권력에서 생긴 결과와 매우 다를지라도 나름의 폭력을 초래한다.

제도화된 권력을 고찰해보면 젠더와 정치 기관의 관계에 대한 몇 가지 흥미로운 질문을 하게 된다. 많은 젠더 학자들의 주장에 따르면, 군대에서 여성의 숫자가 증가했지만, 아직까지 군대 내 지배적인 남성 문화와 스타일을 완전히 바꾸지 못했다. 다시 말해, 탈젠더화된 군대의 모습을 어느 정도 상상한 여성들이 군대에 현저한 남성적 문화와 스타일을 완전히 바꾸려 했지만 대부분 실패했다. 군대가 남성적이기보다는 젠더 중립적이라면 하나의 기관으로서 군대는 어떤 모습일까? 여성적인 군대란 어떤 모습이며, 여성적인 전쟁은 어떤 식으로 벌어질까? 여성적인 전쟁 자체가 용어상의 모순은 아닐까? 여성적 가치를 대변하는 군대는 대체로 전쟁이나 격투와 함께 단순히 없어지고 말까? 지금까지 페미니스트들과 젠더 학자들은 '여성이 세상을 지배한다면……' 또는 세상을 지배할 때 적어도 여성의 몫이 좀 더 동등하다면 등의 질문을 던졌다. 여성이 정치에 개입하고 권력의 자리에 들어갈 때 그런 기관의 역학을 꼭 바꾸어야 할까, 아니면 현 상태에 어쩔 수 없이 순응할 수밖에 없을까?

공직에 있는 남성과 여성

고등학교와 대학에서 가르치는 미국사의 상당 부분은 역사가들이 정치사라고 부르는 미국 정치의 역사다. 정치사의 초점은 누가 공직에 선출되었는지를 비롯해 그들이 내린 결정과 그들이 한 전쟁, 그들이 일궈낸 평화, 그리고 정치학자들이 소위 정치 엘리트political elite라고 부르는 사람들의 세계에서 전반적으로 벌어진 일이다. **정치 엘리트**란 "정부 내에서 고위직의 권력과 책무를 맡고 있는 소수의 사람들"(Conway, Steuernagel and Ahern, 2005: 117)이다. 미국 역사에서 정치 엘리트는 대부분 남성이었고, 사람들이 배우는 역사도 대부분 남성에 관한 것이다. 이런 이유로 미국 고등학생들에게 저명한 미국 여성 10명을 대보라고 하면, 학생들은 대부분 자신이 알고 있는 모든 대통령의 성姓에 여사Mrs.를 붙인다(예를 들어 제퍼슨 여사, 워싱턴 여사, 애덤스 여사). 학생들은 평균 11명의 남성 이름을 대면서도, 여성 이름은 고작 3명을('여사'인 경우를 제외했을 때) 안다(Sadker and Sadker, 2009). 정치 엘리트에게만 집중하는 미국사는 그렇기 때문에 남성의 역사다. 이는 젠더가 그 역사에서 중요하지 않다고 말하려는 것이 아니다. 그럼에도 남성성의 역사로서 정치사가 지닌 젠더의 함의는 거의 탐구되지 않았다.

정치 활동을 소규모 정치 엘리트들의 세계 이상으로 확대할 때, 여성들이 미국사에 중대한 기여를 했다는 증거는 더 많아진다. 최근에 학자들은 사회운동과 시민단체, 중요한 정치 활동가가 될 수 있는 그룹에서 여성이 수행한 역할에 관심을 기울여왔다. 이런 분야에서 여성은 선출직 관리들의 역량 이상으로 활동적이었다. 예컨대 1914~1915년에 4만 명의 여성들이 여성평화당 결성에 합류했고, 참정권 쟁취, 도시 빈곤에 초점을 둔 사회복지관 설립 운동, 19세기의 금주운동에는 수천 명의 여성이 참여했다(Githens, 2003). 20세기에 이르러 여성들은 평화운동과 사회복지 프로그램 확장 운동을 통해 활동했을 뿐 아니라, 출산의 자유와 평등권 획득을 위해 대중적 장소에서 일했다. 다른 여성들은 노동자의 권익 단체인 세계산업노동조합International Workers of the World: IWW이나 노동조합에 관여했다. 다른 지역에서도 여성은 프랑스 귀족제 타파, 러시아 차르 타도 혁명 촉발에 일조한 빵 폭동, 알제리 독립 전쟁에 참여했다(Githens, 2003).

이런 예는 여성이 역사적으로 정치에서 중요한 역할을 해왔다는 사실을 입증한다. 그러나 사회운동은 대개 기존의 정치 시스템이라는 정해진 세계 밖에서 활동하는 사회단체며, 특히 미국의 초기 역사에서 그렇다. 사회운동은 기존의 정치가 사회 구성원과 단체들에게 혜택을 주지 못할 때 일어난다. 1950년대 미국에서 아프리카계 미국인들의 시민권 운동이 일어난 이유는, 연방 정부와 주 정부 어느 쪽도 흑인 시민의 권리를 전혀 보장해주지 않았기 때문이다. 마틴 루서 킹 2세Martin Luther King Jr.가 마하트마 간디Mahatma Gandhi의 철학을 끌어들여 분명히 표현했듯이, 정부가 주민 요구에 반응을 보이지 않을 때 목표에 다가가는 유효한 수단은 시민 불복종 운동이다. 즉, 토지법이 부당할 때 어떤 그룹의 유일한 전략은 그런 법을 따르지 않는 것이다. 여성이 기존의 정치 시스템보다는 사회활동에 더 관여한 것은 이러한 시스템에 대한 접근이 역사적으로 제약되었다는 증거다. 전 세계적으로 시스템의 변화는 이제 서서히 일어나고 있다.

2009년도 시점에서 15명의 여성이 스위스, 모잠비크, 필리핀, 아일랜드, 라이베리아, 칠레, 아이티, 방글라데시, 독일처럼 다양한 국가에서 수반으로 일하고 있다. 하지만 이들 15개국은 전 세계 195개 국가의 8%에 지나지 않으며, 이는 정부 최고위직 여성의 숫자가 전체 여성 인구에 비해 지극히 적다는 뜻이다. 이보다 더 낮은 직위에서 여성의 비율은 전 세계 의회 의석수의 18%에 조금 못 미친다(Inter-Parliamentary Union, 2010a). 이런 평균치는 늘 예상 기준치를 따라가지 못한다는 변수를 숨긴다. 영국과 캐나다처럼 민주주의가 확립된 몇몇 국가들의 의회에서는 여성의 비율이 매우 높을 것으로 예상되는데, 실제로 각각 20%와 22%를 차지한다(Inter-Parliamentary Union, 2010b). 이는 스웨덴, 남아프리카공화국, 쿠바의 여성 의원 비율인 46%, 45%, 43%에 비교된다. 어떤 국가들의 경우, 여성이 투표권을 받아 선거에 나갈 자격을 갖춘 뒤 실제 선거를 통해 공직에 임명되기까지 수십 년이 걸린 것으로 추정된다. 오스트레일리아 여성은 1902년에 투표권을 얻고 같은 해에 공직 출마 자격을 갖추었지만, 1943년에 와서야 비로소 처음 선출되었다. 르완다 의회는 여성 비율이 절반을 넘어 56%에 이르는 유일한 국가다(Inter-Parliamentary Union, 2010b).

앞으로 살펴보겠지만, 여성은 정치 엘리트 사이에서 대표로 선출되는 데 늦었지만 많은 성과를 일궈왔다. 정치적 위치를 차지한 여성과 남성을 보면, 젠더와 권력에 관해 두 가지 흥미로운 의문이 생긴다. 첫째, 전 세계 많은 국가에서 여성의 투표권과 공직 출마권이 있어도 정부에서 여성이 남성과 동등하게 대표로 선출되지 않는다는 사실을 어떻게 설명할 것인가? 여성이 선출직을 추구할 때 직면하는 걸림돌은 무엇인가? 둘째, 최근 들어 젠더 학자들이 제기한 의문으로, 좀 더 많은 여성이 정치권력을 차지하는 것이 왜 중요한가라는 문제다.

정치학자들은 이것을 **명목상 또는 숫자상 대표선출**descriptive or numerical representation과는 반대되는 **실제적 대표선출**substantive representation이라고 부른다. **명목상 또는 숫자상 대표선출**은 말하자면 공직을 차지한 특정 그룹 구성원의 숫자다. **실제적 대표선출**은 선출되었을 때 특정 그룹의 이득을 대변하는 정도를 의미한다(Carroll, 2001). 명목상 또는 숫자상 대표선출이 실제적 대표선출과 관련이 없다면, 얼마나 많은 여성이 실제 선거로 정부 요직에 진출하는지 추적하는 것은 별 의미가 없다. 그러나 권력직에서 여성의 선출이 중요하다면 이것이 어떤 차이를 만들기 때문일까? 우선 권력기관의 대표로서 여성이 왜 적게 선출되는지의 질문에서 시작한 후, 여성의 존재가 정치권력을 바꿀 가능성이 있는지에 대해 알아볼 것이다.

막후 정치적 흥정이 이루어지는 방: 명목상 대표선출

전해지는 이야기에 따르면, 미국 정치사에서 한 무리의 막강한 공화당 상원 의원들이 1920년에 시카고의 블랙스톤 호텔에 모여 있다가 자욱한 담배 연기와 함께 차기 공화당 대통령으로 워런 하딩Warren G. Harding을 지명하기로 했다는 소식을 들고 나타났다는 말이 있다(Thale, 2005). AP Associated Press는 그 방에서 실제로 일어난 일과는 무관하게 "담배 연기 자욱한 방"(Thale, 2005)에서 하딩이 지명자로 선택되었다고 보도했고, 이후 이 문구는 줄곧 정당 보스의 은밀한 공모로 대통령 입후보자들을 택하는 막후 장소를 의미하게 되었다. 담배 연기 자욱한 방이라는 이미지는, 정치계 입문 방식이 선출 가능성이나 업무 수행 능력 이상의 무엇이라는 의미를 담고 있다. 담배 연기 자욱한 방은 사교 클럽과 술집 같은 남성 전용 공간의 이미지와 맞물리며, 정치도 사교 클럽과 흡사함을 시사한다. 뉴저지 주 의원이었던 밀리센트 펜윅Millicent Fenwick에 따르면, "여성들은 담배 연기 자욱한 방의 문이 닫힐 때 문 밖에 서 있다"(Conway et al., 2005: 106). 유권자가 선택의 혼란에 빠져들기 전에 이미 정치 공간을 순찰하는 문지기들이 있는 셈이다. 이 특별한 문을 넘으려는 사람에게 젠더가 어떤 영향을 미치는지 살펴보는 것은, 명목상 또는 숫자상 대표선출에 관한 첫 번째 질문의 답이 된다. 앞서 우리는 영미-유럽 사회가 19세기 산업화와 더불어 공적·사적 영역으로 세상을 구분하는 것을 살펴보았다. 공사 분리 원칙에 따르면, 여성은 자식을 돌보며, 합리적이되 냉혹하게 다투는 공적 영역에서 떨어진 가정에 속한다. 남성의 공적 영역은 비록 냉혹하게 경쟁하더라도 진짜 중요한 세상사가 벌어지는 곳이다.

전통적으로 정치는 공적 영역에 속하는 것으로 여겨졌다. 이런 주장에 따르면, 정치는 본질상 이미 남성적이기에 인구의 절반을 차지하는 남성에게 정치를 맡기는 편이 나은 것이 된다. 그런데 공사 분리 원칙은, 영미-유럽의 대다수 인구에게 적용된 적이 없고 오늘날 전 세계 대다수 사람의 삶에도 적용되지 않는 그런 구분에 근거한다. 그럼에도 세상을 공적 영역과 사적 영역으로 분리하는 것은 중요한 이데올로기로서 여전히 젠더와 정치에 관한 전 세계 사람들의 사고방식을 형성해나간다.

Question
하나의 제도로서 정치가 본래 남성적이라는 것을 말해주는 다른 방식은 없을까? 이것이 사실이 아니라면, 정치는 과연 어떤 다른 모습을 취할까? 좀 더 여성적인 정치란 어떤 모습일까? 남녀 구별 없는 정치는 어떤 모습일까? 과연 그런 일이 가능할까?

페루에서의 여론조사 결과는 여성의 정치 참여에 대한 지지가 높다는 것을 보여준다. 페루의 정당들이 여성 쿼터 배정안을 받아들인 것도 한 예가 된다. 이는 여성 후보자를 배려해 정당 리스트에 일정 비율(2000년에 30%) 할당을 법으로 정하는 것을 의미한다. 이런 제도는 미국 공화당과 민주당이 주 정부와 연방 정부 공직을 지명할 때 일정한 여성 비율이 요구되는 상황과 맞먹을 정도다. 페루의 1998년 여론조사에서 75.6%가 쿼터제를 지지했고, 2000년에는 80.9%로 증가했다(Rousseau, 2005). 이 통계는 두 가지 사실을 보여준다. 하나는 많은 페루인들이 여성의 정치 참여가 유용하다고 생각했다는 것이다. 다음으로는 그런 참여를 보장하기 위한 국가의 개입(정당 쿼터제 형식)을 지지한다는 것이다. 이런 지지의 또 다른 증거는 2001년에 페루 여성 로데스 플로레스Lourdes Flores가 대통령 선거에서 승리할 뻔했으며, 그녀는 페루 역사상 처음으로 가문 내 남자 정치인과의 유대 관계라는 배경 없이 승리할 뻔한 최초의 여성이었다는 점이다.

페루 정치계에서 여성의 역할에 대한 강력한 지지가 흥미로운 것은 이런 가치관이 공적·사적 영역 분리라는 기본 이데올로기에 대한 도전은 아니기 때문이다. 페루의 정치적 상황에서 보면, 정치인들은 대개 타락했거나 권위적이며, 게으르고, 자기중심적이다. 이런 정치인들이 대부분 남성이기에 많은 페루인들이 여성을 긍정적인 대안으로 믿게 되었다. 페루인들을 대상으로 남성과 여성 시장을 비교한 조사에 따르면, 응답자들은 남성 시장이 더 열심히 일하고 능률적이지만, 여성 시장이 더 정직하고, 약속을 잘 지키며, 공정하고, 사회적·인간적 이슈에 민감하다고 여기는 것으로 드러났다(Rousseau, 2005). 이런 점에서 엄마처럼 돌보는 여성의 특성은 정치 영역을 정화하고, 과거 남성의 리더십보다 더 신뢰할 만한 리더십을 위해 가치 있고 필요하다고 인식된다. 여성적·사적 영역의 세부적 구분은 유지되지만, 이런 사적 영역이 공적 영역의 일부 부정적 양상을 상쇄하는 데 중요한 기여를 한다고 여겨진다. 이런 특별한 역동성은 20세기 초반 미국 참정권자들의 주장 속에도 넘쳐난다. 참정권 획득을 위해 노력한 여성들은 여성이 특유의 도덕적 우위와 함께 정치를 인간적으로 만들 수 있다고 강조했다. 여성은 사적 영역 내에서 돌봄과 양육을 담당했던 경험이 있기 때문이다. 이는 오늘날 페루인들이 여성적 관점으로부터 기대하는 것, 즉 정치라는 공적 영역에 가져올 파장을 기대하는 것과 비슷하다.

페루의 경우, 담배 연기 자욱한 방으로 표상되는 여성 정치 참여의 걸림돌이 극복된 이유는, 부분적으로 페루인이 정부 주도 쿼터제와 정치 시스템에 대한 여성의 특별한 기여를 신뢰한 데 있다. 명목상 또는 숫자상 대표선출에서 여성의 비율이 낮은 이유에 관해 다른 학자들은 여성 자신의 특성에 초점을 맞춘다. 요컨대 잠재력이 있는 여성들이 정치 공직에 선출되려면, 그런 공직에 기꺼이 출마시킬 수 있는 유능한 집단이 존재해야 한다. 이런 점에서 한 사회의 모든 광범위한 남녀 불평등과 젠더 이데올로기는 정치 참여라는 척도로 그 모습이 명확하게 드러나기 마련이다. 만일 여성의 교육 기회가 적은 사회라면, 선출직에 출마해 업무를 수행할 여성의 숫자가 적을 것이다. 가정과 결혼 생활에서 여성의 힘이 비교적 미미하다면, 정치 공직 출마를 가정에서 자유롭게 결정하는 여성은 지극히 소수일 수밖에 없을 것이다. 이것이 바로 사하라 이남의 많은 아프리카 국가에서 여성의 정치 참여를 다룰 때 중요한 요소들이다.

현대화와 발전에 관한 영미-유럽의 담론은, 민주주의나 자본주의가 도입되면서 남녀평등을 포함한 광범위하게 자유로운 사회로 바뀌었다고 가정한다. 많은 남반구 국가의 경우 식민주의가 시작된 이후에도 자유국가가 아니었고, 민주주의가 출현했을 때도 마찬가지였다. 식민지 이전의 사하라 이남 국가들에서는, 여성이 남성과 동등하지는 않지만 정치적 권리를 행사했고, 때로는 정치 고위직을 차지했다(Yoon, 2005). 식민지 이전 사회의 여성은 흔히 토지 접근 권한과 가정의 재정 장악 및 장사 능력을 포함한 경제적 자원을 갖고 있었다. 식민 지배 아래 식민지 권력이 우두머리나 조직의 필요를 수행하는 중계인으로 남성만을 인정하면서, 여성은 정치적 자산을 잃어버렸다. 식민지 행정관이 아프리카 토착민을 하급 관리로 훈련하거나 유럽의 언어로 교육과 기타 기술을 퍼뜨렸을 때, 그들은 소녀와 여성보다는 소년과 남성을 택하는 방식으로 유럽식의 젠더 체계를 강요했다.

대개 남자가 조종하는 식민지 행정제도하에서 여성은 아무 권력이 없었으며, 식민 권력이 부과한 법은 한때 여성이 지녔던 경제적·정치적 힘을 한층 더 파괴해버렸다. 예컨대 식민 권력은 대다수 아프리카 사회에서 토지의 공동소유권을 없애버렸고, 이러한 재산 소유권의 개별화는 대개 남성이 직함을 받는 결과를 초래했다. 그들이 강요한 관습법도 사하라 남부 아프리카 국가의 여성을 대개 남성의 권위 아래 놓인 하찮은 존재로 취급했다. 몇몇 나라에서는 이런 법이 변하고 있지만, 이들 지역의 여러 국가에서 여성은 여전히 법적인 재정적 대출을 받을 수 없다. 여성이 땅을 소유·상속·처분할 권리를 지니지 못한 국가도 아직 남아 있다(Yoon, 2001). 콩고민주공화국에서는 남편의 허락 없이 여성이 은행계좌를 개설할 수 없으며, 보츠와나에서는 여성이 자식에 대한 법적 후견인의 권리를 가질 수 없다(Benschop, 2004).

즉, 식민화를 통해 많은 방식으로 유럽의 젠더 이데올로기에 노출된 결과, 사하라 남부 아프리카 국가에서 남녀 불평등이 심해졌고 여성은 많은 법적 기본권을 박탈당한 채 방치되었다. 대다수 나라에서 여성은 식민 권력에 대항하는 투쟁에 관여했고, 탈식민화 이후 대부분의 사하라 남부 지역에서 여성은 자국이 식민 권력에서 독립한 그해에 투표권과 공직 진출권을 부여받았다. 하지만 1990년대까지 사하라 남부 아프리카 대다수 국가의 특징은 일당독재였다. 자이르(지금의 콩고민주공화국) 같은 국가에서는 모부투 세세 세코Mobutu Sese Seko 같은 독재자가 자신의 정당 이외의 다른 정당을 불법으로 간주했고, 그 결과 많은 아프리카 국가가 사실상 독재 체제가 되었다. 1990년대를 기점으로 40개 이상의 국가가 다당제 민주주의로 바뀌었고, 단일 정당보다는 다양한 정당에서 후보자를 출마시켜 대통령 선거와 의회 선거를 치르기 시작했다. 민주화 과정에서 복잡한 분규나 후퇴가 없지 않았지만, 이 기간에 많은 아프리카 국가에서 민주화 과정이 진지하게 시작되었다. 그 이행 과정에서 많은 젠더 학자들은 민주주의 도입이 이들 국가 여성들의 숫자상 그리고 명목상 대표선출을 늘렸는지, 궁극적으로 실제적 대표선출이 이루어졌는지 여부를 궁금해했다.

한편 학자들은 민주주의가 여성을 공적 영역에서, 그리고 결국은 정치 영역에서 좀 더 활동적으로 만들어 명목상 대표선출을 잠재적으로 증가시킴으로써 좀 더 개선된 환경을 만든다고 주장한다. 민주주의는 정당들이 좀 더 많은 여성 후보자를 포함시키고 여성 이슈에 좀 더 무게를 두도록 권해야 한다는 것이다. 이런 주장은 민주주의가 독재 정권에 비해 여성의 정치 관여를 위한 공간을 만들고 젠더 불평등에 관한 우려를 명료하게 표출할 수 있게 해준다는 입장을 취한다. 이런 관점에서 본다면, 여성에게는 민주주의가 훨씬 낫다. 공산주의 통제하의 라틴아메리카와 동유럽 및 중앙 유럽 국가들의 경우, 소련을 포함한 많은 독재 정권의 붕괴로 인해 학자들이 이런 가정을 경험적으로 테스트할 기회가 생겼다.

연구 결과에 따르면, 독재주의에서 민주주의로 나아가는 과정에서 여성의 대표선출이 사실상 더 감소한 것으로 드러났다. 이런 국가에서는 많은 경우 제도 정치 내 숫자상 여성 대표선출이 독재 정권 때보다 오히려 감소했다. 페레스트로이카와 연관된 민주화 과정에서 선출직 여성의 퇴장을 지켜봤던 소비에트 입법부처럼 말이다(Yoon, 2001). 공산국가였던 헝가리의 경우, 1990년에 최초의 민주 선거가 치러지기 전 의회의 여성 대표선출은 30% 정도로 높았다. 공산주의 체제에서는 일당 국가가 후보자를 지명했고, 특정 지역이나 여성 같은 인구 집단에 일정 쿼터가 할당되었다. 헝가리의 경우, 최초의 민주적 선거에서 여성 의원의 비율이 7%까지 떨어졌고, 이후 줄곧 평균 10%대에 머무른다(Kardos-Kaponyi, 2005).

이를 바탕으로 상당수 연구자는 정치 영역 내 남녀평등과 민주주의의 관계에 관한 의견을 수정하기 시작했다. 젠더 학자들은 민주주의가 선출직을 통해 여성이 정치권력을 추구하도록 좀 더 많은 기회와 자유를 제공할 수 있지만, 민주화 과정이 반드시 여성들의 정치 입문을 어렵게 하는 사회의 기본 구조를 바꾸는 것은 아니라고 주장한다. 말하자면, 민주주의가 도입되어도 여성과 남성 사이에 이미 존재하는 사회적·경제적 불평등은 변하지 않고, 권력직 여성을 방해하는 젠더 이데올로기를 마법처럼 없애주지도 않는다. 세 가지 요인들, 즉 사회적 불평등, 경제적 불평등, 젠더 이데올로기 같은 문화는 다양한 국가에서 여러 정당이 취하는 특정 구조와 함께 선출직 여성의 숫자상 대표선출을 결정하는 데도 중요하다. 민주주의가 이런 사회적 삶의 영역을 그대로 남겨둔다면, 민주화를 바탕으로 정치권력에 접근하려는 여성의 숫자가 증가할 가능성은 희박하다.

사회적·경제적 불평등은 여성의 정치 참여를 가로막는 두 개의 걸림돌이지만, 젠더 이데올로기도 중대한 걸림돌이 될 수 있다. 여성의 주된 역할이 엄마와 아내에 한정되는 사하라 이남 아프리카 국가와 기타 세계에서 공사 영역 분리주의는 젠더 이데올로기의 한 부분을 이룬다. 이런 문화적 장벽은 여성이 자신을 잠재적 정치인으로 여길 가능성이 적다는 것을 의미한다. 유권자 또한 사적 영역 밖으로 발을 디딘 여성을 뽑을 가능성이 적다. 미국의 한 연구에 따르면, 여성의 정치 공직 출마 고려 가능성은 남성에 비해 절반도 안 된다(남성은 18%인데 여성은 8%)(Duerst-Lahti, 1998). 여성은 선거 승리의 가능성에 대한 자신감도 남성에 비해 현저히 부족하다고 한다. 자신은 자격이 없으며, 능력 부족이라고 생각할 가능성이 더 많다는 것이다. 잠재적 여성 후보자에게 내면화된 이런 생각은 부분적으로는 사회화의 결과이며, 구체적으로는 다양한 국가에서 일어나는 정치 사회화political socialization의 결과다. **정치 사회화**는 "사람들이 특정 정치제도에서 자신에 대한 기대를 배우는 과정"(Conway et al., 2005: 23)이다. 여기서 여성이 경험하는 정치 사회화가 전 세계 많은 곳에서 남성이 경험하는 정치 사회화와 매우 다르다는 것은 그리 놀라운 일이 아니다. 여성은 남성에 비해 더 수동적이도록, 또 대개 정치적이라 생각되지 않는 것(예를 들면, 결혼, 임신, 집안일 등)에 관심을 갖도록 사회화된다. 많은 사회에서 여성은 역사적으로, 그리고 오늘날에도 여전히 **정치적 효용**political efficacy의 의미 또는 "한 사람이 하는 일이 정말 중요하다"(Conway et al., 2005: 23)는 식으로 사회화되지 않는다. 그리고 여성은 정치 영역에서 자신이 영향력을 행사할 수 있다고 생각하도록 훈련되지 않는다.

이런 문화적 측면 때문에 많은 여성이 정치 공직에 출마할 수 없게 되거나, 출마하더라도 선거 유세 기간에 흔히 정치 지도자가 되기에 부적합하다는 문화적 믿음이 표현된 폭력이나 협박, 추방, 욕설 등에 직면한다 (Yoon, 2005). 1950년대 잠비아의 정치에 참여했던 한 여성은 남편이 당 간부들의 경고를 받았던 경험을 소개했다. 아내의 정치 참여를 허용한 것 은, 아내의 활동을 통제하지 못한 남편의 무능 때문이라며 '남자가 아니 다no man'라는 딱지가 붙을 거라는 비난이었다. 여성 정치인인 그녀는 다 른 남성과 어울리면서 가정을 깨뜨리고 쉽게 간통을 저지른다는 비난과 함께 다른 여성들로부터 '경멸'을 받았다(Geisler, 1995: 549). 여성과 남성 쪽의 이런 적대감은, 공사 영역 분리 원칙에 따라 정치 공직에 출마하는 여성을 공적 인물보다는 사적 개인으로 인식할 가능성이 더 크다는 것에 부분적으로 기인한다(Conway et al., 2005). 만약 여성이 당연히 있어야 할 곳이 남편과 자식을 돌볼 가정이라면, 정치권력을 찾는 여성은 부자연스 럽게 여겨질 것이고 권력을 얻기 위해 이들이 취하는 방식 역시 수상하게 보일 것이다(Dixon, 1992). 미국의 여성 의원 낸시 펠로시Nancy Pelosi는 하 원 의장직을 수행하는 동안 여성이 하원을 이끄는 능력에 관한 언론의 질 문을 받았다. MSNBC의 앵커는 펠로시에게 "사적 감정이 효과적인 리더 십 수행에 방해가 되었는지" 물었는데, 이는 사적 감정이 "남성이 이끄는 리더십 지위"에서 생기는 문제가 아니며, 나아가 남성이 여성보다 "이런 사적 감정의 충돌을 잘 수용할 수 있다"는 내용을 암시했다(Boehlert and Foser, 2006에서 재인용).

다른 유명한 뉴스 앵커들도 그녀의 외모와 옷 치장에 집중해, 펠로시가 힐러리 클린턴 상원 의원보다도 "옷을 훨씬 더 잘 입는다"고 빈정거리며 그녀의 리더십 스타일에 대한 논의는 완전히 무시해버렸다(Boehlert and Foser, 2006에서 재인용). 힐러리 클린턴은 뉴욕 상원 의원 출마 선거운동 당시 젠더 역할을 좁혀서 보는 언론에 붙들렸다. 그녀가 규정된 남녀 역할에 순응하지 않자, 언론은 그녀를 부정적으로 다루었다(Scharrer, 2002). 미디어와 여성 후보자에 관한 다른 연구에 따르면, 언론은 여성을 남성보다 덜 적합한 후보자로 그려내고, 전반적으로 정치적 이슈보다 '여성적' 이슈와 특질에 더 치중한다(Kahn and Goldberg, 1991). 여성 대통령 후보자에 대한 선호도 조사 실험에 따르면, 응답자들은 동일한 자격을 갖춘 두 명의 후보자에 대해 '효능'의 관점에서 남성 후보자에게 더 높은 점수를 주었다고 한다(Rosenwasser and Dean, 1989). 이는 여러 면에서 여성 대통령 후보의 능력이 남성의 경우보다 의심받을 여지가 크기 때문에 여성들이 대통령 후보에 오르려면 더 높은 수준이 요구된다는 점을 시사한다.

■ ■ ■ 문화적 사실 2 _ 클린턴과 페일린: 젠더, 정치, 그리고 미디어

2008년의 미국 대통령 선거 유세는 여러 면에서 획기적이었다. 여성이 민주당에서는 유력한 대통령 경선 후보자로, 공화당에서는 부통령직에 지명되었다. 그리고 최초의 아프리카계 미국인이 미국 최고위직에 선출되었다. 민주당 예선과 대통령 선거 유세 자체가 젠더와 인종을 인권 운동 시대 이후 거의 처음으로 국민적 대화의 중심에 놓은 셈이었다. 과연 힐러리 클린턴 상원 의원과 세라 페일린(Sarah Pailin) 주지사는 성차별주의에 잘 대처했는가? 그들의 선거 유세는 정치에서 여성의 현재 위상에 관해 무엇을 드러냈는가? 미디어 전문가들은 선거의 여파 속에서 미디어가 후보 자격을 다루는 가운데 클린턴과 페일린 둘 다 엄청난 성차별주의에 직면했다는 점에 주목했다. "내 셔츠를 다림질해"라는 티셔츠 문구가 클린턴의 선거 유세장에 등장했고, 클린턴의 호두까기 집게(nutcrackers)[5]가 공항에서 팔렸다. 한 미디어 전문가는 생방송 중에 클린턴을 볼 적마다 겁나서 자신의 다리를 꼬았다고 말했다(Diffendal, 2008). 그리고 카메라는 존 매케인(John McCain) 상원 의원 지지자가 매케인 상원 의원에게 "우리가 저년을 어떻게 패배시키죠?"라고 묻는 장면을 포착해서 방송했다. 이에 매케인 상원 의원은 자신과의 접전에서 클린턴의 패배를 보여준 여론조사를 가리키며 "멋져"라고 말한 후 클린턴 상원 의원에게 존경한다고 언급하는 식으로 반응했다. 클린턴이 맞닥뜨린 몇몇 성차별주의 사례가 담긴 부분적 목록이 있었지만 미디어는 이를 대부분 무시했다. 한 미디어만이 매케인과 그의 지지자 사이에 오간 발언을 증거로 기록했다. 저널리스트들은 성차별주의를

이야기로 만들 결심을 하기보다는 성차별적 보도 자체를 만드는 데 관여했다(Diffendal, 2008). 미디어 전문가들은 클린턴의 '흐느낌'에 주목했고, 선거 유세 중 보여준 그녀의 정신적 쇠약은 유권자의 동정을 유발하기 위해 계산된 것이었다고 말했다. 그들은 클린턴이 안쓰럽다는 이유로 그녀가 뽑힐 거라고 말했고, 다른 경우에는 그녀를 "성가신 아내"이나 "꾸짖는 엄마"(Cutlip, 2009)로 묘사했다. 페일린 주지사는 자신에게 성적 매력을 부여하고 엄마와 부통령으로서의 자신의 능력을 의심하는 미디어의 시도 속에서 다른 차원의 성차별을 경험했다. 평론가들은 그녀를 MILF(내가 성교를 하고 싶은 엄마)로 언급했으며, 인터넷상에서는 그녀의 얼굴을 모델의 몸매에 합성한 사진이 떠돌 만큼 성적으로 다루어졌다. 페일린은 엄마 역할을 하면서 과연 부통령직을 수행할 수 있을까에 관한 질문을 받았는데, 이미 어린 두 자녀를 둔 버락 오바마(Barack Obama) 상원 의원은 그런 질문을 받지 않았다. 미디어 전문가들은 오바마 상원 의원과 관련된 유사한 인종차별 멘트가 있었다면, 미디어는 이를 헤드라인으로 만들어 뉴스화했을 것이라고 지적했다. CBS 뉴스의 앵커 케이티 쿠릭(Katie Couric)만이 선거 유세의 여파 속에서 지속된 성차별주의에 관해 솔직하게 거론했던 유일한 미디어 전문가였다. 저녁 뉴스에서 쿠릭은 클린턴의 대통령 후보 출마 실패에서 얻을 수 있는 참된 교훈은 "미국인의 삶에서, 특히 미디어에서 통용되고 받아들여진 성차별주의"에 관심을 기울이는 것이라고 말했다(Couric, 2008). 다른 미디어 전문가들과 마찬가지로 쿠릭도 오바마 상원 의원이 클린턴 상원 의원과 페일린 주지사가 직면했던 성차별주의는 아니더라도 이와 유사한 인종차별주의에 직면했다면, "무례한 보도는 각주(footnote) 수준이 아니라 일면 톱뉴스가 될 것이다"(Couric, 2008)라고 말했다. 두 여성 후보자에 관한 미디어의 보도에서, 성차별주의에 대한 격노가 대부분 각주 수준이었을까? 이것이 여성 후보자의 현재 위상에 관해 말하는 바는 무엇일까? 또한 미디어 분야를 포함해 오늘날 사람들이 성차별주의를 어떻게 생각하는지에 관해 말해주는 바는 무엇인가? 우리 가운데 다수가 성차별주의를 과거의 일로 여기는 것은 아닐까? 미국인들이 인종 문제와는 달리 젠더에 대해 맹점을 지닌 것은 아닐까? 그리고 교차 이론(intersectional theory)이 성차별주의 대(對) 인종차별주의에 관한 반응 비교에 관해 말해주는 바는 무엇인가?

---

5   힐러리 클린턴 모형 인형의 허벅지 안쪽에 호두까기 날을 달아 호두를 깔 수 있도록 만든 것으로 '초강력 스테인리스 허벅지' 등의 광고 문구로 미국 인터넷 쇼핑몰에서 인기를 끈 바 있다.

권력의 전당에 선 낯선 자들: 실제적 대표선출

여성은 자신이 담배 연기 자욱한 정치적 막후 협상이 벌어지는 방 밖에 있으며, 선거를 통한 권력의 전당 진입이 애당초 금지되었다는 사실을 알게 되었다. 두 번째 질문은, 여성이 이러한 권력의 전당으로 진입할 경우 자신들에게 무슨 일이 생길지, 어떤 문이 추가로 열리거나 닫히는지를 겨냥한다. 1991년에 미국 상원은 대법관 지명자 클래런스 토머스Clarence Thomas가 동료 판사였던 애니타 힐Anita Hill에게 성희롱 혐의로 기소된 것과 관련해 광범위한 심문을 계속할지 논의 중이었다. 고발 이틀 후, 하원과 상원은 인준청문회에서 토머스의 혐의를 추궁할지 여부를 아직 결정하지 못한 상태였다. 하원과 상원 소속 여성 민주당원 일곱 명이 기자들과 함께 민주당 간부들이 이 문제를 논의하고 있던 상원 위원회실 문을 두드렸다. 처음에는 연장자인 의원 보좌관이 대표단에게 출입을 허용하지 않겠다고 했지만, 캘리포니아 출신 상원 의원 바버라 박서Barbara Boxer의 압박도 있고 이 이야기가 언론에 보도될 가능성이 커지자, 비로소 이 여성 대표단은 상원 원내대표를 만나 자신들의 우려를 표명할 수 있었다. 또 다른 상원 의원이 나중에 박서 의원에게 설명하길, 여성의 출입이 거부된 이유는 상원 의원이 아닌 사람들, 즉 낯선 자들의 출입이 허용되지 않았기 때문이라고 했다. 박서 의원은 이런 식으로 반응했다. "여성이 상원에서 낯선 자로 간주되는 것이 진실이다. …… 세상에서 가장 높고, 가장 막강한 입법부에서 낯선 자들"(Conway et al., 2005: 107)로 말이다. 성희롱 혐의로 토머스가 고발을 당한 사건은 토머스 인준청문회의 일부로 논의되었다. 하지만 박서 의원의 설명대로 이는 어디까지나 여성 정치인이 어쩔 수 없이 "닫힌 문을 주먹으로 두드리고, 진상 파악을 무작정 기다릴 수 없는 중대한 이슈에 관한 청문회가 있어야 한다고 사정한" 후에만 가능했다(Conway et al., 2005: 107에서 재인용). 여성의 숫자상 대표선출이 전 세계 권력의 전당에서 얼마나 실제적 대표선출로 연결되는지에 관해 이런 이야기가 시사하는 바는 무엇인가?

숫자상 또는 명목상 대표선출과 실제적 대표선출에 관한 이슈들은 서로 긴밀히 연관된다. 앞선 사례에서 상원과 하원 여성 의원 일곱 명이 영향력이 큰 그룹을 만들어 한두 명의 여성 입법가가 하기 어려운 방식으로 목소리를 냈다. 그러나 여성의 접근이 허용된 정치적 자리도 중요하다. 세네갈의 여성 의원들은 1998년에 여성 할례 관습 불법화 법안을 밀어붙여 통과시키는 데 성공했다. 그러나 여성 이슈와 관련된 다른 입법 사안은, 입법부 내 여성이 소수라는 점과, 의회 행정 내 여성의 보잘것없는 대표권 때문에 보류되었다. 여성이 입법안을 통과시키려면 정부 조직 내에서 막강한 지위를 차지한 여성의 도움을 받아야 가능하다는 것은 그리 놀랄 만한 일이 아니다. 그 지위가 부통령이든 세네갈의 선출직 장관들이든 미국 하원 의장 또는 각종 위원회 의장이든 간에 말이다.

남아프리카공화국에서 10개 의회 분과 위원회 의장과 입법부의 의장 및 부의장이 모두 여성이었을 때, 여성 이슈를 충족하는 광범한 입법안이 만들어졌다. 여기에는 시행 계획안은 물론, 낙태의 합법화, 가정 폭력의 범법화, 아내에게 남편과 동등한 법적 지위 부여, 작업장에서의 차별 금지 등이 포함되어 있다(Yoon, 2005). 미국에서 여성의 건강 관련 이슈를 다루는 여성 의원들은 103차 연례 회의에서 노동과 보건복지부 분과 세출위원회의 여성 구성원 참석으로 상당한 도움을 받았다. 입법에 관여했던 한 로비스트는 이렇게 회상했다. "세출위원회의 여성은 …… 정말로 우리를 변호하러 온 것이다. …… 하원 의원이 유방암 연구에 돈이 더 필요하다고 말하게 만드는 것은 매우 쉽다. …… 그러나 실제로 기꺼이 깃발을 들고 이슈를 관철하기 위해 싸우려는 하원 의원을 찾아보기란 어렵다"(Dodson, 1998: 139). 정치권력을 지닌 여성은 자신에게 권력의 문이 열려 있을 때, 자신의 이득을 실행하는 것이 좀 더 수월하다는 것을 안다.

미국에서 여성 하원 의원과 인터뷰해보면, 공직에 선출된 여성은 처음에는 조금 꺼리다가도 다른 여성의 이득을 대변하는 데 상당한 책임감을 갖게 되는 듯하다. 뉴저지 출신의 공화당 여성 하원 의원인 마지 루케마 Marge Roukema는 처음 하원에 왔을 때, '여성 의원'의 정형이 되는 것을 피하기 위해 은행업과 재정 분야에서 일하고 싶어 했다. 하지만 그녀는 "하원에서 나 같은 여성이 이런 가족 문제를 조금이라도 처리하지 않으면 …… 아무도 신경 쓰지 않으리라 점을 재빨리 눈치챘다"(Dodson, 1998: 133). 하와이 출신 하원 의원인 팻시 밍크Patsy Mink 역시 처음에는 자신의 주된 역할을 지역구 여성과 남성, 그리고 자신이 속한 주의 대표자로 생각했다. 하지만 시간이 흐르면서 그녀는 "미국 내 모든 여성을 위해 거리낌 없이 말하는" 것이 좀 더 큰 역할임을 깨달았다(Dodson, 1998: 133). 루케마와 밍크, 그리고 다른 여성 하원 의원들은 여성 공직자로서 자신이 특별한 역할을 수행한다고 증언한다. 그들은 루케마처럼 애당초 '여성의' 이슈에 거리를 두고 싶어 하면서도, 여성이 아니면 아무도 이런 이슈에 집중하지 않는다는 점을 알게 되었다. 이런 여성은 자신의 독특한 여성적 관점과 책임을 인정한다.

연구에 따르면, 미국에서 선출직과 임명직 여성은 그들의 남성 동료와 비교할 때 사실상 특별한 정책 우선순위를 가지고 있다. 여성은 남성보다 여성 이슈에 집중해왔다(Dodson, 1991; Palley, 2001; Swers, 1998; Thomas, 1994; Thomas and Welch, 1991). 이것만이 여성이 집중한 유일한 이슈는 아니지만, 공직에 있는 여성이 가장 성공적으로 돌본 이슈이다. 이런 분야에서 여성이 남성보다 더 빠른 속도로 법안을 통과시켰기 때문이다 (Thomas, 2003). 또한 여성은 정치적 결정의 전반적인 과정을 다른 식으로 진행할 수도 있다. 미국의 조사에 따르면, 공공 정치 문제를 좀 더 폭넓게 바라보려는 경향이 있는 여성은 다른 방식으로 문제의 해결 방안을 찾는다. 예를 들어, 남성 정치인은 범죄행위를 개인이 법을 어기는 단순한 문제로 볼 가능성이 큰 반면, 여성 정치인은 범죄행위로 이어질 사회적 요인을 찾을 가능성이 크다(Thomas, 2003). 따라서 여성이 손질한 입법안은 남성의 입법안보다 문제의 핵심을 겨냥할 가능성이 다분하다.

이렇듯 확인된 남녀 차이 때문에 많은 학자들은 리더십 스타일 자체가 젠더화된 것인지 의아해했다. 리더십을 정확히 정의하는 방안에 관한 논의가 많은 학문 분야를 가로질러 기세를 떨쳤지만, 많은 젠더 학자들은 리더십의 모범 구실을 하는 사회적 배경 중 대다수가 전통적으로 남성의 지배를 받았다고 지적했다(Eagly and Johnson, 1990; Gilligan, 1982; Rosener, 1990). 캐럴 길리건Carol Gilligan은 여성 지도자가 갈등보다 협력을, 배제보다 동행을, 위계질서보다 합의를 강조하는 경향이 있다는 주장을 뒷받침하기 위해 정신분석 이론을 멋지게 사용했다(Gilligan, 1982). 정신분석 이론은 젠더 사회화 이론인데, 이는 여성의 주된 역할이 엄마이기 때문에 여성은 타인과의 강한 연관성과 감정이입에 기반을 둔 젠더 정체성을 발전시킨다고 주장한다는 점을 기억하자. 프로이트식 표현에 따르면, 여성은 약한 자아 경계선을 발전시키는데, 이는 여성이 경쟁과 갈등보다 연관성에 신경 쓰도록 만든다. 길리건은 여성과 남성의 도덕 추론 차이를 설명하기 위해 이런 이론들을 구체적으로 적용한다. 남성은 도덕적 딜레마에 처했을 때 서로의 권리를 간섭하는 사람들에게 좀 더 관심을 갖는 경향이 있는데, 이런 남성적 접근은 흔히 **정의의 윤리**ethic of justice라고 불린다. 길리건에 따르면, 여성은 자신이 도움을 받을 수 있을 때나 받지 못할 수도 있을 때나 다른 사람을 돌보지 않는 것을 더 걱정한다. 이런 여성적 접근은 **돌봄의 윤리**ethic of care로 불린다(Kathlene, 1998). 정치학의 많은 연구들은 두 상이한 윤리에 관한 길리건의 이론들을 입증하거나 반박하는 데 초점을 두어왔고, 공공 정책 문제점에 접근하는 방식의 차이들은 이런 연구 방침에 잘 들어맞는다. 여성의 돌봄의 윤리는, 여성이 더욱 맥락적인 세계관을 형성하도록 유도한다. 사람들이 서로 연결되고 깊이 의존하도록 상호 관련성의 복잡한 그물망을 강조하는 것이다.

정치적 리더십을 행사하는 위치에 있는 여성에 관한 연구는 이러한 여성적 리더십 스타일 이론을 확인해준다. 입법 위원회들의 여성 의장은 일방적으로 권력을 행사하기보다는, 소임을 다하고 팀 중심으로 직무를 수행하는 데 주안점을 둔다(Bell and Rosenthal, 2003; Rosenthal, 1998). 또 다른 연구에 따르면, 주 의회에서 여성 의원은 남성 의원이 사용할 가능성이 큰 명령과 통제의 리더십보다 합의의 리더십을 선보인다(Whicker and Jewell, 1998). 이는 정치권력을 가진 여성의 숫자가 늘어나면, 여성의 존재가 제도 권력의 운영을 현저하게 바꿀 잠재력을 지닌다는 뜻이다. 그러나 여성을 특정 리더십과 결부하는 것은 특정한 의사 결정의 영역에서 여성을 배제하는 수단이 될 수도 있다.

미국에서 외교정책은 전통적으로 여성의 출입이 금지된 영역이다. 물론 매들린 올브라이트Madeleine Albright, 콘돌리자 라이스Condoleezza Rice, 좀 더 최근의 힐러리 클린턴은 예외로 간주하더라도 말이다(McGlen and Sarkees, 2001). 여성이 텔레비전에서 인터뷰하거나 신문에 인용되거나 외교정책 분야의 권력직에 임명되는 경우는 드물다. 부분적으로 이는 중재자로서 여성의 이미지 때문일 수도 있다. 합의의 리더십 스타일이 의회에서는 유용할 수 있지만, 남성과 여성 모두 돌봄의 여성적 윤리가 국익을 지키는 일과 양립할 수 없다고 볼지 모른다. 여성을 이렇듯 좀 더 여성적 리더십 스타일을 실행하는 존재로 보는 시각은, 중대한 글로벌 리더십 역할에 접근할 수 없게 막을 수도 있다. 더구나 여성이 실제 돌봄의 윤리를 지니고 정치계로 들어가는지 여부는 논의가 진행 중이며 거의 해결되지 않았다. 연구에 따르면, 여성은 도덕 추론의 두 가지 스타일인 돌봄의 윤리와 정의의 윤리를 모두 사용하는 반면, 또 다른 연구자들은 리더십 스타일을 결정짓는 데 있어서 상황의 중요성에 주목해왔다(Plutzer, 2000). 예를 들어, 입법부와 행정부의 리더십은 일반적으로 다르게 보이며, 명백히 젠더화된 시각에서 보인다(Tolleson-Rinehart, 2001). 입법부의 리더십은 여성적이나 행정부의 리더십은 남성적인 것으로 인식되며, 행정부 지위(주지사, 판사, 각료, 군대처럼)에서 일하는 여성은 특정 기관과 지위에 연관된 리더십 스타일에 순응해야 한다는 압력을 경험하기 마련이다.

정치권력의 지위에 오른 많은 여성은 반드시 여성의 목소리를 대변해야 한다는 책무를 느낀다. 그 과정에서 많은 장애에 직면하더라도 정부 내 제도 권력에 대한 여성의 접근은 변화를 가져오는 것으로 보인다. 우리가 논의했듯이, 정치에서 여성의 효율성은 자신들이 정확히 어떤 이슈와 의제를 추구해야 하는지에 관한 여성들 사이의 의견 불일치를 포함해 다양한 요소에 제한받는다. 여기서 우리는 다양한 여성들이 직면한 이슈들을 다루는 하나의 방식을 설정하는 것과 관련해 빠르고 쉬운 길이 있다는 믿음에서 벗어나야 한다. 미국의 여성 하원 의원들끼리는 건강 관련 이슈에 대해 의견 합의에 도달하는 게 훨씬 쉽다는 것을 알지만, 각 정당의 노선이 이슈에 관해 다른 입장을 주문할 수 있기 때문에 낙태 또는 건강보험 개혁 전반의 이슈에서 때로는 일관된 태도를 취할 수 없게 된다 (Dodson, 1998). 한 연구에 따르면, 미국 여성 의원이 해외 원조, 예산, 국방 관련 이슈에서 의기투합해 표결할 가능성은 희박하다(Clark, 1998).

세네갈 의회에서 여성 의원은 일부다처제 가정 출신과 그렇지 않은 가정 출신 사이의 분열을 경험한다(Yoon, 2005). 또한 의회 내 아프리카계 미국 여성에 관한 연구에 따르면, 흑인 여성 의원은 백인 여성 의원보다 더 여성의 이익과 맞물린 정책을 적극 지지하고 천명했다. 이런 정책으로는, 주가 정한 남녀 동일 임금제, 자녀가 딸린 가족에 대한 집주인의 차별 금지법, 국가 지원 육아 휴가가 있다(Barrett, 2001). 이는 어떤 두 여성이 각각의 이슈나 정책에 상반된 견해를 지닐 수 있지만, 둘 다 자신이 여성들의 이익을 대변한다고 확신한다는 것을 알려준다. 연구는 또한 여성의 숫자상 대표선출이 증가하면 실제적 대표선출도 증가한다는 점을 밝혀냈다. 여성이 권력에 대해 정치적으로 파고들 때 남녀 불평등 시정에 영향을 미칠 가능성도 커지는 것이다.

최근 몇몇 젠더 학자들은 정치권력을 고찰할 때 선출직에만 관심을 두는 것이 여성 정치인의 역할에 관한 전반적인 모습을 보여줄 수 있는지에 의구심을 표시했다. **국가 페미니즘**state feminism은 여성의 지위와 권력을 촉진시키는 데 공식적 책임이 있는 정부의 모든 활동을 의미한다(Stetson and Mazur, 1995). 이런 활동은 선출직 관리들을 수반할 수도, 그렇지 않을 수도 있으며, 이들 국가 내 여성의 삶에 중대한 결과를 가져올 다른 활동도 포함할 수 있다. 여성의 사회적 위상 증진이라는 주된 목적을 지닌 국가 페미니즘을 연구하는 젠더 학자들에 따르면, 정부 내 조직 형성의 주된 목적은 여성의 사회적 지위를 개선시키는 것이고, 조직 형성은 똑같이 여성운동의 중요한 결과이며, 조직 형성이 그런 국가들 내의 남녀평등에 중대한 영향을 미칠 수 있다고 주장한다(Stetson and Mazur, 1995). 이런 접근법에서 보면, 여성을 단순히 정치적 공직에 선출하는 것을 넘어 성별 정책에 영향을 미치는 다른 방법도 있다.

요약

힐러리 클린턴 민주당 대선 후보 경선 유세가 그랬고, 세라 페일린이 존 매케인의 러닝메이트로 지명된 것이 그랬듯, 2008년에 버락 오바마가 최초의 아프리카계 미국인 대통령으로 선출된 것은 역사적 사건이다. 이보다 덜 알려진 획기적 사건은 오리건 주의 실버턴Silverton이라는 작은 타운에서 발생했다. 이곳에서는 이제껏 없었던 트렌스젠더 시장이 선출되었다(Murphy, 2008). 스투 라스무센Stu Rasmussen은 1990년과 1998년에도 실버턴 시장으로 업무를 수행해왔지만, 그때는 그가 가슴 이식수술을 하고, 스커트를 입으며, 립스틱을 바르고, 하이힐을 신으며, 자신을 칼라 퐁Carla Fong이라 부르기 전의 일이었다. 라스무센은 2008년 당시 현역 시장에 맞서 52% 대 39%의 표차로 이겼고, 실버턴이라는 매력적인 작은 타운을 위협하는 급속한 개발을 멈추게 하겠다는 공약으로 유권자들의 표를 얻었다. 라스무센 자신이 성전환 수술을 받았고 동시에 여자 친구도 있다는 사실은 실버턴 유권자들과 대부분 무관한 일이었다. 실버턴 밖의 분위기는 달랐다. 캔자스 주 토피카Topeka의 웨스트버러 침례교회 같은 곳에서는 한 신도가 "60세 성도착자"에 항의하려고 실버턴 타운에서 피켓을 들 계획을 세울 정도로 라스무센의 상황을 별로 동정하지 않았다(Murphy, 2008). 그러나 라스무센의 시장직 선출은 다가올 일의 신호탄이자, 레즈비언, 게이, 양성애자, 트랜스젠더LGBT[6] 운동이 가져온 당연한 결과일지도 모른다. 민주당 하원 의원 바니 프랭크Barney Frank는 1987년에 출마 당시 자신이 게이임을 처음으로 공개한 인물이며, 이후 유력한 정치 인사가 되었다. 한편 2008년에 개봉된 영화 〈밀크Milk〉는 하비 밀크Harvey Milk의 경력에 관심을 두었는데, 밀크는 자신을 게이라고 밝히고 1977년에 캘리포니아의 공직에 처음으로 선출된 인물이다. LGBT 사회운동 단체들은 선출직 바깥에서도 국가 차원에서 레즈비언, 게이, 양성애자, 트랜스젠더 차별을 불법화하는 법안을 통과시키려 애썼다.

여성과 남성의 단순한 구분에 논의의 초점을 둘 때, 우리는 남성성과 여성성이 표현되는 복잡한 방식을 무시하게 된다. 남녀 이분법이라는 정해진 범주에 꼭 들어맞지 않는 사람을 위한 자리가 정치제도 안에 있는가? 여성과 남성의 단순한 경계선 밖으로 나가려고 할 때 무슨 일이 생길까? 사회에서 여성이라 부르는 사람과 남성이라 부르는 사람 간 권력 차이뿐 아니라 모든 형태의 남녀 불평등을 고려하기 위해 권력을 어떻게 재분배할 것인가? 권력 배분이 모든 젠더 시스템의 본질적이며 불가피한 양상인지 생각하면서 이 장을 시작했다는 점을 기억하자. 만약 이것이 사실이라면, 범주로서 젠더의 울타리를 벗어나려고 애쓰는 개인은 불평등 시스템으로서 젠더를 무효로 만드는 방법 또는 적어도 권력과의 연관을 약화시키는 방법을 이해하는 길로 우리를 이끌어줄 것이다. 성 범주와 젠더의 전통적 구분 밖으로 이동하는 것은 아마도 권력과 젠더의 작동을 이해하는 데 더 명료한 관점을 갖게 해줄 것이다.

---

6   Lesbians, Gays, Bisexuals, and Transgender individuals의 약자이다.

- 젠더와 권력의 연관성과 관련해 이 장에서 제기한 질문에 어떻게 대답할 것인가? 제도로서 젠더의 주된 목적 중 하나가 남성에게 권력을 배분하는 것이라는 점에 동의하는가? 여러분의 특정 입장을 옹호해줄 증거를 제시할 수 있는가? 젠더가 권력과 불가분하게 연결되어 있다는 것의 함의는 무엇인가? 이는 우리가 논의해온 불평등과 차이의 연관성에 대해 무엇을 암시하는가?

- 우리가 이 책에서 논의해온 특정 이론 중 어떤 것이 젠더의 주된 목적이 권력 배분이라는 시각과 잘 들어맞는가? 이 모든 이론이 젠더를 어떻게 정의하는지, 어느 이론이 젠더와 권력에 대한 관심을 포함하는지 생각해보자. 어느 이론이 이런 시각과 양립하기 어려워 보이는가?

- 이 장에서 강간이 일어나기 쉬운 문화와 강간이 일어나지 않는 문화의 특징을 논의했다. 페기 리브스 샌데이가 제시한 이러한 문화 구분을 따를 때, 여러분은 강간이 일어나기 쉬운 문화와 강간이 일어나지 않는 문화 중 어디에 살고 있는가? 두 가지 문화 가운데 어느 쪽이 여러분이 살고 있는 문화를 더 잘 묘사하는가? 특정 문화에서 강간이 우세하다는 샌데이의 관점에서 볼 때 당신이 살고 있는 문화는 샌데이의 예측에 들어맞는가?

- 이 장에서 자민족 중심주의와 인권에 관해, 그리고 타 문화의 관습을 판단하고자 자신의 문화적 렌즈를 사용하는 것의 위험성에 관해 의문을 제기했다. 도덕성의 보편적 시스템 또는 옳고 그름을 정의하는 방식을 개발해 이런 문제점을 극복할 수 있을까? 그런 작업에 착수할 생각이 있는가? 도덕성에 관한 하나의 보편적 정의를 개발할 때의 잠재적 위험성에 대해 여러분은 무엇을 배웠는가?

- 일부 선출직 여성은 자신의 지위에서 여성과 여성의 이슈를 대변하라는 압박을 받는다. 남성도 이와 유사한 압박을 받는다고 생각하는가? 선출직 여성에 대한 이런 압박이 가져오는 잠재적 효과는 무엇이며, 이는 선출직 여성의 권력

에 어떤 제한을 가하는가? 특정 사회 그룹 출신의 사람이 그 그룹과 그들의 이
익을 대변하도록 압박받는 상황의 다른 예는 무엇인가?

- 만약 여성과 남성 사이의 권력 차이가 뒤바뀌어 사회에서 여성이 가장 막강한
  지위를 차지한다면, 세상은 어떻게 보일까? 세상은 달라질까? 여성이 권력을
  더 갖게 된 사회가 이전과 다른 사회가 될 수 있다거나, 권력을 잡은 여성이 남
  성과는 다르게 행동하게 할 것이라는 점에서 여성만의 고유성이 있는가? 다시
  말해, 이는 권력의 문제인가, 아니면 젠더의 문제인가? 이런 새로운 세상에서
  여러분의 인생은 얼마나 달라질까?

- 만일 남녀 차별이 사라진다면 세상은 어떻게 보일까? 남녀 차별 없는 세상에서
  권력은 어떻게 배분될까? 어떤 권력이 얼마나 중요할까(강압적 권력 대 권위)?
  남녀 차별을 없애는 것은 권력 체계에 얼마나 영향을 미칠까?

• 여성의 역사와 역사 속 여성의 역할에 관해 친구들의 지식을 측정해보자. 미국 역사상 저명한 남성과 여성의 이름을 각각 10명씩 말해보라고 하자. 연예인(여배우와 음악가)은 그 안에 넣지 말자. 평균 몇 명의 여성의 이름을 대는가? 이 장에 수록된 몇몇 사회운동에 관여한 여성을 시작으로 역사 속 저명한 여성에 관해 도서관에서 자료 조사를 해도 좋다.

• 성매매를 둘러싼 몇몇 이슈에 관해 스스로 자료 조사를 하고 읽어보자. 이 장에서 논의된 두 가지 관점, 즉 성매매는 항상 불법이어야 한다는 입장과 만일 성매매 여성의 권리가 보호된다면 성매매는 합법적이라는 입장을 대변하는 자료를 찾아보자. 다른 국가의 성매매 관련 법을 찾아보는 것으로 시작해도 좋다. 모아둔 자료를 활용해 이 이슈에 관한 여러분 자신의 입장을 설명하는 에세이를 써보자.

• 이 장에서는 정치적 참여와 정치적 효능에서 남녀의 잠재적인 차이를 논의했다. 여성과 남성을 비교하면서 이런 주제와 관련해 인터뷰나 조사를 해보자. 여성과 남성이 정치적 이슈에 대해 얼마나 알고 있는지의 질문이나 공직 진출을 위해 출마한 적이 있는지 또는 출마를 고려해봤는지 여부를 묻는 질문도 좋다. 정치적 효능에 관한 질문이나 정치적으로 의미 있는 차이를 만드는 것에 대해 응답자가 얼마나 수긍하는지에 관한 질문을 포함시켜도 좋다. 여러분의 인터뷰나 조사에서 남녀의 차이가 있는가? 다른 중요한 특징들은 무엇인가?

• 여성 후보자가 참여하는 정치 경선을 골라 그 후보자를 다룬 보도를 분석해보자. 여성 후보자에 관한 보도를 남성 후보자와 비교해도 좋다. 그렇다면 두 후보자에 관한 언론 보도에서 어떤 남녀 차별적 차이를 알아낼 수 있는가? 여성 후보자에 관한 이야기가 그녀의 개인적 삶 또는 가정(사적 영역), 여성적 특질(타협하고 공감하는 능력 등), 경험 부족 또는 그녀의 외모를 더 강조하는 것처럼 보이는가? 이는 남성 후보자 보도와 현저하게 다른가?

- 젠더와 연관된 두려움의 지리학에 대해 조사해보자. 공공장소에서 불안감을 지녀본 적이 있는지에 관해 남성과 여성을 대상으로 인터뷰해보자. 여러분이 사는 지역사회 또는 인근의 구체적 장소에 관해 묻고, 그런 장소를 안전하게 느끼는지 물어보자. 공공장소에서 불안을 느꼈거나 괴롭힘을 당했던 구체적인 시간에 대해서도 물어보자. 만약 그랬다면 어떻게 대처했는지도 물어보자. 인터뷰에서 젠더 차이를 느끼는가? 공공장소에서 여성과 남성은 각각 어떤 것들 때문에 불안을 느끼는가? 여성은 두려움의 지리학을 갖고 있는 것처럼 보이는가?

- 대학 캠퍼스를 출입할 수 있다면, 이 장에서 여러분이 읽은 암스트롱 등의 설명과 비교하기 위해 파티를 관찰해보자(Armstrong et al., 2006). 출입이 가능하다면 기숙사나 대학생 클럽이 아닌 다른 장소들과 대학생의 집을 관찰해도 좋다. 이런 사교 클럽에서 젠더의 역학 관계는 무엇인가? 암스트롱 등의 묘사처럼, 여성과 남성은 상호 교류 패턴을 따르는 것처럼 보이는가? 알콜 소비는 얼마나 빈번한가? 캠퍼스 내 사교 모임들의 모습은 서로 각각 얼마나 다른가?

젠더 이탈자 gender outlaws

권력의 기존 범주 속 모순과 결점을 입증함으로써 그러한 범주를 해체하려고 애쓰는 사람들이다.

권력 power

설득, 권위, 강압으로 타인의 행동에 영향을 주는 어떤 행위자의 능력을 말한다.

강압적 권력 coercive power

무력, 위협, 사기 등의 방법으로 자신의 의지를 남에게 강요하는 능력이다.

권위 authority

합법적인 어떤 단체나 기구 내에서 차지한 위치로부터 나오는 권력이다.

제도화된 권력 institutionalized power

제도의 힘에서 생긴 권력을 의미한다.

남자다움에 대한 헤게모니적 정의 hegemonic definition of manhood

남자다움 또는 권력을 잡은 자, 권력을 지닌 자, 그리고 권력자라는 의미를 지닌다.

남성성 제거 emasculation

여성 또는 다른 남성에 의해 남성성이 축소·박탈되는 것을 의미한다.

부부 강간 marital rape

결혼 제도 안에서 상호 동의 없이 이루어지는 강제적인 성관계를 말한다.

헤드 앤드 마스터 법 head and master laws

혼인 상태에서 공동 재산이나 가내 모든 결정에 대한 최종 권한을 남편에게 줌으로써 남편이 아내 모르게 또는 아내의 동의 없이 결정할 수 있게 만든 법이다.

두려움의 지리학 geography of fear
성폭력이나 성희롱의 위협 가능성 때문에 특정 공간에 대해 여성이 느끼는 취약성과 두려움을 측정하는 것을 말한다.

강간 문화 rape culture
성폭력 발생의 빈도수와 연관될 수 있는 여성, 남성, 섹슈얼리티, 동의의 본질에 관한 일련의 생각들을 말한다.

강간 신화 rape myth
성폭력에 관한 부정확한 믿음으로서, 범죄의 책임을 가해자에서 피해자로 옮겨놓는다.

강간이 일어나기 쉬운 rape-prone
강간이 남성성의 의례적 표현으로 받아들여지거나 여성을 처벌하기 위한 남성의 행위로 사용됨에 따라 강간 발생 수가 높게 나타나는 문화를 말한다.

강간이 일어나지 않는 rape-free
성적 공격성이 사회적으로 인정되지 않아 심하게 처벌을 받기 때문에 성폭력이 드물거나 일어나지 않는 문화를 말한다.

상호 보완적 평등 equality through complementarity
문화 속에서 여성과 남성이 정확히 똑같은 일을 한다는 뜻은 아니지만, 남녀가 기여하는 바를 똑같이 가치 있는 활동으로 여기는 것이다.

상호 교류 패턴 interaction routines
언행의 양식이나 규범, 또는 상호 교류에서 어떤 과업을 달성하기 위해 규칙적으로 따라야 할 행동을 말한다.

존중 deference
개인이 자신들 위에 있는 지배 그룹의 힘을 지지하는 듯한 행위에 관여할 때 보이는 태도를 말한다.

노예제 slavery

폭력을 핵심으로 하는 두 사람의 경제적·사회적 관계를 말한다.

인신매매 human trafficking

착취를 목적으로 강제력을 동원해 사람을 파는 것을 말한다.

빈곤의 여성화 feminization of poverty

남성 가구주 가정에 비해 여성 가구주 가정이 겪는 경제적 불이익을 말한다.

부르카 burka

외부를 보거나 소통하기 위해 남겨놓은 투명한 부분을 제외하고 여성의 온몸을 덮는 텐트 모양의 히잡이다.

히잡 hijab

여성의 복장이 단정해야 한다는 문화적 신념으로서 '베일'이라는 단어에서 유래했으며 온몸을 뒤덮거나 머리에 쓰는 스카프의 형태를 취한다.

문화적 상대주의 cultural relativism

자신의 시선이 아닌 타인의 시선으로 타 문화를 바라보도록 북돋우는 시각이다.

국민국가 nation-state

정치적·지리적 실체로서의 국가를 정체성과 공동체 의식으로서의 국민과 연결시키는 개념이다.

국가 state

지리적 경계선 내의 삶을 다스리는 제도와 법의 집합이다.

국민 nation

국경 안에 사는 거주민이나 비거주민을 묶거나 묶으려는 문화적 관계를 정의한다는 점에서 민족에 가깝다.

미사일 선망 missile envy

무기와 그 무기의 영향력을 묘사할 때 섹스나 몸의 용어를 사용하는 것을 말한다.

정치 엘리트 political elite

정부 내에서 고위직의 권력과 책무를 맡고 있는 소수의 사람들을 말한다.

명목상 또는 숫자상 대표선출 descriptive or numerical representation

공직을 차지한 특정 그룹 소속 개인들의 숫자를 의미한다.

실제적 대표선출 substantive representation

특정 그룹의 구성원들이 선출되었을 때 그 그룹의 이득을 대변하는 것 또는 대변하는 정도를 말한다.

정치 사회화 political socialization

특정 정치제도에서 사람들이 자신들에 대한 기대를 배우는 과정이다.

정치적 효용 political efficacy

변화를 일으키는 관점에서 한 사람의 역할이 매우 중요함을 의미한다.

정의의 윤리 ethic of justice

도덕적 딜레마 상태에서 남성은 서로 권리를 간섭하는 사람들에게 좀 더 관심을 갖는 경향이 있다는 견해를 말한다.

돌봄의 윤리 ethic of care

도덕적 딜레마 상태에서 여성은 도움을 받을 수 있는 상황인데도 다른 사람을 돌보지 않는 것을 더 걱정한다는 견해를 말한다.

국가 페미니즘 state feminism

여성의 지위와 권력을 촉진시키는 데 공식적 책임이 있는 정부의 모든 활동을 말한다.

젠더와 폭력

Armstrong, E. A., L. Hamilton and B. Sweeny. 2006. "Sexual assault on campus: A multilevel, integrative approach to party rape." *Social Problems*, 53(4), pp.483~499.

Bales, K. 2004. *New slavery: A reference handbook*. Santa Barbara, CA: ABC-CLIO.

Del, M. 1976. *Battered wives*. New York, NY: Pocket Books (『매맞는 아내』, 곽선숙 옮김, 홍성사, 1984).

Dobash, R. and R. Dobash. 1992. *Women, violence and social change*. New York, NY: Routledge.

Fisher, B., F. Cullen and M. Turner. 2000. *The sexual victimization of college women*. Washington, DC: National Institute of Justice and the Bureau of Justice Statistics.

Hollander, J. 2001. "Vulnerability and dangerousness: The construction of gender through conversations about violence." *Gender & Society*, 15, pp.83~109.

Martin, P. Y. and R. A. Hummer. 1989. "Fraternities and rape on campus." *Gender & Society*, 3, pp.457~473.

Sanday, P. R. 1981. "The socio-cultural context of rape: A cross-cultural study." *Journal of Social Issues*, 37, pp.5~27.

Sanday, P. R. 1990. *Fraternity gang rape*. New York, NY: New York University Press.

Sanday, P. R. 2004. "Rape-prone versus rape-free campus cultures." in M. S. Kimmel(ed.). *The gendered society reader*(pp.58~70). Oxford, England: Oxford University Press.

두려움의 지리학

Valentine, G. 1989. "The geography of women's fear." *Area*, 21, pp.385~390.

Wesely, J. K. and E. Gaarder. 2004. "The gendered 'nature' of the urban outdoors: Women negotiating fear of violence." *Gender & Society*, 18, pp.645~663.

성매매

Barry, K. 1995. *The prostitution of sexuality*. New York, NY: New York University Press (『섹슈얼리티의 매춘화』, 정금나·김은정 옮김, 삼인, 2002).

Paul, B. K. and S. A. Hasnath. 2000. "Trafficking in Bangladeshi women and girls." *Geographical Review*, 90, pp.268~276.

Songue, P. B. 1996. "Prostitution, a petit-metier during economic crisis: A road to women's liberation? The case of Cameroon." in K. Sheldon(ed.). *Courtyards, markets, city streets: Urban women in Africa*(pp.241~255). New York, NY: Westview Press.

젠더와 정치

Bynum, V. 1992. *Unruly women*. Chapel Hill: University of North Carolina Press.

Carroll, S. J. 2001. *The impact of women in public office*. Bloomington: Indiana University Press.

Carroll, S. J. 2003. *Women and American politics*. Oxford, England: Oxford University Press.

Conway, M. M., G. A. Steuernagel and D. W. Ahern. 2005. *Women and political participation*. Washington, DC: CQ Press.

Dodson, D. L. 1991. *Gender and policymaking: Studies of women in office*. New Brunswick, NJ: Center for the American Woman and Politics.

Galligan Y. and M. Tremblay. 2005. *Sharing power: Women, parliament, democracy*. Burlington, VT: Ashgate.

Garlick, B., S. Dixon and P. Allen. 1992. *Stereotypes of women in power: Historical perspectives and revisionist views*. New York, NY: Greenwood Press.

Inglehart, R. and P. Norris. 2003. *Rising tide: Gender equality and cultural change around the world*. Cambridge, England: Cambridge University Press.

Khan, K. F. and E. N. Goldberg. 1991. "Women candidates in the news: An examination of gender differences in U.S. Senate campaign coverage." *Public Opinion Quarterly*, 55(2), pp.180~199.

Lawless, J. L. 2004. "Women, war and winning elections: Gender stereotyping in the post-September 11th era." *Political Research Quarterly*, 53(3), pp.479~490.

Rosenthal, C. S. 1998. *When women lead: Integrative leadership in state legislatures*. New York, NY: Oxford University Press.

Thomas, S. and C. Wilcox. 1998. *Women and elective office: Past, present and future*. New York, NY: Oxford University Press.

Tolleson-Rinehart, S. and J. Josephson. 2001. *Gender and American politics*. Armonk, NY: M. E. Sharpe.

Waylen, G. 2007. *Engendering transitions: Women's mobilization, institutions and gender outcomes*. Oxford, England: Oxford University Press.

Yoon, M. Y. 2001. "Democratization and women's legislative representation in sub-Saharan Africa." *Democratization*, 8(2), pp.169~190.

젠더와 군사

Cohn, C. 1987. "Sex and death in the rational world of defense intellectuals." *Signs*, 12, pp.687~718.

Cohn, C. 2004. "Wars, wimps, and women: Talking gender and thinking war." in M. S. Kimmel(ed.). *The gendered society reader*(pp.397~409). New York, NY: Oxford University Press.

Enloe, C. 1988. *Does khaki become you? The militarization of women's lives*. London, England: Pandora.

Enloe, C. 2000. *Maneuvers: The international politics of militarizing women's lives*. Berkeley: University of California Press.

Enloe, C. 2004. "Wielding masculinity inside Abu Ghraib: Making feminist sense of an American military scandal." *Asian Journal of Women's Studies*, 10(3), pp.89~102.

Hartstock, N. C. 1984. "Masculinity, citizenship and the making of war." *PS*, 17(2), pp.198~202.

Levy, C. J. 1992. "ARVN as faggots: Inverted warfare in Vietnam." in M. S. Kimmel and M. A. Messner(eds.). *Men's lives*(pp.183~197). New York, NY: Macmillan.

Peach, L. 1996. "Gender ideology in the ethics of women in combat." in J. Striehm(ed.). *It's our military too!*(pp.156~194). Philadelphia, PA: Temple University Press.

참고문헌

1장

Adelman, L. (Director). 2003. *Race: The power of an illusion* [Motion Picture]. United States: California News Reel.

Fausto-Sterling, A. 2000. *Sexing the body*. New York, NY: Basic Books.

Ferber, A. L., K. Holcomb and T. Wentling. 2008. *Sex, gender and sexuality: The new basics*. Oxford, England: Oxford University Press.

Fish, S. 1996.5.21. "Professor Soka's bad joke." *New York Times*, pp.22~23.

Lorber, J. 1994. *Paradoxes of gender*. New Haven, CT: Yale University Press.

Nanda, S. 2000. *Gender diversity: Crosscultural variations*. Prospect Heights, IL: Waveland Press.

Roy, W. G. 2001. *Making societies*. Thousand Oaks, CA: Pine Forge Press.

Thomas, W. I. and D. S. Thomas. 1928. *The child in America: Behavior problems and programs*. New York, NY: Knopf.

2장

Acker, J. 1990. "Hierarchies, jobs, bodies: A theory of gendered organization." *Gender & Society*, 4(2), pp.139~158.

Acker, J. 1998. "The future of 'gender and organizations': Connections and boundaries." *Gender, Work & Organization*, 5, pp.195~206.

Acker, J. 1999. "Gender and organizations." in J. S. Chafetz(ed.). *Handbook of the sociology of gender*(pp.177~194). New York, NY: Springer Science & Business Media.

Aries, E. 1996. *Men and women in interaction*. New York. NY: Oxford University Press.

Baron, J. N., M. T. Hannan, G. Hsu and O. Kocak. 2007. "In the company of women." *Work & Occupations*, 34(1), pp.35~66.

Basu, A. 1995. *The challenge of local feminisms: Women's movements in global perspective*. Boulder, CO: Westview Press.

Beauvoir, S. de. 1952. *The second sex*. New York, NY: Bantam.

Booth, A. 1972. "Sex and social participation." *American Sociological Review*, 37, pp.183~191.

Bordo, S. 2003. *Unbearable weight: Feminism, western culture, and the body.* Berkeley: University of California Press.

Brewer, M. and L. Lui. 1989. "The primacy of age and sex in the structure of person categories." *Social Cognition*, 7(3), pp.262~274.

Bunker Whittington, K. and S. D. Laurel. 2008. "Women inventors in context: Disparities in patenting across academia and industry." *Gender & Society*, 22, pp.194~218.

Burn, S. M., R. Aboud and C. Moyles. 2000. "The relationship between gender social identity and support for feminism." *Sex Roles*, 42, pp.1081~1089.

Campbell, K. E. 1988. "Gender differences in job-related networks." *Work and Occupations*, 15, pp.179~200.

Cho, S., K. W. Crenshaw and L. McCall. 2013. "Toward a field of intersectionality studies: Theory, application and praxis." *Signs*, 38, pp.785~810.

Chodorow, N. 1978. *The reproduction of mothering.* Berkeley: University of California Press.

Collins, P. H. 1990. *Black feminist thought.* New York, NY: Routledge.

Collins, P. H. and M. L. Andersen. 1993. *Race, class, and gender.* Belmont, CA: Wadsworth.

Connell, R. 2002. *Gender: Short introductions.* Malden, MA: Blackwell.

Cowan, G., M. Mestlin and J. Masek. 1992. "Predictors of feminist self-labeling. *Sex Roles*, 27, pp.321~330.

Davis, A. 1971. "Reflections on the black woman's role in the community of slaves." *Black Scholar*, 3(4), pp.2~15.

Dunn, D., E. M. Almquist and J. S. Chafetz. 1993. "Macrostructural perspectives on gender inequality." in P. England(ed.). *Theory on gender/feminism on theory* (pp.69~90). New York, NY: Aldine de Gruyter.

Ferree, M. M., J. Lorber and B. Hess. 1999. *Revisioning gender.* Thousand Oaks, CA: Sage.

Friedan, B. 1963. *The feminine mystique.* New York, NY: W. W. Norton.

Garfinkel, H. 1967. *Studies in ethnomethodology*. Englewood Cliffs, NJ: Prentice-Hall.

Gillies, R. 2011.5.27. "Mom defends keeping baby's gender secret." *NBC News*, http://www.nbcnews.com/id/43199936/ns/health-childrens_health/t/mom-defends-keeping-babys-gender-secret/#.UW2knKJweSo(검색일: 2013.4.16).

Gilligan, C. 1982. *In a different voice: Psychological theory and women's development*. Cambridge, MA: Harvard University Press.

Granovetter, M. 1974. *Getting a job: A study of contacts and careers*. Cambridge. MA: Harvard University Press.

Hamilton, R. 2007. "Feminist theories." in C. D. Bryant and D. L. Peck(eds.). *21st century sociology: A reference handbook*, 2(pp.43~53). Thousand Oaks, CA: Sage.

Heritage, J. 1987. *Garfinkel and ethnomethodology*. Cambridge, England: Polity Press.

hooks, b. 1984. *From margin to center*. Boston, MA: South End.

House, J. S., D. Umberson and K. R. Landis. 1988. "Structures and processes of social support." *Annual Review of Sociology*, 14, pp.293~318.

Houvaras, S. and J. S. Carter. 2008. "The F word: College students' definitions of a feminist." *Sociological Forum*, 23(2), pp.234~256.

Huddy, L., F. K. Neely and M. R. LaFay. 2000. "The polls — Trends: Support for the women's movement." *Public Opinion Quarterly*, 64(3), pp.309~350.

Hunt, V. H. and A. M. Zajicek. 2008. "Strategic intersectionality & the needs of disadvantaged populations: An intersectional analysis of organizational inclusion and participation." *Race, Gender & Class*, 15(3-4), pp.180~203.

Hurtado, A. 1989. "Relating to privilege: Seduction and rejection in the subordination of white women and women of color." *Signs*, 14(4), pp.833~855.

Ibarra, H. 1992. "Homophily and differential returns: Sex differences in network structure and access in an advertising firm." *Administrative Science Quarterly*, 37, pp.422~447.

Kanter, R. M. 1977. *Men and women of the corporation*. New York, NY: Basic Books.

Keaney-Mischel, C. L. 2008.7.31. "Gender politics at the UN: How far have we come and where are we headed?" Paper presented at the annual meeting of the American Sociological Association. Sheraton Boston and the Boston Marriott Copley Place. Boston, MA. http://www.allacademic.com/meta/p243187_index.

html(검색일: 2010.6.6).

Kessler, S. J. and W. McKenna. 1978. *Gender: An ethnomethodological approach*. New York, NY: Wiley,

Lorber, J. 1994. *Paradoxes of gender*. New Haven, CT: Yale University Press.

Lorde, A. 1984. *Sister outsider*. Trumansburg, NY: Crossing.

Marsden, P. V. 1987. "Core discussion networks of Americans." *American Sociological Review*, 52(1), pp.122~131.

McCabe, J. 2005. "What's in a label? The relationship between feminist self-identification and feminist attitudes among U.S. women and men." *Gender & Society*, 19(4), pp.480~505.

McPherson, J. M. and L. Smith-Lovin. 1986. "Sex segregation in voluntary associations." *American Sociological Review*, 51, pp.61~79.

McPherson, J. M., L. Smith-Lovin and J. M. Cook. 2001. "Birds of a feather: Homophily in social networks." *Annual Review of Sociology*, 27, pp.415~436.

Mills, C. W. 1959/2000. *The sociological imagination*. Oxford, England: Oxford University Press.

Moraga, C. and G. Anzaldúa. 1981. *This bridge called my back: Radical writings by women of color*. New York, NY: Kitchen Table Press.

Newman, D. M. 2004. *Sociology: Exploring the architecture of everyday life*. Thousand Oaks, CA: Sage.

Parsons, T. and R. F. Bales. 1955. *Family, socialization, and interaction process*. New York, NY: Free Press.

Peltola, P., M. A. Milkie and S. Presser. 2004. "The 'feminist' mystique: Feminist identity in three generations of women." *Gender & Society*, 18(1), pp.122~144.

Rich, A. 1979. "Disloyal to civilization: Feminism, racism, gynophobia." in A. Rich(ed.). *On lies, secrets, and silence*(pp.275~281). New York, NY: W.W. Norton.

Ridgeway, C. L. 1993. "Gender, status, and the social psychology of expectations. in P. England(ed.). *Theory on gender/feminism on theory*(pp.175~197). New York, NY: Aldine de Gruyter.

Ridgeway, C. L. 1997. "Interaction and the conservation of gender inequality: Considering employment." *American Sociological Review*, 62, pp.218~235.

Ridgeway, C. L. and L. Smith-Lovin. 1999. "The gender system and interaction." *Annual Review of Sociology*, 25, pp.191~216.

Risman, B. J. 1998. *Gender vertigo: American families in transition*. New Haven, CT: Yale University Press.

Risman. B. J. 2004. "Gender as a social structure: Theory wrestling with activism." *Gender & Society*, 18(4), pp.429~450.

Rupp, L. J. 2006. "Is the feminist revolution still missing? Reflections from women's history." *Social Problems*, 53, pp.466~472.

Smith-Lovin, L. and J. M. McPherson. 1995. "You are who you know: A network approach to gender." in P. England(ed.). *Theory on gender/feminism on theory*(pp.223~251). New York, NY: Aldine de Gruyter.

Snow, D. A. and R. D. Benford. 1992. "Master frames and cycles of protest." in A. D. Morris and C. M. Mueller(eds.). *Frontiers in social movement theory*(pp.133~155). New Haven, CT: Yale University Press.

Stangor, C., L. Lynch, C. Duan and B. Glass. 1992. "Categorization of individuals on the basis of multiple social features." *Journal of Personality and Social Psychology*, 62, pp.207~218.

Stryker, S. 1987. "Identity theory: Developments and extensions." in K. Yardley and T. Honess(eds.). *Self and identity: Psychological perspectives*(pp.89~103). Chichester, England: Wiley.

Tannen, D. 1990. *You just don't understand: Women and men in conversation*. New York, NY: Morrow.

Taylor, V., N. Whittier and C. F. Pelak. 2004. "The women's movement: Persistence through transformation." in L. Richardson, V. Taylor and N. Whittier(eds.). *Feminist frontiers*(pp.515~531). Boston, MA: McGraw-Hill.

Walker, R. 1995. *To be real: Telling the truth and changing the face of feminism*. New York, NY: Anchor Books.

Ward, J. 2004. "'Not all differences are created equal': Multiple jeopardy in a gendered organization." *Gender & Society*, 18(1), pp.82~102.

Wellman, B. 1985. "Domestic work, paid work and net work." in S. Duck and D. Perlman(eds.). *Understanding personal relationships*(pp.159~191). London, England: Sage Ltd.

West, C. and S. Fenstermaker. 1993. "Power, inequality and the accomplishment of gender: An ethnomethodological view." in P. England(ed.). *Theory on gender /feminism on theory*(pp.151~174). New York, NY: Aldine de Gruyter.

West, C. and S. Fenstermaker. 1995. "Doing difference." *Gender & Society*, 9, pp.8~37.

West, C. and A. Garcia. 1988. "Conversational shift work: A study of topical transition between women and men." *Social Problems*, 35, pp.551~575.

West, C. and D. H. Zimmerman. 1987. "Doing gender." *Gender & Society*, 1, pp.125~151.

Wilkes, D. 2012.1.20. "Boy or girl? The parents who refused to say for FIVE years finally reveal sex of their 'gender-neutral' child." *The Daily Mail*, http://www.dailymail.co.uk/news/article-2089474/Beck-Laxton-Kieran-Cooper-reveal-sex-gender-neutral-child-Sasha.html(검색일: 2013.4.16).

Williams, R. and M. A. Wittig. 1997. "'I'm not a feminist, but…' Factors contributing to the discrepancy between pro-feminist orientation and feminist social identity." *Sex Roles*, 37, pp.885~904.

Wimsatt, W. U. 2001. *Bomb the suburbs*. New York: Soft Skull Press.

Zimmerman, D. H. 1978. "Ethnomethodology." *American Sociologist*, 13, pp.6~15.

Zinn, M. B., L. W. Cannon, E. Higginbotham and B. T. Dill. 1986. "The costs of exclusionary practices on women's studies." *Signs: Journal of Women in Culture and Society*, 11, pp.290~303.

Zinn, M. B. and B. T. Dill. 1996. "Theorizing difference from multiracial feminism." *Feminist Studies*, 22(2), pp.321~331.

3장

Ambwani, S. and J. Strauss. 2007. "Love thyself before loving others? A qualitative and quantitative analysis of gender differences in body image and romantic love." *Sex Roles*, 56, pp.13~21.

American Medical Association. 2008. *Physician characteristics and distribution in the United States, 2008*. Chicago, IL: Author.

American Society of Plastic Surgeons. n.d. "Eyelid surgery." http://www. plastic surgery.org/patients_consumers/procedures/Blepharoplasty.cfm(검색일: 2008.6.18).

Arias, E. 2007.12.28. "United States life tables, 2004." *National Vital Statistics Reports*, 56(9), http://www.cdc.gov/nchs/data/nvsr/nvsr56/nvsr56_09.pdf(검색일: 2009.5.5).

Barash, D. P. 2002. "Evolution, males and violence." *The Chronicle of Higher Education*, 37, pp.B7~B9.

Bell, M. M. 2004. *An invitation to environmental sociology*. Thousand Oaks, CA: Pine Forge Press.

Bernstein, J. G. 1992. "The female model and the Renaissance nude: Durer, Giorginone and Raphael." *Artibus et Historiae*, 13(26), pp.49~63.

Bordo, S. 1999. *The male body: A new look at men in public and in private*. New York, NY: Farrar, Straus and Giroux.

Bordo, S. 2003. *Unbearable weight: Feminism, western culture, and the body*. Berkeley: University of California Press.

Burton, J. W. 2001. *Culture and the human body: An anthropological perspective*. Prospect Heights, IL: Waveland Press.

Cash, T. and P. Henry. 1995. "Women's body images: The results of a national survey in the U.S.A." *Sex Roles*, 33(1/2), pp.19~28.

Connell, R. 1995/2005. *Masculinities*. Berkeley: University of California Press.

David, D. and R. Brannon. 1976. *The forty-nine percent majority: The male sex role*. Reading, MA: Addison-Wesley.

Desmond-Harris, J. 2009.9.7. "Why Michelle Obama's Hair Matters." *Time Magazine*, http://www.time.com/time/magazine/article/0,9171,1919147-2,00.html(검색일: 2013.5.14).

Dinnerstein, D. 1976. *The mermaid and the minotaur: Sexual arrangements and human malaise*. New York, NY: Harper and Row.

Dixon-Mueller, R. 1993. *Population policy & women's rights: Transforming reproductive choice*. Westport, CT: Praeger.

Ehrenreich, B. and D. English. 1978. *For her own good: 150 years of the experts' advice to women*. New York, NY: Anchor/Doubleday.

Elson, J. 2004. *Am I still a woman? Hysterectomy and gender identity*. Philadelphia, PA: Temple University Press.

Fallows, J. 1996.8. "Throwing like a girl." *The Atlantic Monthly*, http://www. theatlantic.com/magazine/archive/1996/08/throwing-like-a-girl/6152

Fausto-Sterling, A. 1986. *Myths of gender: Biological theories about women and men*. New York, NY: Basic Books.

Fausto-Sterling, A. 2000. *Sexing the body: Gender politics and the construction of sexuality*. New York, NY: Basic Books.

Feingold, A. and F. Mazzella. 1998. "Gender differences in body image are increasing." *Psychological Science*, 9(3), pp.190~195.

Frost, L. 1999. "'Doing looks': Women's appearance and mental health." in J. Arthurs and J. Grimshaw(eds.). *Women's bodies: Discipline and transgression* (pp.117~136). London, England: Cassell.

Gallagher, C. A. 2007. *Rethinking the color line: Readings in race and ethnicity*. Boston, MA: McGraw-Hill.

Garner, D. 1997. "The body image survey." *Psychology Today*, 30, pp.32~84.

Gascaly, S. and C. Borges. 1979. "The male physique and behavioral expectancies." *Journal of Psychology*, 101(11), pp.97~102.

Giancana, N. 2005. "No fairy tale." in A. Byrd and A. Solomon(eds.). *Naked: Black women bare all about their skin, hair, hips, lips and other parts*(pp.211~215). New York, NY: Perigee.

Gieske, S. 2000. "The ideal couple: A question of size?" in L. Schiebinger(ed.). *Feminism and the body*(pp.375~394). Oxford, England: Oxford University Press.

Gimlin, D. L. 2002. "Cosmetic surgery: Paying for your beauty." in D. Gimlin(ed.). *Body work: Beauty and self-image in American culture*. Berkeley: University of California Press.

Goffman, E. 1988. *Gender advertisements*. New York, NY: Harper and Row.

Gordon, L. 1976. *Woman's body, woman's right: A social history of birth control in America*. New York, NY: Penguin.

Greer, G. 1984. *Sex and destiny: The politics of human fertility*. New York, NY: Harper and Row.

Indoor Tanning Association. 2005. "About indoor tanning." Washington, DC: Author. http://www.theita.com/?page=Indoor_Tanning&hhSearchTerms=about+and+indoor+and+tanning(검색일: 2009.5.22).

Jefferson, D. L. and J. E. Stake. 2009. "Appearance self-attitudes of African American and European American women: Media comparisons and internalization of beauty ideals." *Psychology of Women Quarterly*, 33(40), pp.396~409.

Jeffreys, S. 2009. "Making up is hard to do." in E. Disch(ed.). *Reconstructing gender: A multicultural anthology*(pp.165~185). Boston, MA: McGraw-Hill.

Jhally, S. (Director) and J. Kilbourne (Writer/Director). 2000. *Killing us softly III* [Motion Picture]. United States: Media Education Foundation.

Kaiser, S. B., C. Freeman and S. B. Wingate. 1985. "Stigmata and negotiated outcomes: Management of appearance by persons with physical disabilities." *Deviant Behavior*, 6(2), pp.205~224.

Kaw, E. 1993. "Medicalization of racial features: Asian American women and cosmetic surgery." *Medical Anthropology Quarterly*, 7(1), pp.74~89.

Kilmartin, C. 1994. *The masculine self*. Boston, MA: Macmillan.

Lawrence, J. 2000. "The Indian health service and the sterilization of Native American women." *American Indian Quarterly*, 24(3), pp.400~419.

Lehrman, K. 1997. *Lipstick proviso: Women, sex and power in the real world*. New York, NY: Doubleday.

Leistikow, N. 2003.4.28. "Indian women criticize 'fair and lovely' ideal." *Women's eNews*, http://www.womensenews.org/story/the-world/030428/indian-women-criticize-fair-and-lovely-ideal(검색일: 2009.5.22).

Maines, R. P. 1999. *The technology of orgasm: Hysteria, the vibrator and women's sexual satisfaction*. Baltimore, MD: Johns Hopkins University Press.

Markens, S. 1996. "The problematic of 'experience': A political and cultural critique of PMS." *Gender & Society*, 10(1), pp.42~58.

Marques, M. 2012.8.10. "Gabby Douglas' Hair: US Olympic Gymnast Gets Heat Via Twitter Over Her Hairstyle." *Huffington Post*, http://www.huffingtonpost.com/2012/08/01/gabby-douglas-hair_n_1730355.html(검색일: 2013.4.30).

Martin, K. A. 1996. *Puberty, sexuality and the self: Girls and boys at adolescence*. New York, NY: Routledge.

Mazur, A., J. Mazur and C. Keating. 1984. "Military attainment of a West Point class: Effects of cadets' physical features." *American Journal of Sociology*, 90, pp.125~150.

Mulvey, L. 1975. "Visual pleasure and narrative cinema". *Screen*, 16(3), pp.6~18.

Muth, J. and T. Cash. 1997. "Body-image attitudes: What difference does gender make?" *Journal of Applied Social Psychology*, 27, pp.1438~1452.

Nagel, J. 2003. *Race, ethnicity, and sexuality: Intimate intersections, forbidden frontiers*. New York, NY: Oxford University Press.

Onishi, N. 2002.10.2. "Globalization of beauty makes slimness trendy." *New York Times*, http://www.nytimes.com/2002/10/03/world/lagos-journal-globalization-of-beauty-makes-slimness-trendy.html?scp=1&sq=globalization%200f%20beauty%20makes%20slimness%20trendy&st=cse(검색일: 2006.8.15).

Oudshoorn, N. 1994. *Beyond the natural body: An archeology of sex hormones*. London, England: Routledge.

Ozanian, M. K. 2007.9.13. "Cowboys top list of NFL's most valuable teams." *MSNBC.com*, http://www.msnbc.msn.com/id/20763666(검색일: 2009.5.1).

Peiss, K. 1998. *Hope in a Jar: The Making of America's Beauty Culture*. Philadelphia: University of Pennsylvania Press.

Peteet, J. 1994. "Male gender and rituals of resistance in the Palestinian 'Intifada': A cultural politics of violence." *American Ethnologist*, 21(1), pp.31~49.

Pyle, R. L., P. A. Neuman, P. A. Halvorson and J. E. Mitchell. 1990. "An ongoing cross-sectional study of the prevalence of eating disorders in freshman college students." *International Journal of Eating Disorders*, 10(6), pp.667~677.

Real, T. 1997. *I don't want to talk about it: Overcoming the secret legacy of male depression*. New York, NY: Scribner.

Ricciardelli, L. and P. McCabe. 2001. "Dietary restraint and negative affect as mediators of body dissatisfaction and bulimic behavior in adolescent girls and boys." *Behavior Research and Therapy*, 39, pp.1317~1328.

Rittenhouse, C. A. 1991. "The emergence of premenstrual syndrome as a social problem." *Social Problems*, 38(3), pp.412~425.

Rohter, L. 2007.10.2. "In the land of bold beauty, a trusted mirror cracks." *New York Times*, http://www.nytimes.com/2007/01/14/weekinreview/14roht.html?_r=1&scp= 1&sq=in%20the%201and%200f%20bold%20beauty&st=cse(검색일: 2007.10.5).

Rosenburg, M. 2007.8.19. "Life expectancy." *About.com*, http://geography.about.com/ od/populationgeography/a/lifeexpectancy.htm(검색일: 2008.6.23).

Sabo, D. 2009. "Masculinities and men's health: Moving toward post- Superman era prevention." in E. Disch(ed.). *Reconstructing gender: A multicultural anthology* (pp.585~602). Boston, MA: McGraw-Hill.

Schiebinger, L. 2000. "Introduction." in L. Schiebinger(ed.). *Feminism and the body* (pp.1~21). Oxford, England: Oxford University Press.

Schlosser, E. 2002. *Fast food nation: The dark side of the all-American meal*. New York, NY: Harper Collins.

Shields, V. R. and D. Heinecken. 2002. *Measuring up: How advertising affects self-image*. Philadelphia, PA: University of Pennsylvania Press.

Sinclair, U. 1906. *The jungle*. New York, NY: Doubleday.

Solinger, R. 2007. *Pregnancy and power: A short history of reproductive politics in America*. New York, NY: New York University Press.

Spitzer, B., K. Henderson and M. Zivian. 1999. "Gender differences in population versus media body sizes: A comparison over four decades." *Sex Roles*, 40, pp.545~565.

Staples, B. 2009. *"Just walk on by: A black man ponders his power to alter public space."* in E. Disch(ed.). *Reconstructing gender: A multicultural anthology*(pp.204~207). New York, NY: McGraw-Hill.

Stinson, K. M. 2001. *Women and dieting culture: Inside a commercial weight loss group*. New Brunswick, NJ: Rutgers University Press.

Stogdill, R. 1974. *Handbook of leadership*. New York, NY: Free Press.

Wolf, N. 1991. *The beauty myth: How images of beauty are used against women*. New York, NY: William Morrow.

Wollstonecraft, M. 1792/1988. "A vindication of the rights of woman." in A. Rossi(ed.). *The feminist papers*. Boston, MA: Northeastern University Press.

Wright, A. 1982. "An ethnography of the Navajo reproductive cycle." *American*

Indian Quarterly, 6(1-2), pp.52~70.

Wykes, M. and B. Gunter. 2005. *The media and body image: If looks could kill*. Thousand Oaks, CA: Sage.

Zones, J. S. 2005. "Beauty myths and realities and their impact on women's health." in M. B. Zinn, P. Hondagneu-Sotelo and M. A. Messner(eds.). *Gender through the prism of difference*(pp.65~80). New York, NY: Oxford University Press.

4장

Armstrong, E. A., L. Hamilton and B. Sweeney. 2006. "Sexual assault on campus: A multilevel, integrative approach to party rape." *Social Problems*, 53(4), pp.483~499.

Bales, K. 2004. *New slavery: A reference handbook*. Santa Barbara, CA: ABC-CLIO.

Barrett, E. J. 2001. "Black women in state legislatures: The relationship of race and gender in legislative experience." in S. J. Carroll(ed.). *The impact of women in public office*(pp.185~204). Bloomington: Indiana University Press.

Barry, K. 1995. *The prostitution of sexuality*. New York, NY: New York University Press.

Bell, L. C. and C. S. Rosenthal. 2003. "From passive to active representation: The case of women congressional staff." *Journal of Public Administration Research and Theory: J-PART*, pp.65~81.

Benschop, M. 2004.4.22. "Women's rights to land and property." *UN-Habitat*, hnp://www.unhabitat.org/downloads/docs/1556_72513_CSDWomen.pdf(검색일: 2010.5.18).

Boehlert, E. and J. Foser. 2006.11.20. "Gender stereotypes and discussions of Armani suits dominate media's coverage of Speaker-Elect Pelosi." *Media Matters for America*, http://mediamatters.org/items/200611210002(검색일: 2009.2.23).

Bonvilliain, N. 2007. *Women and men: Cultural constructs of gender*. Upper Saddle River, NJ: Prentice-Hall.

Brooks, G. 1995. *Nine parts of desire: The hidden world of Islamic women*. New York, NY: Anchor Books.

Bynum, V. 1992. *Unruly women*. Chapel Hill: University of North Carolina Press.

Canada, G. 1995. *Fist stick knife gun: A personal history of violence in America*. Boston, MA: Beacon Press.

Carroll, S. J. 2001. "Introduction." in S. J. Carroll(ed.). *The impact of women in public office*(pp.xi~xxvi). Bloomington: Indiana University Press.

Clark, J. 1998. "Women at the national level: An update on roll call voting behavior." in S. Thomas and C. Wilcox(eds.). *Women and elective office: Past, present and future*(pp.118~129). New York, NY: Oxford University Press.

Coe, K., D. Domke, M. M. Bagley, S. Cunningham and N. Van Leuven. 2007. "Masculinity as political strategy: George W. Bush, the 'war on terrorism,' and an echoing press." *Journal of Women, Politics, and policy*, 29, pp.31~55.

Cohn, C. 1987. "Sex and death in the rational world of defense intellectuals." *Signs*, 12, pp.687~718.

Cohn, C. 2004. "Wars, wimps, and women: Talking gender and thinking war." in M. S. Kimmel(ed.). *The gendered society reader*(pp.397~409). New York, NY: Oxford University Press.

Cohn, C. and C. Enloe. 2003. "A conversation with Cynthia Enloe: Feminists look at masculinity and the men who wage war." *Signs*, 28(4), pp.1187~1207.

Conway, M. M., G. A. Steuernagel and D. W. Ahern. 2005. *Women and political participation*. Washington, DC: CQ Press.

Coontz, S. 2005. *Marriage, a history: From obedience to intimacy, or how love conquered marriage*. New York, NY: Viking Press.

Couric, K. 2008. "Sexist media hurt Hillary Clinton's chances [video]." *CBS Evening News*, http://www.youtube.com/watch?v=VyjEGZSM83Y(검색일 없음)

Cutlip, E. 2009.2.5. "Author: Clinton, Palin coverage tainted by gender stereotyping." *MediaMouse*, http://www.mediamouse.org/news/2009/02/jamieson-women-politics-media.php(검색일 2009.5.26).

Davidson, J. O. 2002. "The rights and wrongs of prostitution." *Hypatia*, 17, pp.84~98.

Del, M. 1976. *Battered wives*. New York, NY: Pocket Books.

Diffendal, A. 2008.10.15. "Palin, Clinton have one thing in common: Both candidates faced media sexism — but chose to respond in different ways."

Orbis, http://www.vanderbiltorbis.com/2.12253/palin-clinton-have-one-thing -in-common-1.1612025(검색일: 2009.5.26).

Dixon, S. 1992. "Conclusion — The enduring theme: Domineering dowagers and scheming concubines." in B. Garlick, S. Dixon and P. Allen(eds.). *Stereotypes of women in power: Historical perspectives and revisionist views*(pp.207~225). New York, NY: Greenwood Press.

Dobash, R. and R. Dobash. 1992. *Women, violence and social change*. New York, NY: Routledge.

Dodson, D. L. 1991. *Gender and policymaking: Studies of women in office*. New Brunswick, NJ: Center for the American Woman and Politics.

Dodson, D. L. 1998. "Representing women's interests in the U.S. House of Representatives." in S. Thomas and C. Wilcox(eds.). *Women and elective office: Past, present and future*(pp.130~149). New York, NY: Oxford University Press.

Duerst-Lahti, G. 1998. "The bottleneck: Women becoming candidates." in S. Thomas and C. Wilcox(eds.). *Women and elective office: Past, present and future*(pp.15~25). New York, NY: Oxford University Press.

Duncan, N. 1996. "Renegotiating gender and sexuality in public and private spaces." in N. Duncan(ed.). *Bodyspace: Destabilizing geographies of gender and sexuality*(pp.127~144). New York, NY: Routledge.

Eagly, A. H. and B. T. Johnson. 1990. "Gender and leadership style: A meta-analysis." *Psychological Bulletin*, 108, pp.233~256.

Fisher, B., F. Cullen and M. Turner. 2000. *The sexual victimization of college women*. Washington, DC: National Institute of Justice and the Bureau of Justice Statistics.

Geisler, G. 1995. "Troubled sisterhood: Women and politics in southern Africa." *African Affairs*, 94(377), pp.545~578.

Gilligan, C. 1982. *In a different voice: Psychological theory and women's development*. Cambridge, MA: Harvard University Press.

Githens, M. 2003. "Accounting for women's political involvement: The perennial problem of recruitment." in S. J. Carroll(ed.). *Women and American politics* (pp.33~52). Oxford, UK: Oxford University Press.

Goodey, J. 2004. "Sex trafficking in women from Central and Eastern European countries: Promoting a 'victim-centred' and 'woman-centred' approach to criminal justice intervention." *Feminist Review*, 76, pp.26~45.

Hartstock, N. C. 1984. "Masculinity, citizenship and the making of war." *PS*, 17(2), pp.198~202.

Hill, R. 2000. *Lord Acton*. New Haven, CT: Yale University Press.

Hollander, J. 2001. "Vulnerability and dangerousness: The construction of gender through conversations about violence." *Gender & Society*, 15, pp.83~109.

Inter-Parliamentary Union. 2010a.3.31. "Women in national parliaments: World average." http://www.ipu.org/wmn-e/world.htm(검색일: 2010.5.18).

Inter-Parliamentary Union. 20l0b.3.31. "Women in national parliaments: World classification." http://www.ipu.org/wmn-e/classif.htm(검색일: 2010.5.18).

Kahn, K. F. and E. N. Goldberg. 1991. "Women candidates in the news: An examination of gender differences in U.S. Senate campaign coverage." *Public Opinion Quarterly*, 55(2), pp.180~199.

Kardos-Kaponyi, E. 2005. "Hungary." in Y. Galligan and M. Tremblay(eds.). *Sharing power: Women, parliament, democracy*(pp.25~36). Burlington, VT: Ashgate.

Kathlene, L. 1998. "In a different voice: Women and the policy process." in S. Thomas and C. Wilcox(eds.). *Women and elective office: Past, present and future*(pp.188~202). New York, NY: Oxford University Press.

Kaye/Kantrowitz, M. 2009. "Women, violence and resistance." in E. Disch(ed.). *Reconstructing gender: A multicultural anthology*(pp.504~516). Boston, MA: McGraw-Hill.

Kilvington, J., S. Day and H. Ward. 2001. "Prostitution policy in Europe: A time of change?" *Feminist Review*, 67(1), pp.78~93.

Kimmel, M. 1994. "Masculinity as homophobia." in H. Brod(ed.). *Theorizing masculinities*(pp.119~141). Thousand Oaks, CA: Sage.

Kimmel, M. S. 2006. *Manhood in America: A cultural history*. New York, NY: Oxford University Press.

Kimmel, M. S. 2008. *The gendered society*. New York, NY: Oxford University Press.

Martin, P. Y. and R. A. Hummer. 1989. "Fraternities and rape on campus." *Gender & Society*, 3, pp.457~473.

McGlen, N. E. and M. R. Sarkees. 2001. "Foreign policy decision makers: The impact of gender." in S. J. Carroll(ed.). *The impact of women in public office* (pp.117~148). Bloomington: Indiana University Press.

Murphy, K. 2008. 11.20. "The mayor-elect's new clothes: Silverton, Oregon elects a transgender leader." *The Los Angeles Times*, http://articles.latimes.com/2008/nov/20/nation/na-transgender20(검색일: 2010.5.13).

Palley, M. L. 2001. "Women's policy leadership in the United States." *PS: Political Science and Politics*, 34, pp.247~250.

Paul, B. K. and S. A. Hasnath. 2000. "Trafficking in Bangladeshi women and girls." *Geographical Review*, 90, pp.268~276.

Plutzer, E. 2000. "Are moral voices gendered? Care, rights and autonomy in reproductive decision making." in S. Tolleson-Rinehart and J. Josephson(eds.). *Gender and American Politics*(pp.82~101). Armonk, NY: M. E. Sharpe.

Read, J. G. and J. P. Bartokowski. 2005. "To veil or not to veil? A case study of identity negotiation among Muslim women in Austin, Texas." in M. B. Zinn, P. Hondagneu-Sotelo and M. A. Messner(eds.). *Gender through the prism of difference* (pp.94~107). New York, NY: Oxford University Press.

Rosener, J. B. 1990. "Ways women lead." *Harvard Business Review*, 68(6), pp.119~125.

Rosenthal, C. S. 1998. *When women lead: Integrative leadership in state legislatures*. New York, NY: Oxford University Press.

Rosenwasser, S. and M. Dean. 1989. "Gender role and political office." *Psychology of Women Quarterly*, 13(1), pp.77~85.

Rousseau, S. 2005. "Peru." in Y. Galligan and M. Tremblay(eds.). *Sharing power: Women, parliament, democracy*(pp.91~105). Burlington, VT: Ashgate.

Sadker, M. and D. Sadker. 2009. "Missing in interaction." in T. E. Ore(ed.). *The social construction of difference and inequality: Race, class, gender and sexuality*(pp.331~343). New York, NY: McGraw-Hill.

Sanday, P. R. 1981. "The socio-cultural context of rape: A cross-cultural study." *Journal of Social Issues*, 37, pp.5~27.

Sanday, P. R. 1990. *Fraternity gang rape*. New York, NY: New York University

Press.

Sanday, P. R. 2004. "Rape-prone versus rape-free campus cultures." in M. S. Kimmel(ed.). *The gendered society reader*(pp.58~70). Oxford, England: Oxford University Press.

Scharrer, E. 2002. "An 'improbable leap': A content analysis of newspaper coverage of Hillary Clinton's transformation from First Lady to senate candidate." *Journalism Studies*, 3, pp.393~406.

Songue, P. B. 1996. "Prostitution, a petit-metier during economic crisis: A road to women's liberation? The case of Cameroon." in K. Sheldon(ed.). *Courtyards, markets, city streets: Urban women in Africa*(pp.241~255). New York, NY: Westview Press.

Stetson, D. M. and A. G. Mazur. 1995. "Introduction." in D. M. Stetson and A. G. Mazur(eds.). *Comparative state feminism*(pp.1~21). Thousand Oaks, CA: Sage.

Swers, M. 1998. "Are women more likely to vote for women's issues bills than their male colleagues?" *Legislative Studies Quarterly*, 23(3), pp.435~448.

Thale, C. 2005. "Smoke-filled room." *Encyclopedia of Chicago*, http://www.encyclopedia. chicagohistory.org/pages/3217.html(검색일: 2009.2.22).

Thomas, S. 1994. *How women legislate*. New York, NY: Oxford University Press.

Thomas, S. 2003. "The impact of women in political leadership positions." in S. J. Carroll(ed.). *Women and American politics*(pp.89~110). New York, NY: Oxford University Press.

Thomas, S. and S. Welch. 1991. "The impact of gender on activities and priorities of state legislators." *Western Political Quarterly*, 44, pp.445~456.

Tolleson-Rinehart, S. 2001. "Do women leaders make a difference? Substance, style and perceptions." in S. J. Carroll(ed.). *The impact of women in public office* (pp.149~165). Bloomington: Indiana University Press.

United Nations Population Fund. 2003. "Gender equality: Trafficking in human misery." New York: Author, http://www.unfpa.org/gender/violence1.htm(검색일: 2009.1.24).

U.S. Department of Justice. 2005. "Homicide trends in the U.S." Washington, DC: Author, http://www.ojp.usdoj.gov/bjs/homicide/gender.htm(검색일: 2009.8.24).

U.S. Department of Justice. 2007. "Uniform crime reports, 2007." Washington, DC: Author.

Valentine, G. 1989. "The geography of women's fear." *Area*, 21, pp.385~390.

Valentine, G. 1992. "Images of danger: women's source of information about spatial distribution of male violence." *Area*, 24, pp.22~29.

Wesely, J. K. and E. Gaarder. 2004. "The gendered 'nature' of the urban outdoors: Women negotiating fear of violence." *Gender & Society*, 18, pp.645~663.

Whicker, M. and M. Jewell. 1998. "The feminization of leadership in state legislatures." in S. Thomas and C. Wilcox(eds.). *Women and elective office: Past, present and future*(pp.163~187). New York, NY: Oxford University Press.

Witchel, A. 2008.6.22. "'Mad Men' has its moment." *The New York Times Magazine*, http://www.nytimes.com/2008/06/22/magazine/22madmen-t.html?_r=1&ref=te levision(검색일:2010.5.30).

Yoon, M. Y. 2001. "Democratization and women's legislative representation in sub-Saharan Africa." *Democratization*, 8(2), pp.169~190.

Yoon, M. Y. 2005. "Sub-Saharan Africa." in Y. Galligan and M. Tremblay(eds.). *Sharing power: Women, parliament, democracy*(pp.79~90). Burlington, VT: Ashgate.

찾아보기

인명

(ㄱ)

가더, 에밀리(Emily Gaarder) 248~249,
  251~252
간디, 마하트마(Mahatma Gandhi) 283
간디, 인디라(Indira Gandhi) 216
고든, 린다(Linda Gordon) 213
고프먼, 어빙(Erving Goffman) 170
굿맨, 존(John Goodman) 180, 218
기스케, 자비네(Sabine Gieske) 172
길리건, 캐럴(Carol Gilligan) 299~300
길먼, 샬럿 퍼킨스(Charlotte Perkins
  Gilman) 152, 214

(ㄷ)

다빈치, 레오나르도(Leonardo da Vinci)
  176
더글러스, 프레더릭(Frederick Douglass)
  64
드가, 에드가르(Edgar Degas) 176
드워킨, 안드레아(Andrea Dworkin) 273
디너스타인, 도로시(Dorothy Dinnerstein)
  140

(ㄹ)

라스무센, 스투(Stu Rasmussen) 303
레먼, 캐런(Karen Lehrman) 165
로드, 오드리(Audre Lorde) 59
로버, 주디스(Judith Lorber) 25
록펠러, 존(John D. Rockefeller) 214
루스벨트, 시어도어(Theodore Roosevelt)

191
루케마, 마지(Marge Roukema) 298
르누아르, 피에르-오귀스트(Pierre-Auguste
  Renoir) 176
리스먼, 바버라(Barbara Risman) 118
리얼, 테런스(Terrence Real) 197
리치, 에이드리엔(Adrienne Rich) 111

(ㅁ)

마네, 에두아르(Édouard Manet) 176
마티노, 해리엇(Harriet Martineau) 50
마티스, 앙리(Henri Matisse) 176
마틴, 카린(Karin A. Martin) 165
맬서스, 토머스(Thomas Malthus) 216
멀비, 로라(Laura Mulvey) 177~178
모부투 세세 세코(Mobutu Sese Seko) 290
모스 캔터, 로사베스(Rosabeth Moss
  Kanter) 107
밀스, C. 라이트(C. Wright Mills) 67, 70,
  121
밀크, 하비(Harvey Milk) 304
밍크, 팻시(Patsy Mink) 298

(ㅂ)

박서, 바버라(Barbara Boxer) 296
버나드, 제시(Jessie Bernard) 50
벅, 캐리(Carrie Buck) 215~216
번천, 지젤(Gisele Bundchen) 150
번치, 샬럿(Charlotte Bunch) 58
벨, 그레이엄 알렉산더(Alexander Graham
  Bell) 214
보르도, 수전(Susan Bordo) 151, 155~

지은이

로빈 라일 Robyn Ryle은 미국 인디애나주에 있는 하노버대학교의 사회학과 부교수로 재직하면서 젠더 사회학을 비롯한 여러 사회학 과목을 가르치고 있다. 미시시피주 잭슨에 있는 밀샙스대학교에서 사회학 및 영문학 학사를 받았으며, 여성학 과정도 이수했다. 이후 인디애나대학교에서 사회학 박사를 취득했다. 현재 미국사회학회 회원이며 ≪사회학 교육 (Teaching Sociology)≫의 편집위원이다. 켄터키 북부의 소도시에서 성장했으며, 지금은 오하이오강 아래 작은 소도시에서 살고 있다. 수업 외에는 글을 쓰고, 정원을 손질하며, 바이올린을 연주하고, 뜨개질을 한다. 절경인 인디애나주 매디슨의 170년 된 집에서 남편과 의붓딸, 그리고 까탈스러운 고양이와 함께 살고 있다. 트위터(@RobynRyle)와 『젠더란 무엇인가』의 페이스북(https://www.facebook.com/questioninggender?ref=hl), 그리고 블로그(www.you-think-too-much.com)를 운영하고 있다.

옮긴이

조애리는 서울대학교에서 영문학 박사 학위를 취득했고, 현재 카이스트 인문사회학부 교수로 재직하고 있다. 주요 저서로는 『성·역사·소설』, 『19세기 영미소설과 젠더』, 『역사 속의 영미소설』 등이 있고, 주요 역서로는 『문화 코드, 어떻게 읽을 것인가?』(공역), 『제인 에어』, 『빌레뜨』, 『설득』 등이 있다. 현재 19세기 영미 소설을 연구하고 있으며 지젝, 들뢰즈, 아감벤의 이론에도 관심을 두고 있다.

강문순은 미국 케이스웨스턴리저브대학교(Case Western Reserve University)에서 영문학 박사 학위를 취득하고, 현재 한남대학교 영어교육과 교수로 재직하고 있다. 주요 역서로는 『동물농장』, 『노인과 바다』, 『문화 코드, 어떻게 읽을 것인가?』(공역), 『스토리텔링의 이론, 영화와 디지털을 만나다』(공역) 등이 있다.

김진옥은 미국 뉴욕대학교에서 영문학 박사 학위를 취득하고, 현재 한밭대학교 영어영문학과에서 교수로 재직하고 있다. 주요 저서로는 Charlotte Brontë and Female Desire, 『제인 에어: 여성의 열정, 목소리를 갖다』, 『영국소설과 서술기법』(공저) 등이 있다.

박종성은 영국 런던대학교(퀸 메리 칼리지)에서 영문학 박사 학위를 취득하고, 현재 충남대학교 영문과에서 교수로 재직하고 있다. 주요 저서로는 『더 낮게 더 느리게 더 부드럽게 — 절충과 완만의 미학, 영국문화 이야기』, 『영어권 탈식민주의 소설연구』(공저), 『탈식민주의에 대한 성찰』 등이 있다.

유정화는 이화여자대학교 영문과와 동 대학교 대학원을 졸업하고 로버트 로웰(Robert Lowell) 연구로 박사 학위를 받아, 현재 목원대학교 경제학과 교수로 재직하고 있다. 주요 역서로는

『무기여 잘 있거라』, 『위대한 개츠비』, 『낭만시를 읽다』(공역), 『탈식민주의 길잡이』(공역), 『문화 코드, 어떻게 읽을 것인가?』(공역), 『경계선 넘기』(공역) 등이 있으며, 주요 관심사는 현대 영미시다.

윤교찬은 미국 노스캐롤라이나대학교에서 석사, 서강대학교에서 박사 학위를 취득하고, 현재 한남대학교 영어교육과 교수로 재직하고 있다. 주요 역서로는 『문학비평의 전제』, 『허클베리 핀의 모험』, 『탈식민주의 길잡이』(공역), 『미국 인종차별사』(공역), 『문화 코드, 어떻게 읽을 것인가?』(공역), 『스토리텔링의 이론, 영화와 디지털을 만나다』(공역) 등이 있다.

이혜원은 고려대학교에서 국문학 박사 학위를 취득하고, 현재 고려대학교 미디어문예창작학과에서 교수로 재직하고 있다. 주요 저서로는 『현대시의 욕망과 이미지』, 『세기말의 꿈과 문학』, 『현대시 깊이 읽기』, 『현대시와 비평의 풍경』, 『적막의 모험』, 『생명의 거미줄: 현대시와 에코페미니즘』 등이 있다.

최인환은 미국 오리건대학교에서 박사 학위를 취득하고, 현재 대전대학교 영문과 교수로 있다. 주요 역서로는 『와인즈버그, 오하이오』, 『해는 다시 떠오른다』 등이 있고, 주요 논문으로는 "Empire and Writing: A Study of Naipaul's The Enigma of Arrival" 등이 있다.

한애경은 이화여자대학교에서 영어영문학과를 졸업하고, 서울대학교에서 영어영문학 석사·박사 학위를 취득했다. 현재 한국기술교육대학교 문리 HRD 학부 교수로 있다. 주요 저서로는 『플로스강의 물방앗간 다시 읽기』(대한민국학술원 우수도서), 『19세기 영국 소설과 영화』(문화체육관광부 우수도서) 등이 있고, 주요 역서로는 『사일러스 마너』, 『미들마치』, 『위대한 개츠비』, 『프랑켄슈타인』, 『멈추지 말아야 할 이유』, 『자메이카 여인숙』(공역), 『플로스강의 물방앗간』(공역) 등이 있다. 그 밖에 조지 엘리엇, 제인 오스틴, 메리 셸리 등에 관한 다수의 논문이 있다.

한울아카데미 1804

젠더란 무엇인가
성, 몸, 권력을 둘러싼 사회학적 물음

지은이 l 로빈 라일
옮긴이 l 조애리 · 강문순 · 김진옥 · 박종성 · 유정화 · 윤교찬 · 이혜원 · 최인환 · 한애경
펴낸이 l 김종수
펴낸곳 l 한울엠플러스(주)

초판 1쇄 발행 l 2015년 9월 7일
초판 3쇄 발행 l 2020년 9월 21일

주소 l 10881 경기도 파주시 광인사길 153 한울시소빌딩 3층
전화 l 031-955-0655
팩스 l 031-955-0656
홈페이지 l www.hanulmplus.kr
등록번호 l 제406-2015-000143호

Printed in Korea.
ISBN 978-89-460-6943-5 93330

* 책값은 겉표지에 표시되어 있습니다.